U0534582

本书是国家社科基金重点项目
"完善我国人权司法保障制度研究"（14AFX003）
最终结项成果

课题组成员
杨春福 吕建高 王方玉 黄斌 羊震

完善我国人权司法保障制度研究

杨春福◎等著

中国社会科学出版社

图书在版编目（CIP）数据

完善我国人权司法保障制度研究／杨春福等著．—北京：中国社会科学出版社，2022.6
ISBN 978-7-5203-6405-8

Ⅰ.①完⋯ Ⅱ.①杨⋯ Ⅲ.①人权—法律保护—研究—中国 Ⅳ.①D920.4

中国版本图书馆CIP数据核字（2020）第068267号

出 版 人	赵剑英
责任编辑	许 琳
责任校对	谈龙亮
责任印制	郝美娜

出　　版	中国社会科学出版社
社　　址	北京鼓楼西大街甲158号
邮　　编	100720
网　　址	http://www.csspw.cn
发 行 部	010-84083685
门 市 部	010-84029450
经　　销	新华书店及其他书店
印刷装订	北京君升印刷有限公司
版　　次	2022年6月第1版
印　　次	2022年6月第1次印刷
开　　本	710×1000 1/16
印　　张	19.75
字　　数	294千字
定　　价	118.00元

凡购买中国社会科学出版社图书，如有质量问题请与本社营销中心联系调换
电话：010-84083683
版权所有　侵权必究

前　言

21世纪以来，中国人权保障制度和观念持续发展与提升。2004年《宪法》修正案明确写入"国家尊重和保障人权"。为了实施宪法规定，有关法律法规被修订，而且国家制定了国家人权行动计划。随后，党的十八大提出"人权得到切实尊重和保障"的战略性决定；十八届三中全会通过《中共中央关于全面深化改革若干重大问题的决定》，提出"完善人权司法保障制度"的重要改革目标，并对此作出一系列改革部署，司法部门也出台若干新的政策；十八届四中全会通过的《中共中央关于全面推进依法治国若干重大问题的决定》明确提出"加强人权司法保障"的制度改革要求，标志着我国人权司法保障步入新的历史阶段。

尽管如此，我国人权司法保障的观念形成和制度确立经历了一个相对漫长的过程，即从1990年代初期"司法中的人权保障"，到"人权的司法保障"，再到目前"加强人权司法保障"三种不同形态的变迁。作为新的历史起点上推进法治中国建设和深化司法体制改革的一项重要任务，完善人权司法保障具有重大的现实意义和深远的历史价值。坚持完善人权司法保障制度，是全面建成小康社会和深化改革开放的重要部署，是推进法治中国建设和深化司法体制改革的重大举措。在国家人权保障制度体系中，如果说立法保障是实现人权的基本前提和重要基础，执法保障是实现人权的重点和关键，那么，人权司法保障就是实现人权不可或缺的救济手段和最后防线。

本书是在国家社科基金项目"完善我国人权司法保障制度研究"最终研究成果的基础上完善而成的。该成果以实证分析当代中国人权司法保障的现状为逻辑起点，以司法与人权保障的关系理论为支撑点，以保障人权的价值取向为落脚点，通过比较和借鉴国际人权司法保障的经验和做法，遵循深化司法体制改革所坚持的人权保障原则，就司法权力配置和运行的各个环节来建立健全人权司法保障的基本制度。下面简要介绍一下本课题研究的基本内容。

第一部分"司法与人权保障的基本理论"是本课题研究的基础，是研究人权司法保障的前提，主要从司法、人权、司法与人权保障等基本概念和相关理论入手，探讨司法与人权保障之间的必然联系，并借此分析人权司法保障的目标和原则，以及人权司法保障的基本路径，以期从历史和现实、普遍和特殊的视角对司法和司法权的本原、价值及其运作过程进行深入研究，力图挖掘现代司法的普遍规律与中国特色，并以人权法基本原理为切入点，就司法与人权保障之间的关系展开理论阐释。具体言之，这一部分侧重从人权角度看问题，基于人权保障的需要对相关概念进行界定和阐述。就司法与人权保障的关系而言，两者之间有内在的必然联系。一方面，人权的保障需要发挥司法功能，这是因为，人权的观念属性决定了人权本身缺乏足够的执行力度，司法的救济性可以保障人权的实效性，司法权的独立性和司法机关的监督地位有利于推动人权保障，以及司法的程序性能够实现人权保障的时效性；另一方面，司法通过保障人权实现法治目标，因为保障人权是展现司法内在价值的需要，加强和完善人权司法保障是提升社会文明水平的标志，是国家法治水平的体现，是国家履行国际义务的要求，是遏制司法腐败和实现司法公正的有效途径。在这样的理论前提下，人权司法保障通过坚持公民在法律适用上一律平等、司法机关独立行使司法权、无罪推定、司法公开透明和司法责任等基本原则，实现对人权的充分尊重、司法公平、司法人道、司法民主、对司法的监督等基本目标。相对于立法与执法中的人权保障，人权的司法保障就功能发挥而言具有被动性、派生性、终局性、中立性、程序性、强制性和透明性等特征。在实现人权立法保障向司法保障转型之后，也就是在从抽象规范走向具体制度实践的过程中，人权司法保障需要选择自己的实现路径：首先，要有效实现从人权观念向制度性权利的转变，主要包括从人权原则转变为细化的权利规则、从实体性基本权利中分化出完整的诉权、制度性权利通过司法实践转变为现实权利、将人权保障从价值观念转变为司法改革中的具体权利目标；其次，有效实现人权保障理念在司法领域的具体应用，例如，合理配置审判权和检察权，在民事诉讼中充分保障诉权，在行政诉讼中充分发挥限权效果，在刑事诉讼中充分发挥权利保护效果，在司法救助领域展现补救性功能，通过宪法的监督实施补强司法保障人权的效果等；最后，通过履行国际公约义务加强人权司法保障，实际上，各公约的缔约国都有义务通过司法程序来实现人权的救济保障，条约信守原则也要求缔约国通过立法、执法、司法的方式，将公约中的人权以某种方式纳入国内法中明文规定的基本权利体系。

不同国家和地区在人权司法保障制度的建构和演化过程中，深受自身传统、文化、习俗、政治体制、国民构成等因素的影响，但其共同规律是司法体制的每次改革与创新，都以保障人权为价值取向。不同国家或地区的不同制度和实践可以为其他国家或地区借鉴，但不可复制。我们尤其需要从中受到启发的不是制度或实践本身，而是制度或实践背后的智慧与原则。这正是本研究成果第二部分"**国际人权司法保障的新发展**"涉及的内容。在第二次世界大战之后，国际社会制定了侵犯人权的标准和规范，其中包括各种国内、地区和国际层面的执行机制。但是直到冷战结束，这些机制的有效性才成为国际社会的一个话题。换句话说，人权采取了国际社会接受的标准形式，并逐渐发展到可强制执行的程度。通过地区法院、国际特设法庭、国际法院或国内法院作出的司法判决，强制执行在很多案例中具有了可行性。很多观察人士都将司法保障视为人权保护的关键所在。人权司法保障机制在广泛的司法管辖权中得到充分发展，其范围从多边法庭延伸到国内法院。

具体言之，一方面，在国内层面，美国、英国、加拿大、新西兰和印度的宪法制度在如何寻求立法至上与基本权利司法保护之间的协调时采取了不同的宪法审查模式，主要体现为美国的"绝对多数立法终极论"模式、英国的"不一致声明"模式、加拿大的"立法否决"模式、新西兰的"解释性权力"模式以及印度的"基本特征基准"模式。另一方面，在地区层面，首先，欧洲人权法院是根据《欧洲人权公约》建立的司法机构，它是"欧洲宪法标准"的建立者，监督《欧洲人权公约》在各个缔约国的执行，并最终确保它们履行自己的公约义务。英国自《欧洲人权公约》生效以来一直受其约束，但英国法院没有义务将公约权利视为英国法律问题予以保障。然而，1998年英国《人权法案》的通过为其进一步执行公约规定的基本权利和自由提供了新的方式，进而推动欧洲人权法院与英国国内法院之间的司法对话进一步发展，主要表现为：欧洲人权法院尊重英国国内法院的判例、欧洲人权法院采纳英国法院的推理和分析、欧洲人权法院和英国法院存在分歧，以及英国法院有意识地超越欧洲人权法院的判例。

其次，美洲人权法院在成立之初备受质疑，但目前已在区域人权保障中发挥着积极作用。它的判例不仅对国内法院的很多判决具有指导意义，而且也是这些判决学理导向的来源，甚至直接影响有关政府的公共政策。在美洲，墨西哥与美国这两个国家在人权政治学和政治制度框架的很多方面都有相似之处，但对人权司法保障却采取了截然不同的道路。墨西哥自1998年以来已经允许人权保障的国际审查，其中包括美洲人权法院的诉讼管辖权，但美国在人权法方面仍然采取双重立场，一方面在国际层面积极推动，另一方面在国内层面适用这些同样的多边人权规范时很不积极。最终的结果是，墨西哥司法机构已经转型采用一种"来自外部"的人权司法保障模式，但美国司法机构继续沿用"来自内部"的人权保障模式。

再次，建立非洲人权和民族权法院对于非洲大陆建立一个连贯且有效的人权保护系统至关重要，它是对发展地区人权保护系统这场更广泛的国际运动的一种积极呼应。在非洲，南非过去20多年来在保护和促进人权方面做出了巨大努力。毫无疑问，南非宪法法院在人权保护中发挥着至关重要的作用。宪法法院在利用自己的宪法权力时已经提出了很多引起世界关注的创新性判例，尤其是与社会经济权利相关的判例。宪法法院的许多重大决定对人们的生活产生了深远影响。当然，必须承认的是，为了充分实现人权，南非仍然存在和面临很多重大挑战。应对这些挑战需要所有南非公民、领袖和政治家、公民社会共同努力，尤其需要关注如下问题：更为公平的社会和经济资源分配，减少犯罪和杜绝腐败，妥善解决文化权利与人权之间的相互作用，以及广泛的人权教育和公众意识。

最后，在亚洲不存在区域性人权法院，但日本国内法院在保障国际人权公约规定的权利和自由时采取的做法值得借鉴，尽管日本国际人权司法保障也面临着诸多法律问题。

在新的全球化时代，尤其是在冷战结束后，法院不再是影响和发展人权的单一主体，它们也是全球法院网络的一部分，并总体上在国内、超国家、跨国和国际层面影响人权。这一过程被称为司法全球化，它是全球范围内人权发展最重要的机制之一。司法全球化作为全球化的组成部分有自己影响人权的机制，主要表现为：宪法对人权的交叉影响，国际法院与国内法院之间的关系，建立全球化或地区性的法官组织，建立电子网络和系统，全球司法教育和培训机构等。

众所周知，中央决定和最高人民法院的改革措施在推动人权司法保障进程中发挥着极为重要的作用，也取得了不小的成就。然而，从顶层设计的制度层面落实到具体的司法实践操作层面，受法律规定、司法程序、司法理念、司法人员素质等因素的影响，人权司法保障在实践中仍存在不少问题。这是本研究成果第三部分**"当代中国人权司法保障存在的问题及其原因"**所讨论的问题。

一方面，人权司法保障在立案、审判和执行等程序中都存在一定的问题，具体言之，在立案中，"立案难"问题影响当事人诉权的行使，主要表现为："案多人少"的压力导致对符合受理条件的案件不立案或者拖延立案；部分法院对单靠法院裁判难以化解的案件不立案；部分法院对法律不明确或难以送达的案件不立案；出于法院自身原因导致的"立案难"问题等。此外，立案登记制改革后出现了一些新问题，例如，改革导致"案多人少"的矛盾更加凸显；改革导致滥用诉权问题更加突出；疑难敏感、新类型案件大量涌入法院，造成案件审理难度加大；涉诉信访压力加大；诉讼服务保障没有及时跟进，便民利民举措有待进一步完善等。审判程序中的问题主要表现为：审判程序构造失衡，控审构造不合理，有效辩护原则亟待完善，审前程序构造不合理，当事人或其他诉讼参与人参与审判活动的权利未能得到充分保障，审判委员会的运行限制了当事人的知情权，领导干部干预司法影响当事人获得依法独立公正审判的权利等。在执行程序中，一般意义上的"执行难"表现为：被执行人难找，执行财产难寻，应执行财产难动，特殊主体难碰，地方和部门保护主义难以克服；与此同时，执行中还凸显出一些新的问题，例如，执行人案矛盾突出，执行案件规范化水平亟需提高，执行信息化水平不够，执行行为存在随意性，执行联动机制还需完善等。另一方面，诸如财产权、获得公正审判权、生命权、发展权、人身安全和辩护权等具体人权的司法保障在实施过程中也都存在不同的问题。针对上述人权司法保障程序中存在的问题以及对具体人权司法无法保障或者保障不力，究其原因，主要如下：司法制度的设计和运行不能满足人权保障的标准；民众的人权意识不高导致他们不知道通过司法来保障人权；人权文化缺失以及法治意识较为薄弱；未能很好地理解和研究国际人权公约在中国的实施机制问题等。

正是由于人权司法保障中存在的这些问题才使得"完善"有了必要，这是本研究成果第四部分**"当代中国人权司法保障制度的完善"**所讨论的主题，也是第三部分研究内容的逻辑延伸。新中国成立七十多年来，特别是改革开放以后，我国人权司法保障建设取得了举世瞩目的伟大成就，积累了丰富的经验，形成了有中国特色的社会主义人权司法保障观。党的十八大以来，以习近平总书记为核心的党中央，更加自觉坚持中国梦的人权价值引领，大力改善民生问题，着力强调公正司法，使我国的人权司法保障进入崭新的历史阶段。可以说，"完善人权司法保障制度"的提出与落实从根本上标志着人权正在走进人们的现实生活，标志着我国人权事业发展重心的转换。

但是，与党中央的要求相比，与民主法治的发展进步相比，与人民群众对公平正义的期待相比，人权的司法保障还存在相当差距。完善人权的司法保障制度，不仅是司法改革的重要内容，而且是法治中国建设的核心议题,只有将以人为本作为司法体制改革的灵魂,让人民群众在每一个司法案件中感受到公平正义,把切实保障每个公民的合法权益和诉讼权利作为法治建设的根本任务,才能为法治中国建设奠定坚实基础,为全面建成小康社会提供制度保障。然而,在当前的司法实践中,侵犯人权的现象仍时有发生,不仅侵害了当事人合法权益,更损害了司法权威。要维护好人民群众合法权益,提升司法公信力水平,必须深刻洞察人权司法保障制度的积极动因、深化认识其重大意义、明确完善重点、围绕基本路径努力完善我国的人权司法保障制度。

具体言之,在完善我国人权司法保障制度的过程中,人权发展重心的转换、所依之"法"的变化、所治之"国"的转型、提升社会文明的迫切需要、履行国际公约的必然要求都是完善人权司法保障制度的积极动因,其中,人权发展重心的转换体现在对待人权的态度层面;所依之"法"的变化体现在国家规范层面,如中国特色社会主义法律体系的形成、从法律体系向法治体系的转变、从政治思维向法治思维的转换;所治之"国"的转型体现在国家立足当前主要社会矛盾的发展定位,如"中国梦"将深刻促进中国的发展、国家治理现代化和国际化对依法治国有更高要求、主要社会矛盾转变对依法治国提出的新要求。目前,完善人权司法保障制度是在特定的法治国情中应运而生,其本身也是法治国情的组成部分,中国人权司法保障制度的完善需要在法治框架下展开,是"国家治理体系和治理能力现代化"的根本保障。

人权司法保障制度的完善,基础性的前提条件之一是深化认识人权司法保障制度的意义,落实人权保障的国家价值观,它集中表现在以下几个方面:彰显中国共产党全心全意为人民服务的宗旨,突出建设社会主义政治文明的本质要求,体现建设社会主义法治国家的必然要求,落实宪法人权原则的内在要求,全面推进依法治国的必然要求,保证公正司法和提高司法公信力的根本要求。

人权司法保障制度是一项复杂的系统工程,需要在法治建设和司法改革过程中创新理念,整体规划,突出重点,严格落实。法治国家建设的基本目标是围绕人而展开。完善的人权司法保障体制可以为寻求权利救济的公民提供公平、公正、透明的途径，从而既能增强国家的凝聚力，又能保障国家生活的安全度和可期待性。基于此，完善我国人权司法保障制度的重点尤其需要突出对法治原则的遵循，对基本人权的尊重，对司法权力的制约，对诉讼权利的保障，以及对公民权利的救济。

法治中国建设的核心在于保障人权，保障人权则有赖于国家司法体制的建立与运作，如何选择有中国特色的完善人权司法保障的基本路径是本研究课题的落脚点。为此，首先要全面贯彻完善人权司法保障制度的改革部署，例如，要依宪保证司法的公正性和独立性，加强司法监督和提高队伍专业性，落实人权原则和加强权利保障，保障诉讼的公正高效，控制死刑并完善惩治和矫正法律，加强救助援助和法律帮助，加强生态环境司法保护，加强人身安全和财产权司法保障。其次，要充分发挥司法机关在宪法实施中的作用，尤其要准确定位法院的宪法角色，构建信访司法终结制度，完善涉及民生的公益诉讼机制，统一司法职业准入标准，改善人权司法组织制度。再次，要提升人权意识，加强诉讼中的人权保障，切实把司法为民的精神落到实处。最后，深化国际人权对话交流，积极构建有中国特色的人权司法保障话语体系，作为一个发展中的大国，中国有理由、有能力也有责任在国际人权领域中发出自己的声音。

总而言之，"完善我国人权司法保障制度"应该与增进人民福祉、维护人民权益紧密结合，有利于从司法为民的角度体现全面深化改革的出发点和落脚点；应该与深化政治体制改革紧密结合，有利于从司法人权保障制度改革完善的角度推进政治体制改革；应该与推进法治中国建设紧密结合，有利于从尊重保障人权的角度落实依法治国基本方略；应该与深化司法体制改革紧密结合，有利于从司法人权保障的角度推进司法体制的深化改革。因此，从某种意义上讲，完善人权司法保障制度是一场深刻的司法体制改革，我们必须站在全面深化改革和推进法治中国建设新的历史高度，来认识完善我国人权司法保障制度的重要性和必要性，从而更加积极稳妥、更加求真务实地参与并推进人权司法保障制度的完善和发展。

前 言

本书是杨春福教授主持的国家社科基金重点项目"完善我国人权司法保障制度研究"（14AFX003）的最终研究成果。全书由杨春福教授组织策划并最终统稿，吕建高教授对全书进行了校对与统稿。各章编写人员是：导论：杨春福；第一章：王方玉、杨春福；第二章：吕建高；第三章：黄斌；第四章：羊震、杨春福。

目　录

第一章　司法与人权保障的基本理论 …………………………… 1

第一节　人权司法保障在当代中国的形成 ………………………… 1
一　人权司法保障的含义 ………………………………………… 2
二　我国人权司法保障内涵的形成历程 ………………………… 7
三　人权司法保障的特征 ………………………………………… 13
四　人权司法保障中若干争议观念辨析 ………………………… 16

第二节　人权与司法保障的必然关联性 …………………………… 20
一　司法与司法权的本质特征 …………………………………… 21
二　人权的保障需要发挥司法功能 ……………………………… 23
三　司法通过保障人权实现法治目标 …………………………… 27
四　加强人权司法保障是我国人民司法的必然结论 …………… 32

第三节　人权司法保障的目标与原则 ……………………………… 33
一　人权司法保障的基本目标 …………………………………… 33
二　人权司法保障的基本原则 …………………………………… 37

第四节　人权司法保障的基本路径 ………………………………… 41
一　实现从人权观念到具体制度性权利的转变 ………………… 41
二　人权保障理念在司法领域的具体应用 ……………………… 45
三　通过履行国际公约义务加强人权司法保障 ………………… 52

第二章　国际人权司法保障的新发展 …………………………… 53

第一节　宪法审查与人权司法保障 ………………………………… 55

一　美国与绝对多数立法终极论 …………………………… 56
　　二　英国与不一致声明 …………………………………………… 59
　　三　加拿大与立法否决 …………………………………………… 62
　　四　新西兰与解释性权力 ………………………………………… 64
　　五　印度与基本特征基准 ………………………………………… 67
第二节　欧洲人权法院与英国人权司法保障 ……………………… 70
　　一　欧洲人权保护的司法架构 …………………………………… 70
　　二　英国的人权司法保障 ………………………………………… 72
第三节　美洲人权法院与美国和墨西哥人权司法保障 ………… 99
　　一　美洲人权法院 ………………………………………………… 99
　　二　美国和墨西哥人权司法保障 ……………………………… 106
第四节　非洲人权和民族权法院与南非人权司法保障 ………… 117
　　一　非洲人权和民族权法院 …………………………………… 117
　　二　南非的人权司法保障 ……………………………………… 125
第五节　日本国际人权司法保障 ……………………………………… 135
　　一　人权公约作为诉讼理由在日本的法律效力和直接
　　　　适用性 ……………………………………………………… 138
　　二　基于程序法或三权分立的司法自我约束 ………………… 144
　　三　日本国际人权司法保障面临的法律问题 ………………… 152
第六节　余论：人权保障与司法全球化 …………………………… 155
　　一　宪法对人权的交叉影响 …………………………………… 156
　　二　国际法院与国内法院之间的关系 ………………………… 158
　　三　建立全球化或地区性的法官组织 ………………………… 160
　　四　建立电子网络和系统 ……………………………………… 161
　　五　全球司法教育和培训机构 ………………………………… 163

第三章　当代中国人权司法保障存在的问题及其原因 ………… 165
第一节　人权司法保障程序中存在的问题 ………………………… 166
　　一　立案中存在的问题 ………………………………………… 166
　　二　审判中存在的问题 ………………………………………… 170

三	执行中存在的问题	175
第二节	具体人权司法保障存在的问题	179
一	财产权司法保障存在的问题	180
二	保障获得公正审判的权利方面的问题	182
三	生命权司法保障方面的问题	186
四	发展权司法保障方面存在的问题	188
五	人身安全和财产权司法保障中存在的问题	192
六	辩护权司法保障存在的问题	194
第三节	人权司法保障不力的原因分析	197
一	司法制度的设计和运行不能满足人权保障的标准	198
二	民众的人权意识不高导致他们不知道通过司法来保障人权	198
三	人权文化缺失以及法治意识特别是领导者法治意识较为薄弱	199
四	未能很好地理解和研究国际人权公约在中国的实施机制问题	201

第四章 当代中国人权司法保障制度的完善 … 202

第一节 人权司法保障制度完善的积极动因 … 204

一 人权发展重心的转换促动人权司法保障制度的完善 … 206
二 所依之"法"的变化促动人权司法保障制度的完善 … 207
三 治之"国"的变化促动人权司法保障制度的完善 … 209
四 提升社会文明的迫切需要促动人权司法保障制度的完善 … 210
五 履行国际公约的必然要求促动人权司法保障制度的完善 … 211

第二节 人权司法保障制度的意义深化及完善重点 … 212

一 人权司法保障制度的意义深化 … 212
二 人权司法保障制度的完善重点 … 216

第三节 人权司法保障制度完善的基本路径 … 218

一　全面贯彻完善人权司法保障制度改革部署 …………… 219
　　二　充分发挥司法机关在宪法实施中的作用 ……………… 252
　　三　提升人权意识和加强诉讼中的人权保障 ……………… 257
　　四　深化国际人权对话交流和积极构建人权司法保障
　　　　话语体系 ………………………………………………… 267

参考文献 ……………………………………………………………… 273

第一章

司法与人权保障的基本理论

研究人权司法保障的前提需要对司法、人权、司法与人权保障等基本概念和基本理论之间的关系进行清晰的梳理,通过梳理展示司法与人权保障之间的必然联系,然后在此基础上延伸分析人权司法保障的特征、要求等。本章即从历史和现实、普遍和特殊的视角对司法和司法权的本原、价值及其运作过程进行深入研究,力图挖掘出现代司法的一般特征,并以人权法基本原理为基础,就司法与人权保障之间的勾连关系进行理论上的阐释。

第一节 人权司法保障在当代中国的形成

1990年代,人权概念重新在中国获得广泛认可,并逐渐成为官方话语,其后在2004年的《宪法》修订中,"尊重和保障人权"被写进了《宪法》。到了2014年,中国共产党十八届四中全会通过的《中共中央关于全面推进依法治国若干重大问题的决定》,明确提出了"加强人权司法保障"的制度改革要求。可以看出,近三十年来不仅人权观念在中国获得广泛认可,人权司法保障也在中国逐渐成为一个热门话题,人权司法保障这一观念迅速从民间话语上升为官方意识形态,从学术界的理论研究对象变成国家发展的重要战略。人权司法保障在中国获得认可有一个发展过程,对这一概念的理解也存有争议,本节即梳理此方面的基本问题。

一 人权司法保障的含义

人权司法保障，这个话题从语义解释来说至少包括三个部分：人权、司法、权利保障。为了深入理解人权司法保障的基本含义，有必要首先对这三个方面进行简要解析。

（一）人权的基本含义

人权，简单来说就是人之为人的权利。这一概念来自西方，萌发于近代西方14—16世纪文艺复兴时期，其后到资产阶级革命时期形成了一种普遍的政治哲学观念，但对其概念的理解一直存在着不同的看法。人权观念以自然法思想为主导基础，以一种近乎神学化的逻辑阐述了近代以来世界法治历史中的权利观念和政治法律制度。按照英国学者米尔恩（Milne）最低限度人权的理论，所谓人权是指"存在某些无论被承认与否都在一切时间和场合属于全体人类的权利。人们仅凭其作为人就享有这些权利，而不论其在国籍、宗教、性别、社会身份、职业、财富、财产或其他任何种族、文化或社会特征方面的差异"[①]。简单来说，人权就是指人作为人而应当享有的权利。这种对人权的理解体现了近代自由主义和工业社会的价值观，并获得了相关国际人权公约的认可。在我国国内理解，这种理论又演化成人权的普遍性理论，包括价值追求的普遍性、享有主体的普遍性和内容的普遍性三个方面。[②]

人权的形成与发展，经历了从自然法思想起源到自然权利观念产生，从天赋人权理论形成到社会契约论具体应用，从欧美国内法文件再到联合国制定《世界人权宣言》及相关国际人权公约不断颁布的漫长历史过程。时间上，自公元前305年斯多葛学派的人权思想萌芽开始起算，到1948年《世界人权宣言》的制定，跨越了2300年的历史。其中近现代

[①] ［英］米尔恩：《人的权利与人的多样性——人权哲学》，夏勇、张志铭译，中国大百科全书出版社1995年版，第2页。
[②] 李海星：《人权哲学导论》，社会科学文献出版社2012年版，第25页。

人权的历史一般从18世纪开始算起，而现代人权则一般从第二次世界大战以后开始认可。我国有学者对人权的历史作出了粗线条的划分："人权的历史可分为观念的时期和制度的时期两个阶段。"①观念时期的人权只能称为人权的萌芽，目前比较一致的看法是，人权思想萌芽于公元前305年斯多葛学派的自然法思想。中世纪的中后期，在基督教文化的影响下，伴随着自然科学的进步和经济社会的发展，人的主体意识逐渐从神权政治的意识形态中解放出来，人重新回归真实自我，人们对一种有尊严的、自由而平等的、丰裕的生存需求越来越强烈，这种生存需求逐渐形成了人权的思想萌芽。因此作为制度时期的人权，其产生于18世纪后期资产阶级的宪政革命。

资本主义发展的历史，同时也就是人权发展的历史。清晰的近代人权概念形成于文艺复兴时期，到17—18世纪资产阶级理论家首先提出天赋人权观念，后经社会契约理论、人的尊严理论等加以丰富完善。以洛克、卢梭、潘恩为代表的资产阶级思想家们首先唤起了对"人权"的觉醒，提出了人权理论并得到迅速发展。资产阶级把"人权"引入政治领域，提出"法律面前人人平等"的口号和要求。以美国的《独立宣言》、法国的《人权宣言》为标志，近现代意义上的人权观得以确立。当然，就人类历史来说，实现政治自由和基本人权的过程并没有因为《人权宣言》等文件的颁布而变得容易，即使在发生了多次革命并通过了确立人民主权的宪法之后，西方国家还是用了很长的时间才在事实上实现了政治权利、平等以及思想自由等人权。②在西欧，宗教改革之后的几个世纪中一直存在着宗教上的不容忍和强迫遵从教规的制度，并且直到最近亵渎神祇还是一种应该受到刑事惩罚的犯罪。就政治权利来说，男人的普遍选举权是19世纪开始实现的，但是妇女的普遍选举权却是1919年才在美国、1928年才在英国、1944年才在法国实现。在美国，《独立宣言》

---

① 张文显主编：《法理学》，高等教育出版社、北京大学出版社2003年版，第381页。
② 王家福、刘海年、李林主编：《人权与21世纪》，中国法制出版社2000年版，第14页。

在宣布"人人生而平等"的同时,却并未将黑人列入其中;奴隶制在独立战争之后仍然存在了80年之久,直到南北战争之后才被废除;而种族歧视直到19世纪60年代才最终被废除,社会生活中的种族歧视仍然无所不在。可以发现,自《独立宣言》《人权宣言》确立人权思想与原则之后,各国仍在努力通过各种方式追求权利的实现。

在"二战"以后,人权思想形成了国际化的思潮,人权规范也具有了国际性。《联合国宪章》中的人权条款和《世界人权宣言》代表着国际人权法的正式形成。在以这两份文书为标志的初创阶段过后,国际人权法的发展进入规范创制阶段。这一阶段国际人权法的主要发展是出现了一系列具有法律约束力的国际人权公约,形成了体系完整的国际人权法,为人权的国际保护提供了规范基础。在所有的国际人权条约中,最重要的是通常被称为"国际人权两公约"或"联合国人权两公约"的《经济、社会和文化权利国际公约》与《公民权利和政治权利国际公约》。与之对应,在理论上随着三代人权理论的提出,公民和政治权利,经济、社会和文化权利,分别被认为是人权中最主要的两大类权利,国内有诸多研究文献对这两类人权进行研究。

(二)司法的基本理论

司法通常被认为是指国家司法机关适用法律解决社会纠纷的活动。对于司法可以按照规范与功能两种视角去理解。[①] 在规范层面,司法一般指法院的权限及其活动,由宪法和司法组织法予以明确规定和授权,它具有与立法、执法完全不同的组织结构和运行特征。就此而言,司法和法院的审判活动具有基本相同的内涵和外延。[②] 功能意义上的司法立足于司法所具有的法律适用和解决社会纠纷的效果,因此不限于法定的规范标准,司法功能的主体也不限于法院。按照司法功能涉及主体范围的大

[①] 姚小林:《人权保护中的司法功能——基于最高法院的比较研究》,知识产权出版社2012年版,第20页。

[②] 范愉:《司法制度概论》,中国人民大学出版社2003年版,第2页。

小，功能意义上的司法可以在三种含义上使用：第一种含义涉及面最为广泛，既包括带有立法意义的创制司法规则的活动，也包括公安机关的侦查活动、检察机关的起诉活动和法院的审判活动等。在我国有关司法改革的官方文件中，就包含了法律的制定、修改等立法活动和侦查、起诉、审判等执法和审判活动；第二种含义涉及范围比较中等，指国家特定机关所进行的实施法律的活动，包括刑事诉讼中的侦查、起诉、审判、执行等活动和民事、行政诉讼中的审判活动，以及包括后续的执行、司法监督等；第三种含义最为狭窄，仅指法院的审判或诉讼活动。这三种含义在不同的语境下经常交错使用。

本书侧重于人权角度看问题，因此基于人权保障的需要来界定司法，因此对司法的理解基于实质性功能标准而展开。司法活动是对参与诉讼活动的各国家机关、主体完成的一系列行为并形成最终裁断的统称，它表明的是国家机关运用国家公权力的过程，外延包括在刑事诉讼中由公安、检察院、法院和狱政机关依法行使侦查、起诉、审判、行刑等权力的过程，以及法院在民事、行政诉讼中行使审判权的过程。在我国的司法实践中，涉及的主体不仅仅包括人民法院，还包括人民检察院以及公安机关，甚至国家监察机关，这些主体都可能涉及人权保护。因此对人权保障语境中的司法，应该持比较中等意义的理解，一般不关注创制司法规则的立法环节。

在理解司法这一术语时需要注意，有些文件对司法的理解要结合具体文件的意旨去分析。在中国共产党的一些文件中，司法有时会被狭义化，特指刑事司法，比如中国共产党十八届四中全会提出"加强人权司法保障。强化诉讼过程中当事人和其他诉讼参与人的知情权、陈述权、辩护辩论权、申请权、申诉权的制度保障。健全落实罪刑法定、疑罪从无、非法证据排除等法律原则的法律制度。完善对限制人身自由司法措施和侦查手段的司法监督，加强对刑讯逼供和非法取证的源头预防，健全冤假错案有效防范、及时纠正机制"。以上内容中"人权司法保障"主要针对刑事诉讼人权保障，近十多年来中国国内很多人使用这一表达也是针对刑事领域，这与本书理解的人权司法保障不一样。

(三)人权的司法保障

权利需要保护,这是对权利实现的基本理解,当然,权利也需要保障,权利的保障就是指权利不受侵害和破坏。所以在语词用法上,人权的司法保障与人权的司法保护本质是一样的,都是指通过特定的司法途径保障人权的内容得到实现。国内有学者认为,人权司法保障指通过司法手段保障个人的权利,包括保障个人权利不受他人侵犯或在被他人侵犯的情况下对侵犯人加以处分;还包括个人权利不受政府的侵犯,特别是在司法活动中应当保障诉讼参与人的权利。[①] 国内还有学者认为,通常讲权利保障有两层含义,一是指权利实现时的无阻却性保障;二是指权利实现中存在障碍时的司法救济性保障。[②] 就人权来说,第一个方面的无阻却性其实是强调人权保障的基本社会条件,也就是经济条件、法律制度条件、社会观念氛围等,这些基本社会条件保证权利人能够在合法的情况下,以自己的自由意志,实现权利的行使、放弃或转移等目标,并且不会受到其他人或者客观条件的限制。这也要求国家要为公民实现基本人权提供各种必要的条件,包括物质的也包括制度的。而就第二个层面来说,人权的司法救济具有补救性和派生性,是人权具体内容在遭受侵害后形成的补救途径,目的是使受到侵犯的权利得到恢复或补偿。因此,人权的司法保障应该是指在司法实践活动中,相关的司法机关、行政执法机关和执法人员根据法定职权和法定程序依法保障当事人(包括犯罪嫌疑人)应有的权利、维护其合法权益不受侵犯。这是一种包括程序与实体并存的广义的权利保障理念。这种理解也符合最高人民法院在2014年7月发布的《人民法院第四个五年改革纲要(2014—2018)》中的看法,"加大人权司法保障力度。为强化对公民人身权利、财产权利和诉讼权利的司法保障……",这个文件通过并列列举公民人身、财产权利和诉讼权利的方式表明,人权司法保障应是一个比较广义的概念。通过司

---

① 杨宇冠:《论人权司法保障》,《法治研究》2016年第5期。
② 范进学:《论权利的制度保障》,《法学杂志》1996年第6期。

法保障人权是人权实现的重要途径，司法保障机制的重要性历来也被国际人权公约所强调，它既是一个国家法治化水平高低的重要标志，也是一国人权保障水平的集中反映。

二 我国人权司法保障内涵的形成历程

（一）人权司法保障在新中国的初步提出

人权这一概念在中国古代典籍上并无踪迹，属于近代以来随西学东渐而进入中国的舶来品。自清末至民国政府时期，不少学者研究此问题，不少大学里亦有教授讲授相关话题。① 中华人民共和国成立以后，囿于意识形态和政治体制的影响，在相当长的时期内，"人权"曾被作为资本主义的"专利"而遭批判。改革开放后，尤其是20世纪90年代以来，人权理论研究重获新生，人权制度建设提上议事日程，以宪法为核心的保障人权的社会主义法律体系逐步完善起来，人权的司法保障又回到官方话语中。1991年中国发布了第一部人权白皮书《1991年：中国的人权状况》，在白皮书的第四部分，提出了"司法中的人权保障"问题，这一部分的标题也是"中国司法中的人权保障"。此白皮书强调，"中国司法工作的宗旨和任务是，依照法律保护全体公民的各项基本权利和自由以及其他合法权益，保护公共财产和公民私人所有的合法财产，维护社会秩序，保障中国现代化建设事业的顺利进行，依照法律惩罚少数犯罪分子。这体现了中国重视在司法活动中保护人权"。② 1991年人权白皮书虽然提出了"司法中人权保障"，但这里重点针对的是被追诉人和罪犯的权利问题，白皮书这一部分的内容也是从逮捕、搜查、审判等方面展开论述。可以看出，1990年代初我国提出的司法中的人权保障是比较狭义的一个概念，与后来所说的人权司法保障并不相同，就

---

① 有关近代中国人权观念传播历史与人权运动的相关论述，请参阅徐显明主编《人权法原理》，中国政法大学出版社2008年版。
② 国务院新闻办公室：《中国的人权状况》，《中华人民共和国国务院公报》1991年第39期。

权利内容来看，主要针对刑事案件中嫌疑人、罪犯的人权保障问题。后来我国国内很多学术论文也在此意义展开人权司法保障的探讨。在1997年3月国务院新闻办公室发表的《1996年：中国人权事业的进展》白皮书中，我国官方的文件首次提出了"人权的司法保障"这一概念。此后这一概念基本获得认可，但内涵上有所变化，并不断代替早几年提出的"司法中的人权保障"。基于官方文件对于加强"司法中的人权保障"认可，并且随着人权观念的普及，我国的一些立法在制定或修改过程中亦开始注意加强对人权的保障。此外，在中国共产党的一些文件中，人权问题同样获得重视。1997年，党的十五大报告首次将"人权"写进中国共产党全国代表大会的主题报告中。2002年，党的十六大再次在主题报告中将"尊重和保障人权"确定为新世纪新阶段党和国家发展的重要目标。到了2004年，"国家尊重和保障人权"被明确写入我国《宪法》，《宪法》的这一修正将"人权的司法保障"逐渐上升为法治建设的一个基本目标。

（二）人权司法保障内涵的不断拓展

2004年《宪法修正案》明确写入"国家尊重和保障人权"，为了贯彻执行宪法的规定，我国的相关法律也做了修订，并且还制定国家人权行动计划。在中国共产党的党内文件中，2012年中国共产党第十八次全国代表大会在公报中提出了"人权得到切实尊重和保障"的战略性决定。[1] 2013年中共十八届三中全会通过《中共中央关于全面深化改革若干重大问题的决定》，提出"完善人权司法保障制度"的重要改革目标，并对此作了一系列改革部署，司法部门也已出台了若干新政策。在2014年中国共产党十八届四中全会通过的《中共中央关于全面推进依法治国若干重大问题的决定》中，关于深化司法改革的各项部署也都以加强人权保障作为目标，《决定》明确提出了"加强人权司法保障"的制度改革要求，

---

[1] 胡锦涛：《坚定不移沿着中国特色社会主义道路前进　为全面建成小康社会而奋斗》，《人民日报》2012年11月18日第1版。

"标志着我国人权司法保障将步入新的历史阶段"。当代中国人权的司法保障在保障机制、程序、实效性等方面都取得了重大进展。与执政党的政策相对应,中国政府也采取了相应措施加强人权的司法保障。中国政府先后发布《国家人权行动计划(2009—2010年)》《国家人权行动计划(2012—2015年)》《国家人权行动计划(2016—2020年)》《国家人权行动计划(2021—2025年)》等人权专项行动计划。这些人权行动计划都在不同程度上阐述了加强人权司法保障的理念。例如,在《国家人权行动计划(2009—2010年)》中,相关的表述为"强化行政执法和司法中的人权保障";而在《国家人权行动计划(2016—2020年)》中,我国政府强调,"深入推进依法行政,加强人权司法保障,扩大公民有序政治参与,切实保障公民权利和政治权利"。

前述这些法律修订和政策变化表明,随着我国社会主义现代化和社会主义法治建设进程的持续深入,我国对人权保障越来越重视,人权保障也经历了一个观念逐步认可、立法充分确认和司法保障逐渐加强的历史性变迁。最近的这些人权行动计划也表明,当前我国人权事业的发展正在经历一个从强调人权立法保障向更加注重人权司法保障的转变。这一转变表明了执政者对我国社会发展现实的正确认识,期望通过司法活动解决当前社会中的一些矛盾,从而在更大程度上实现公民权利保障的需要。"人权"理念如今在我国已经引起社会广泛关注,这不仅充分反映了中国共产党和社会各界对我国人权保障事业的高度重视,而且也为法治中国建设和深化司法体制改革确立了方向,标志着我国人权保障事业进一步由重视制度建设的立法保障转向重视实践效果的司法保障。2017年,中国共产党在十九大报告中提出内容更为丰富的"加强人权法治保障"。

对比20世纪90年代提出的"司法中的人权保障"可以发现,新世纪以来人权与司法的关联性在"尊重和保障人权"这一个根本目标下逐步形成了比较完善的定义,有关人权与司法的理解也更加丰富。我国政府更加重视司法对人权的保障作用,强调司法可以保障的人权范围更加广泛,而不是仅仅局限于刑事司法中的某些权利。

（三）人权司法保障内涵的科学确认

1991年《中国的人权状况》白皮书中"司法中的人权保障"表述为后来相关人权文件提供了此问题的基础表述，司法和人权真正关联起来，中国人权事业的发展开始自觉地将法治建设同人权保障状况结合起来。从20世纪90年代初司法与人权关联，到现在明确强调人权的司法保障，当代中国人权的司法保障在内涵确认、保障机制、程序措施、实效评定等方面都取得了重大进展，在此发展过程中，人权司法保障的概念也一步步变得科学化。我国人权司法保障的内涵大致经历了三种形态变迁，形成了目前比较科学的人权司法保障观念。

第一种形态是1990年代"司法中的人权保障"，它是针对司法中特定主体的"人权保障"，主体范围比较狭窄。国务院发布的《1991年：中国的人权状况》白皮书第四部分提出"中国司法中的人权保障"，并强调"在公安、司法工作的各个环节以及司法程序上，中国法律为切实维护和保障人权，作了明确的严格的规定"。这一部分在具体内容上包括七个方面，分别是：拘留和逮捕、搜查取证、起诉和审判、中国没有"政治犯"、监狱工作和罪犯的权利、罪犯的劳动、劳动教养及被劳动教养者的权利。从这些内容上来看，1990年代初提出的"司法中的人权保障"主要针对嫌疑人、罪犯、被劳动教养者以及部分被告人的人权保护问题。因此，针对的主体范围比较小，相关权利内容也相应的比较狭隘。

第二种形态重点关注司法中程序性权利的人权保障。随着1990年代我国理论界对人权话题的重视和广泛介绍，人权观念在中国不断普及，注重司法程序中的人权保障也获得认可，于是形成了比较狭义、但更加丰富的司法中的人权保障。[①] 江必新先生也曾将"人权司法保障"的含义分为两个层面，一个是"司法中的人权保障"，另一个是"人权的司法保

---

① 陈光中：《在司法过程中保障人权的五大举措》，《中国党政干部论坛》2015年第4期。

障"。①前者强调司法权利运行过程中对所涉及的人权加强保障,权利内容主要是司法程序性权利,也涉及对少量实体权利的保障;后者强调将司法作为一种保障人权的手段,侧重点是通过司法保障各种人权,内容更加丰富。

为了进一步理解人权与司法关系的转变,有必要再回顾一下历史。1990 年代初提出的"司法中的人权保障"由于主要针对嫌疑人、罪犯、被劳动教养者以及部分被告人,主体范围和权利内容都比较狭隘,很快就不适应中国法治建设的需要。1990 年代后期以及 2000 年以后,随着"依法治国""尊重和保障人权"写入宪法,我国对司法中的人权保障问题越来越重视,于是对于人权司法保障的第二种形态出现,即"司法中的人权保障",包括了各种司法程序中的权利保障,但其中重点却是刑事诉讼中被告人的人权保障。1996 年国务院发布的《中国人权事业的进展》白皮书在第三部分"人权的司法保障"中强调,"一年多来,中国修改了《刑法》和《刑事诉讼法》,颁布实施了《律师法》《行政处罚法》等法律,并采取其他许多措施,加强了人权的司法保障"。可以看出,这个时候对人权司法保障的理解以"司法"为权利场域和核心语境,人权司法保障以"司法中的人权"为对象界限,保障的人权范围受到极大限制,与法治社会加强人权保障的价值追求不够吻合。2012 年《刑事诉讼法》修订,增加了"尊重和保障人权"即体现了这种要求。按照江必新先生的说法,这种意义上"司法中的人权保障","主要是指在行使刑事司法权(包括追诉权)、展开刑事诉讼程序的过程中除了保护受害人的权益之外,还要保护犯罪嫌疑人、被告人和服刑人的基本人权,核心在于通过制约司法程序中的国家权力来防止侵犯被追诉人的基本人权"。②因此,可以说,我国人权司法保障在演进过程中的第二种形态是加强司法中的程序性人权保障。2000 年以后,国内出版多种研究刑事诉讼与人权保障的学术著作也是体现了这种要求。

---

① 江必新:《关于完善人权司法保障的若干思考》,《中国法律评论》2014年第2期。
② 江必新:《关于完善人权司法保障的若干思考》,《中国法律评论》2014年第2期。

第三种形态是新世纪后逐步获得认可的广义的、科学的人权司法保障。第一和第二种关于人权司法保障的理解，很明显在不断走向法治社会的中国，越来越不适应现实的需要。通过司法救济权利，包括基本的人权，是司法应有之义，所以人权司法保障的内涵必须要扩充，"人权的司法化为世界各国提供了人权保护有效性的基本机制选择"。①从加强人权保障的目标来说，作为一种旨在防范和限制侵害人权现象发生的科学司法理念，显然并不能仅仅满足于对特定主体进行保障，或只关注司法环节的人权保障，而应该尽可能地扩大其涵盖的范围，以期达到"有权利就应被救济"的理想状态，这也应是当代中国建设法治社会进程中，人权保障全面化、实际化实践所追求的重要目标所在。2013年，中国共产党十八届三中全会通过《中共中央关于全面深化改革若干重大问题的决定》，首提"完善人权司法保障制度"的命题，并做了具体的部署和安排。无论对于人权保障事业的进步，还是对于司法改革和法治建设的推进，"完善人权司法保障"的提出都具有重要意义。十八届三中全会的《决定》所强调的议题包括刑事司法中的人权保障问题、财产强制执行中的程序规范问题、社区矫正制度的构建问题、司法救助和法律援助制度的健全问题、律师权利保障机制的完善问题等。虽然这些是人权司法保障中比较常见但也偏重于刑事领域的问题，但人权司法保障毕竟不仅仅指涉刑事司法过程中针对被告、犯罪嫌疑人的权利保护问题，而应该有着更具全局性的意涵和指向。任何公民的基本权利，包括公民权利、政治权利、经济权利、社会权利、文化权利、环境权利等都应当能够得到司法的救济和维护。所以，当我们把视角定格于公民基本权利的司法保障时，人权的司法保障必然是一个内容更加丰富的概念。

此外，近年来，随着赵作海案、佘祥林案、聂树斌案、张氏叔侄案、呼格吉勒图案等为代表的冤假错案的公开和纠正，引发了社会各界对司法中人权保障问题的持续高度关注并深入思考，由此形成了关于加强和

---

① 姚小林：《人权保护中的司法功能——基于最高法院的比较研究》，知识产权出版社2012年版，第20页。

完善司法人权保障的强烈呼吁。另外，随着社会主义法律体系的建成并不断完善，我国越来越多的法律不断加强对人权的保障，通过法律修订，程序法中的《刑事诉讼法》《行政诉讼法》加大了对诉讼程序中的人权保障。①在实体法中，相关法律的修订也不断扩展公民权利的范围。现实案件带来的思考、程序与实体法律的不断完善，加上司法改革的推进，这一背景促使人们对人权司法保障的理解更加丰富和全面。于是，广义上的"人权司法保障"，即"人权的司法保障"或"通过司法对人权的保障"开始逐步形成共识，这种更加科学的人权司法保障论断弥补了上述前两种内涵的缺陷与不足，并最终形成一种新的替代性司法理念。②这种全面、丰富的人权司法保障理念，能够让社会各界最大化地消除理论歧义的可能性，形成有关人权与司法关系更加统一的认知，也有利于采取具体的司法措施加强人权保障。

三　人权司法保障的特征

司法活动相对于立法与执法而言，处于一种兜底性的地位，因此人权的司法保障也是司法机关在公民的具体权利受到侵害后通过诉讼等方式实施的补救措施。就功能发挥的区别上看，相对立法与执法中的人权保障，它具有如下几个方面的特点：

第一，被动性与派生性。从权利保障的动态过程来说，人权首先体现为观念性的权利，然后转化为制度性的法律权利，再通过行政执法、个人守法等方式获得实现，最后，在实现权利过程中，如果遇到阻碍或受到侵害，才会产生人权的司法救济问题。所以，从权利意义上说，人权司法保障是在前面权利保障基础上派生而形成的一种救济权利，如果

---

① 姜明安：《改革和完善行政诉讼体制机制，加强人权司法保障》，《国家行政学院学报》2015年第1期。
② 近年来这种内涵更加丰富的人权司法保障理念在很多学者的文章中得到认可，具体参见江必新《关于完善人权司法保障的若干思考》，《中国法律评论》2014年第2期；张巍《人权与人权的司法保障》，《党政干部学刊》2016年第2期；汪习根、郭敏《论中国特色人权司法话语体系》，《湖湘论坛》2017年第6期。

人权能够在前面的各个环节顺利实现，人权司法保障可能就不会启动。由于这种派生性，也形成了人权司法保障的被动性特征。在司法规律方面，司法区别于行政的最大特点就是其独具的被动性，而非行政的主动性。人权司法保障制度的设计同样鲜明地体现司法的被动性特点。人权的司法救济和其他保障路径不同，司法救济的启动需要权利被侵害的前提条件，不管是国家公诉机关通过公诉，还是当事人自己提起诉讼，总之法院的救济程序是依诉讼的提起而启动。如果没有权利人被侵害的事实，并且出现公诉或自诉，法院不会启动司法保障程序，司法救济坚持"不告不理"的被动原则。由于这种被动性，也使得司法必须合理区分公权与私权的界限，并在行使公权过程中尽一切可能避免对私权的伤害。

第二，终局性。在国家权力体系中，立法权是创造规则的权力，而行政权是直接实施法律制度的权力，这两种权力都具有一定的主动性，尤其是行政权力，因此，都可能产生权力滥用。现代民主制度基于权力制约的需要，将社会纠纷的最终裁决权力赋予了司法机关。因此，通过司法活动保障人权，在国家权力运行过程中，带有终局色彩。这种终局性也要求司法机关必须有足够的力量，能够抗衡其他公权力的影响，并且能够做出公正、合理的裁决。当然，并不是说司法程序结束后，当事人的权利就失去了进一步保障的可能性，对于当事人不认可的司法裁判结果还应当允许其申请复议，赋予诉讼双方向更高一级司法机关提起申诉的权利。

第三，中立性。司法活动自古具有中立色彩，强调居中裁判，司法机关通过对案件事实的查明，通过对法律的正确适用，从而做出相应的裁决结果。因此，司法机关在案件的裁断过程中，为了保障结果的公正性，它必须处于中立地位，不能够偏袒某一方。如果偏袒，尤其是偏向其他国家公权力机关，则人权司法保障制度就成为强者对弱者的肆意践踏，蜕变为强权对私权的叠加攻击。因此，人权司法保障的制度设计必须充分尊重和体现"司法"的基本规律和特征。作为法律运行的一个环节，司法具有不同于立法、执法和守法的鲜明特征。结合前面所述的司法被动性要求，司法应该保持一种不同于立法和执法的消极性，从而确保司法的中立性。司法的中立性还要求司法机关必须具有独立性,司法机关独立、充分地使用专业技能,以中立者的身份解决社会中存在的各种纠纷,并且成为社会稳定与和平的中坚力量。

第四,程序性。司法活动为了保证公平、公正以及实现效率,司法机制必须形成非常完善、严格的司法程序,人权司法保障同样必须严格遵守相应的程序。法律程序是保障司法机关裁决结果正确、合法、公正、及时的前提,没有严格的程序保障,只可能带来更多的权利侵害结果。因此,人权司法保障必须牢固树立正当程序理念,即国家在剥夺或限制公民、法人的权利时,必须经过正当合理的法律程序,否则就不得作出此类决定。正当程序具有双重功能,一方面在于实现司法权力行使的形式合法化,这样做可以促使司法裁决结果最佳化,并且通过程序的合理安排,吸收当事人的不满,降低决定者的责任风险,最终增强裁决结果的可预见性、权威性和可执行性等;另一方面正当程序可以保证司法权力行使的实质合法性,通过设置质证、合议、表决等程序,限制裁决过程中的恣意,这样司法权力不仅在形式上合法,还做到了实质上合法。人权的保护与社会公平、正义的维护都离不开司法程序,司法程序规定最终都是指向救济社会权益,从而缓和社会的矛盾冲突。没有了程序性规定,人权保护便成了空谈,没有了实体性人权保护的相关法律法规,人权保护的程序存在又有何意义,因此只有当共同运用二者实现人权的司法救济时,人权司法保障才是真实的、有意义的,实现真正运用司法程序维护人民群众的利益。《联合国宪章》《世界人权宣言》《公民权利和政治权利国际公约》等国际人权法文件都要求对一切有关公民生命权、自由权、财产权、经济社会和文化等权利的剥夺必须严格遵守法定的正当程序,严格杜绝和防止有超越法律权限、践踏法律尊严等违法行为的发生,切实保证程序的正当性要求。

第五,强制性。人权经常体现为社会单个公民的具体权利,这种个体权利除了依赖私人力量加以实现外,必须有其他力量加以辅助保护,尤其是具有强制力的国家公权力。司法权力是国家权力的一种,司法机关是一种居于社会之上的机构而非居于社会之中的机构,这就使得司法权力不能自然地获得社会成员的依赖,司法裁决结果也并非都能够获得自愿遵从。司法机关主要依靠国家的强制力量和长期积累的社会公信力来保证获得服从与尊崇。人权的司法救济动用了国家的司法权力,具有国家意志性,也具有了国家强制力。有了强制力的保障,司法机关的裁决才能够获得执行,被侵害的权利才可能得到补救。司法裁决的强制性也是司法机关在保障人权时,抗衡其他公权力机关、惩罚违法公民或其他组织的力量所在。

第六,透明性。人权保障中存在着公权力的限制原则。公权力具有国家强制力,可以保障实施效果,但同样也更容易被滥用。为了保障司法权力不被滥用,司法的裁判过程一般应向公众公开、允许媒体依法进行采访报道、允许社会公众旁听,裁判所依据的法律和理由也应当说理充分,并尽可能公开、透明。司法权力作为国家公权力的一种,同样需要被监督,保证司法活动透明,能够让社会公众实现对司法机关的监督,发现违法现象,形成舆论压力。"人权确立了人与公权力之间的界限,奠定了现代民主和宪政的基础。"[①]

四 人权司法保障中若干争议观念辨析

(一)司法中的人权保障和人权司法保障

司法裁判的基础是权威和程序公正,重视对破坏规范行为的纠正和制裁,重视对秩序的维持与重构,因此司法权力对于社会的稳定至关重要。但是国家权力是一把双刃剑,在惩罚犯罪、维护社会秩序的过程中,也存在被滥用的可能,这样滥用权力的最终结果就是错案的增加以及人权的侵犯。国家公权力机关与犯罪嫌疑人地位上的不平等容易导致对犯罪嫌疑人正当权利的非正当剥夺。在当今各国的司法实践中,程序不正当、刑讯逼供、超期羁押、冤屈等现象都仍有存在,这表明司法过程中,特别是刑事司法中的侦查、羁押、起诉、执行等环节,亟待加强人权保

---

① 齐延平:《人权与法治》,山东人民出版社2003年版,第43页。

障。在刑事诉讼中是否能贯彻人权保障原则，彰显了一个国家法治进程所到达的高度。但是，正如前文梳理人权司法保障概念形成进程所展示的那样，司法中的人权保障只能说是人权司法保障含义之一，即在司法过程中通过程序性和实体性的人权保障措施，来抵御国家公权力对私人权利施加侵害，从而实现司法过程中的人权保障。完整意义的人权司法保障内容更加丰富，是现代法治社会的需要，现代司法的文明意义则在于人权的保障、正义的维护，正是对人权的尊重以及对权利的保障使司法在现代化的道路上走向了文明。①

（二）社会权利可诉性带来的争议

加强人权司法保障已经形成了广泛共识，但在理论上，还是有一些争议问题，其中最重要的是人权中社会权的可诉性争议。加强人权司法保障，不仅是刑事诉讼中对公民人身权利、自由权利的保障，还涉及经济、社会和文化权利（即通常说的社会权）是否可以通过诉讼进行保护的问题。在国际人权法领域，自20世纪50年代起草世界人权公约时就对人权的可诉性问题进行了激烈争论，大致形成的结果是自由权和社会权利是两类不同性质的人权，自由权具有可诉性，而社会权不具有可诉性，国际人权公约分为两个公约也与这种争论有关。很多人认为，社会权由于是积极权利，是昂贵的、需要社会福利资源加以保障的权利，因此即使法律化为制度权利，也无法通过普通的司法途径加以保障。②当然，国际社会的这种疑虑和争议在中国国内被认为不会对人权司法保障构成威胁。虽然我国人权理论中存在自由权与社会权的划分，但就我国的立法来说，对这两类权利没有进行明显区分，法律保护上也是平等对待。根据中国《宪法》的规定，公民的基本权利包括作为自由权的政治权利，也包括经济、社会和文化权利。《1991年：中国的人权状况》白皮书的第

---

① 张文显：《人权保障与司法文明》，《中国法律评论》2014年第2期。
② 龚向和：《国际人权可诉性理论之缺失：中国人权司法保护之路》，载柳华文主编《经济、社会和文化权利可诉性研究》，中国社会科学出版社2008年版，第181—197页。

四部分虽然偏重于强调刑事诉讼领域中的人权保障,但还是指出,"中国司法公正的宗旨和任务是,依照法律保护全体公民的社会基本权利和自由以及其他合法权益"。而且,从近年的司法实践来看,我国法院是否受理涉及人权的诉讼,根本因素不在于该权利是自由权还是社会权,而是取决于该人权是宪法权利还是具体部门法中的法定权利,是否受到具体行政行为的侵犯、是否有具体明确的法律加以规定等。

(三)司法资源现实有限性与人权应然无限性的落差

司法作为一种现实的救济解决机制,存在一些内在障碍,这使得人权司法保障也存在一定的不足,而作为价值观的人权具有强烈的应然性,会产生对权利保障的无限期待。人权司法救济是需要成本的,既包括经济成本,也包括时间成本;人权保障也需要多重手段和多方支持,法律问题必须依靠司法手段来解决,但人权问题经常会上升为政治问题、社会问题,其复杂性导致很多问题并非法院的一次司法判决就能解决,如教育医疗、就业歧视、社会歧视等。从宏观上说,一个国家的社会发展程度也决定着人权司法保障事业发展的高度,人权问题的复杂敏感决定了解决机制必然是多样的,保障制度必然具有长期性。人权司法保障的自身限度会与社会对人权保障的期待之间存在落差,但这并不能否定人权司法保障的重要性。人权作为理想的价值观念,确实会存在无限扩张的可能性,但一个社会特定时期的人权观念、人权保障水平总是与社会发展现实相关联,这种现实也决定特定社会中的人们会大致认可当前社会中人权保障方面所能达到的水平。

(四)人权保障与司法模式

论及人权的司法保障,往往会有人提出不同的司法模式对人权保障的不同影响,并可能认为不同的司法模式效果差异非常大。司法模式与法律制度体系、法律文化传统密切相关。按照法系的基本理论,目前世界上主要存在大陆法系和英美法系,因而,世界各国的司法模式大致可以分为英美法系模式和大陆法系模式。就英美法系的风格来说,英美国家中普通法院具有广泛的案件管辖权,在普通案件的管辖中实现人权司法保障。在英国,普通法院通过传统的侵权诉讼解决权利保障问题,如果涉及政府公权力的滥用,公民可以向普通法院提起司法审查诉讼,法院可以审查行政机关行为的合法性。在美国,联邦最高法院具有违宪审查功能,通过宪法权利诉讼解决基本权利问题。美国宪法权利诉讼体现了美国宪政体制的特色,以人民主权作为制度的价值取向,尊重个人权利和价值,然后通过国家权力的分立与制衡来防止权力滥用,最后通过法治作为各项制度和各项人权的根本保障。[1]美国的宪政体制保证了司法在国家政治社会生活中的至尊地位,通过宪法权利诉讼可以防止公权力滥用,达到维护和保障人权的目标。在大陆法系国家,德国采取宪法法院的方式解决具体案件中宪法权利问题。法院由宪法委员会审查议会立法解决是否违宪问题,而由一般的法院解决侵权问题。宪法委员会可以通过事先的违宪审查方式实现普通司法机关无法实现的人权保护。就司法功能来说,"中国的司法功能模式可以看作是社会主义国家的一种模式,它以议行合一、立法至上、司法服从立法、司法解释与司法审判的分立为基本特点"。[2]中国法院在一般诉讼中可以解决大部分对人权中具体权利的侵犯问题,因此,我国的司法模式没有对人权司法保障设立独特的司法系统。就宪法基本权利来说,中国与其他国家的违宪审查制度也不同。根据2018年修订后的《宪法》,中国在全国人大下面设立"宪法和法律委员会",采取合宪性审查模式解决立法可能出现的侵犯人权问题。因此,我国没有其他国家独立性的宪法权利诉讼模式,只有普通的诉讼模式,我国有关人权司法保障问题也是通过普通诉讼模式实现。不同司法模式下,各国由于不同的历史文化传统、政治体制、人权观念、社会心理等,在人权保护方面形成了不同的做法,效果上也有差异,但很难说哪一种模式具有绝对优势。

---

[1] 陆平辉:《宪法权利诉讼研究》,知识产权出版社2008年版,第92—98页。
[2] 姚小林:《人权保护中的司法功能——基于最高法院的比较研究》,知识产权出版社2012年版,第47页。

第二节 人权与司法保障的必然关联性

在价值层面,人权是"人因其为人而享有的权利",但人权保护能否真正得到实现归根结底还是取决于实践,即能否将应然的人权转化为实然的人权。应然的人权表现为立法中规定的各种具体权利,但立法只是人权保障的前提,不等于就能够实现。"人权具有三种存在形态:应有人权、法定人权、实有人权。应有人权是人之作为人而应当享有的在道德上为正当的权利,它不是法律和政治权威可以任意增损取缔的,是法定人权和实有人权的逻辑前提,是确证和评价法定人权和实有人权的依据,是独立于政治权威之外的客观存在。法定人权是为法律所确认和保护的人权。法律不能创制也不能消灭人权,而只能承认或不承认、保护或不保护人权。实有人权是人们现实地享受到的人权,应有人权再神圣,法定人权再完备,如果不能变成实有人权,都是毫无意义的。"① 但是应有人权是一种观念上的权利,缺乏国家的强制力加以保护,难以得到贯彻执行。因此,需要通过国家的法律,将应有人权在法律上确立下来,把应有的人权转化为法定人权,并且通过执法与司法活动的保护,使法定人权在现实中得到贯彻落实,最终实现应有权利转化为实有的人权。这是人权立法的目的与宗旨。人权的实现是一个动态过程,立法是人权保障体系中首要的最基本的方面,通过人权立法,确立具体的法定权利范围,促进人权规则实现制度化。但是,法定人权可能遭受侵害,需要进行法律救济,此时司法的作用就体现出来。司法是保障人权实现的重要路径,在权利受到阻碍时,只有通过司法活动,人权才能真正为人所享有。因此,司法救济权对人权保障的意义在于,让每一个公民在合法制度中主张和实现自己的权利,从而使人权得到最强有力的尊重和保护。法律与人权的融合是历史的必然,在历史上为人权奋斗的呼声此起彼伏,保护

---

① 李步云:《论人权的三种存在形态》,《法学研究》1991年第4期。

人权不只是单纯的政治问题，还是法律问题。如果人权没有有效的司法救济，社会大众的利益无法进行申诉，势必会造成社会矛盾突出，在当下中国，人权司法保障是社会安全的控制阀门，完善人权司法救济制度是推进国家建设法治环境并贯彻依法治国理念的必然要求。

一 司法与司法权的本质特征

从狭义上说，司法是由特定的国家机关及其公职人员，依据法定职权实施法律的专门活动，体现的是国家司法权力的行使。在古代社会，司法与行政合一，因此是行政官员兼理司法活动，而现代社会强调权力分立，因此专门设司法机关。在我国，人民法院和人民检察院是代表国家行使司法权的专门机关，其他任何国家机关、社会组织和个人都不得从事这项工作。任何司法制度，并无绝对优劣之分，其所赖以存在的合理性，离不开特定的时代及地域。现代司法的形成是社会不断发展、不断总结规律的结果，并和特定国家的现实相结合：一方面，特定时空、地域中的司法体系各有其独特的制度和地方文化特色；另一方，现代各国的司法活动也必须遵守一些具有普遍性的方式和要求，这些要求构成了司法活动和司法权力的共性特征。

（一）司法活动必须严格依法裁判

司法的直接任务，是在具体案件的诉讼中解决当事人的法律纠纷。要解决法律纠纷，须判断纠纷双方所举出的证据孰真孰假、陈述的事实是否存在、提出的诉讼主张能否成立，然后才能根据法律的规定作出裁判。要使司法判断客观公正，它必须包括一系列完整的要素，例如，事件、设施和场域；机关、组织和个人；权力、权利和义务；时间、地点和过程；控方、辩方和裁判者等。而且，这些构成要素必须严格依照法律的规定进行运转，比如依法设立法院、依法配备相应的设备、依法遵守相应的过程和实践要求、依法分配权利和义务等，否则就无法顺利并公正地做出司法裁判。因此，司法是一个复杂的系统，各构成要素之间存在固有的内在联系。司法所具有的依法裁判的本质属性以及司法要素之间所形成的法定联系，是司法区别于其他社会活动的根本标志。

（二）司法裁判必须保持中立

从司法的构成要素上看，司法活动是由控、辩、审三方构成的一个规范的组织体系，并依据相应的规范进行活动，控诉和辩护平等对抗，审判居中裁断。在司法活动中，依法裁判主要体现为审判方依法进行裁判，审判方（法院）是法律纠纷的最终识别者和决断者，它不能偏向控诉、辩护中的任何一方，否则无法在纠纷处理中实现法律所追求的公平正义。为了实现审判机关及具体办理案件的法官保持中立，很多国家的诉讼制度中都规定了回避、公开、正当程序、审判监督等规则。

（三）司法权力必须独立行使

司法活动中各方关注的对象，不是物、不是自然现象，而是社会关系、利益，甚至是价值抉择的问题。司法的本质属性是判断，而判断只能根据案件中的证据、诉讼主张来进行，并且不受其他主体非法活动的影响。因此，司法权力独立行使对于审判机关来说非常重要，审判组织在审判时只服从法律，不受审判组织外其他任何组织和个人的干扰。司法权力独立行使才能保证司法裁决的中立性。我国《宪法》第一百三十一条规定，"人民法院依照法律规定独立行使审判权，不受行政机关、社会团体和个人的干涉"。第一百三十六条规定，"人民检察院依照法律规定独立行使检察权，不受行政机关、社会团体和个人的干涉"。

（四）司法活动的专业性

事实是司法程序启动的先导，也是司法制度的调整对象。司法裁决需要对证据性事实做出详细审查，形成案件判决依据的事实，然后才能做出裁决，因此并非任何组织和个人都能对法律纠纷进行客观公正的判断，只有亲自审查判断案件证据的审判者，才有资格作出司法判断。这就要求从事司法工作的相关人员，必须是经过系统的法律知识学习和系统的法律工作培训，掌握了司法职业技能的人员，否则无法详尽审查证据并做出符合推理的裁决。司法人员专业化是司法判断专业性所倒推形成的必然要求。具体来说，司法人员专业化首先是审判人员的专业化，然后是检察人员、律师的专业化。从实际来看，很多国家对法官、检察官和律师的任职都规定了严格的条件，例如，中国实行的法律职业资格考试制度、法官遴选、检察官遴选等，这都是为了保证法官、检察官、律师的专业化水平。

（五）司法具有消极和被动性

任何一项法律制度都是与现实的事实有关，任何一项司法活动都与社会中的纠纷有关，司法要能够很好地裁决社会纠纷，必须是被动、消极的，这样才能保证中立、公正。首先，司法活动是在案件发生后才启动，并且要依靠原告、公诉机关的起诉才能启动，司法机关不会在案件发生前启动司法程序。司法救济必须同时具备两个前提条件，一是存在权利人的权利被侵害的事实；二是权利人依法向人民法院提起了诉讼请求，这两个条件不可或缺。[①] 其次，在司法活动中，审判的对象和范围受起诉要求的制约，审判机构和具体案件的审判人员不能擅自扩大具体案件中的审理范围。司法消极和被动才能保障司法中立，并且最终实现司法公正，现代世界各国的诉讼法都是根据这条原则要求来制定相关具体制度和程序的。

二 人权的保障需要发挥司法功能

（一）人权的观念属性决定了人权本身缺乏足够的执行力度

从历史发展来看，人权最初往往表现为一种观念权利，体现的是符合社会发展需要的某种价值理念，但人权的这种观念属性决定了其本身缺乏一种有效的自我实施和实现机制，仅依靠非法律的道德评价等机制无法实现这种价值理念对现实的意义。就法治实践而言，人权的实现机

---

① 杨春福：《自由·权利与法治》，法律出版社2007年版，第293页。

制不外乎有两种：法律机制与非法律机制。法律机制是将人权转化为具体的法律权利，然后法律权利借助于政治组织掌握的国家强制力量，运用执法、司法系统对受侵害的权利进行矫正，从而达到对权利或人权进行保障的目标。这种实现机制的根本特征在于法律本身是一套与其他社会规则不同的、拥有国家强力的运作体系。对于人权或其他权利的实现，法律机制的重要意义之一就是可以借助于国家强制力来加以救济。人权的另一种实现机制是非法律机制，即依靠社会自治性规则（如道德评价、社会舆论、良心信念等）来实现对侵害权利之情形的防范和矫正，期望通过社会道德观念等达成防范性共识，以期从源头上消除侵害人权的现象。在此情形下，人权保障机制的有效性取决于社会内生力量的自觉性，即通过社会内部的道德观念等预防或消解由人权受侵害所引起的紧张局面。这种救济机制由于具有自发性和主动性，在经济意义上可能成本更低，但由于缺乏足够的强制力，非法律救济机制经常面临失效的结果。人权的非法律保障机制在保障人权从观念到现实的转化上明显不够充分，故而如果期望人权自身价值目标能够充分实现，必须经常诉诸外在的强制力。因此，加强人权的司法保障是人权自身观念属性形成的必然要求。

（二）司法的救济性可以保障人权的实效性

司法具有权利救济功能，而人权最终都要体现为各种具体的权利，因此，司法对权利的救济便成为人权得以真正实现的重要路径。司法使社会中受到侵害的主体（尤其是弱者）得以通过合法的正当途径维护权利，而人权本身同样体现了弱者的抗争。因此，就二者的理论内涵而言，都具有重视公平、践行正义的目标，扶弱济贫、崇尚平等既是践行人权平等保护思想的重要体现，同时也是司法救济实践当中的关键要素。不论是发生在何种司法场域，司法救济都具有人权保障的功能。司法对人权的救济功能可以分为国际和国内两个层次。但一般来说，一国国内司法实践对于本国公民人权保障的意义更为重大，《公民权利和政治权利国际公约》规定："本公约每一缔约国承担保证任何一个被侵犯了本公约所承认的权利的个体能得到有效的补救。"该公约进一步要求国家承担为公民提供有效司法救助的义务。就我国来说，不论是发生在平等主体之间的民事诉讼，还是发生在国家与公民之间的刑事诉讼或行政诉讼，也不论是对不法行为的惩戒，还是对受损害法益的救济，它们都具有强烈的人权保障功能。只有建立起完善的司法救济制度和运行体系，公正、高效地进行审判，促使违法受到惩罚或做出赔偿，才能实现满意的司法救济效果。就国内司法实践具体运行来说，救济主体的法定化、救济程序的清晰化、责任形式的明确化、救济途径的简便化，对于真正确立司法救济机制意义重大。

按照法律运行的过程，人权的法律保障机制可以分为三个阶段，即人权立法保障、人权执法保障和人权司法保障。所谓人权立法保障，即立法者根据国家和社会治理需要，结合社会中已经形成的人权观念，在对应然性人权进行选择性确认基础上形成规范性法律文件的过程。经此过程，抽象的、观念性的人权理念转化为国家法制体系认可的人权法体系，从而为现实中人们权利诉求的提出提供了统一且明确的规范依据，即通常所谓的将"道德人权"转为"法定人权"。人权执法保障就是通过将人权法体系加以实施，借助国家行政等机构的作用，促进法定人权进一步转化为现实中的实有人权。人权司法保障则是法定权利在正常实现受阻或遭受非法侵害时通过诉诸特定公权力机关（司法机关）而实现权利救济的模式。人权立法保障、人权执法保障与人权司法保障乃是人权通过法律机制进行保障的三个基础环节。"如果说立法是实现'应有人权'向'法定人权'转化的前提，执法是实现'法定人权'向'实有人权'转化的必经途径，那么，司法（审判）就是'法定人权'向'实有人权'转化中出现故障的救济手段和最终防线。"[①] 这一论述事实上不仅揭示了司法保障在人权法律保障体系中的结构性地位，而且从根本意义上解释了人权司法保障的基本属性。从最基本意义上来说，人权法律化仅仅为社会更好地保障人权提供了一种可能的权威性依据，正是因为这仅是一种"可能"，所以人权法律保障的目标单纯地依靠人权从观念到制度的转

[①] 江必新：《关于完善人权司法保障的若干思考》，《中国法律评论》2014年第2期。

化是无法完成的。由此进一步得出的必然结论就是,实现人权立法的进一步司法化就不仅仅只是一种逻辑的必然,更是一种现实的必需。由此,人权司法保障在人权法律保障体系中的根本地位得以树立,这也是我国当前高度强调和注重人权司法保障的重要现实依据所在。

(三)司法权独立性和司法机关的监督地位有利于真实地推动人权保障

在历史上,人权首先是通过各国的宪法性文件得到展示,比如法国的《人权宣言》,美国的《独立宣言》,而且如前文所述,它们更多是以原则性的观念权利出现。二战之后,基于对历史的反思,国际社会认为人权要得到切实有效的保障才有意义,于是,人权的司法保护逐步获得国际社会认可。《世界人权宣言》第10条规定:"人人有权由一个独立而无偏倚的法庭进行公正、公开的审判。"国际人权法对于司法人权保障功能的重视也体现了司法权与人权的内在关联性。司法本身具有中立性,就本质而言,司法权不像行政权力那样具有强烈的主动性从而容易侵犯人权。此外,基于国家不同权力之间监督制衡的需要,司法权本身的独立地位又有利于监督其他权力的行使。因此,建构完善的司法独立制度是保障人权事业得以贯彻落实的重要途径。中立的司法体系和独立运行的司法权力是手段,人权保障是目的。当然,在司法场域中,所关涉的人权大致包含两类。其一是程序性人权,比如陈述权、申辩权、获得辩护权、申请回避权、公开审判权、上诉权等。而司法独立的秉性为敦促此类程序性权利的落实创造了可能性,很多国家的程序法都对此类权利予以保障。其二为实体性的人权,比如人身权、财产权、选举权、言论自由权等,这些权利基于其他实体法而表达出来,在权利受到损害时,应用独立、公正的审判机制实现对此类实体性权利的保障和救济。

(四)司法的程序性能够实现人权保障的时效性

权利保障的最终目标是权利得以真正享有,特定时空下的公平正义观念得到彰显,这种权利保障具有明显的时效性,而司法又是通过程序保障权利救济活动时效性的根本措施,因此,人权保障的时效需要与司法的程序性要求之间存在内在契合性。长期以来,由于受"重实体、轻程序"等传统司法观念以及社会现实稳定因素的影响,我国司法实践中经常存在某些忽视程序性人权的做法,并由此导致了诸如司法效率低下、公信力不足、司法权威下降等一系列严重问题。为了从根本上改进社会公众对司法的信念,提升对司法的信心,必须扭转"重实体、轻程序"的司法观念。由此要求加强人权司法保障改革,强化诉讼过程中基本人权的程序性保障。司法活动非常重视程序性要求,即使司法活动必须在特定场域当中,也要依循法定时间与特定的步骤或方式展开,从某种意义上而言,它是实现实体性权利和义务的合法方式及必要条件。司法的外在程序性很大程度上满足了人权救济的时效性需要,可以保障人权在受到阻碍或侵犯后及时获得救济。程序当中关于时效、时限以及方式步骤的具体规定,最终目标是及时地救济受损的社会权益,推进冲突的社会关系恢复正常,防止社会矛盾激化。受损权益如果长久得不到救济,冲突的社会关系迟迟得不到修复,最终必将威胁到社会的稳定,并造成更多的权利侵害。因此,司法活动通过看得见的方式实现正义,也是推动人权保障时效性的内在要求。在运用司法程序实现人权保障过程当中,人权保障的时效需要内嵌于司法的程序价值当中,无论是简易程序还是普通程序无不在满足人权保障的时效性需要。

三 司法通过保障人权实现法治目标

(一)保障人权是展现司法内在价值目标的需要

司法活动的内在价值包括公正、廉洁、效率、便民等多个方面,司法的内在价值导向指引着司法实践的升华,而司法实践又通过具体的裁判活动展现司法的价值目标。通过司法保障各项人权,司法的内在价值目标也能够得以充分展现出来,从而提升社会主体对司法的信心。对于法治国家建设而言,法治国家建设的基本目标都是围绕着人展开的,人是一切规则和公共政策的出发点,凸显人的价值和尊严是法治社会中制度正义的体现。"无论是资本主义社会制度还是社会主义社会制度，在制度正义与否的价值判断标准上是一致的，即皆以人权为衡量的标尺。"①完善的人权司法保障体制为每个公民寻求正义提供了公开、公平、公正的途径，这正是法治社会实现的基本途径。正是由于司法保障是人权保障的重要组成部分，是国家治理现代化的保证，是建设法治社会的途径，所以我们要不断完善人权的司法保障措施，发挥好司法保障的重要作用。如果说法律是公民人权的纸面宣示，那么司法实践则担当起保护人权同时展现自身的功能。人权必须被司法所保障，否则司法就不成其为司法。

（二）加强人权司法保障是提升社会文明水平的需要

人类社会发展至今，越来越脱离蒙昧而走向理性，在塑造社会理性的过程中，司法活动所扮演的角色非常重要。国家治理的现代化离不开各类社会主体之间的利益平衡，解决日益尖锐的社会矛盾，让国家在和谐的氛围下健康发展。但是如果公民的人权诉求得不到司法的有力保障，那么人民群众必然诉诸于法律以外的救济途径，或者采取暴力，甚至于报复社会。那么整个社会必然陷入混乱和无序，社会秩序不存在，国家治理现代化就无从谈起。利益平衡与社会纠纷的解决需要一个理性的过程，这是文明发展的基本方向。司法本身是一个理性化说理过程，社会纠纷、权利侵损、意见分歧等诸多内容都被纳入和平、理性的解决机制当中，参与其中的人严格按照既定的程序规则和权利内容推进实践活动，在符合程序正义的情况下，即使裁判结果与预期并不吻合，但也是一种理性选择的表现。司法如果不能以逻辑自洽、程序公正的方式赢得社会的尊重，社会理性、文明的建设都会受到阻碍。正因如此，借助司法保障人权的路径进而强化司法说理的过程，是强化社会理性和法律权威的过程，同时这也是不断提升社会文明的过程。借助司法路径保障人权的

---

① 范进学：《权利政治论——一种宪政民主理论的阐述》，山东人民出版社2003年版，第290页。

制度作为近代以来人类发展经验的总结，其生命力与权威性都来自它本身的实现程度。当社会民众的人权或某种具体权利遭受侵损并诉诸法律时，法律就应该扮演起理性的解决纠纷角色，在此过程中，法律论证要尽可能地具体化、生活化、合理化，所以具体案件的处理以及相应的权利保障过程本身便是一种提升社会文明的重要手段。故而，社会发展需要通过司法保障人权提升社会文明的程度。

（三）通过司法保障人权是国家法治水平的体现

人权是人之为人所享有的必不可少的权利，是人的主体地位的一种社会化表征，涵盖了社会权利、经济权利、文化权利、政治权利等多个范畴。这些权利通过国家的具体法律制度展现出来，但是，仅有制度对权利的宣示还不能称为法治。国家的法治化水平与具体人权的保障状况具有不可分割的关联性，衡量一个国家是否是法治国家的重要判断标准即在于人权是否得到充分的尊重和保障。人权保障状况之所以能成为判断国家法治水平的标准，原因在于法治的根本目标是要充分保障公民的各项基本权利，法治具体要素的体现必须植根于人权得以充分尊重和保障的基础之上。在法治国家，公民的主体地位只有通过明确的权利才能得以充分地展现，法治建设也才能获得存在的正当性。要实现这些目标，司法基于自身的特定地位和功能，自然担当起展现法治水平的重任。"在现代法治国家，人权保障的最基本和最重要的方式就是司法保障。"[①] 保障人权一个很重要的方面在于抵御"公权力之恶"，防止公权力机构对于社会个体人权的蚕食与侵吞，对于这一目标，弱小、孤单的公民根本无法做到，只有借助具有制衡功能的司法机关，才能实现对公权力的抵抗，从而使权利得到实现，法治建设顺利进行。

（四）加强人权司法保障是国家履行国际义务的体现

就国内来说，"作为国家义务价值基础的人性尊严是国家义务的合法

---

① 王夏昊：《司法是人权保障的最佳方式》，《现代法学》2003年第2期。

性根据、正当性基础、妥当性规范"①。国家对内必须充分履行职责保障公民义务。在国际层面，国家同样要履行国际人权法义务。20世纪以后，尤其是二战以后，人权已经跨越国界，变成一个国际性问题，人权国际化即人权事务超越一个国家的范围，成为国际社会关心的事项和国际法律规则规定和调整的对象，在国际法中包含规定和调整人权的原则、规则和机制等。二战后，在联合国等国际组织的努力下，以《世界人权宣言》为主导，配合其他相关国际人权公约，形成了比较系统的国际人权法。随着国际人权法的产生，尽管对人权的尊重、保护、促进和保障目前仍然主要是通过国家在国内采取的法律、政治、社会和经济等措施和手段来实现，但这决不等于一个国家在如何对待自己国民的问题上依然享有绝对的、无限制的权力。世界上几乎所有国家都是联合国会员国，都批准了数目不等的国际人权公约，因此每一个国家在人权领域的行为都要受到相应义务的约束，受到有关机制的监督，任何国家都不能再以主权、内政或管辖权为由排除和拒绝国际社会根据《联合国宪章》、各国际人权公约和有关人权的国际习惯法对其内部人权状况的合法关注。自1945年以来，联合国一直致力于国际人权法的制定，努力将人权从道德领域转入具有拘束力的法律领域。人权标准法律化的进程，导致了一系列国际人权公约相继诞生。那些处于核心地位的国际人权条约，不仅规定了国家为实施这些权利应当采取的政治、经济措施，而且为批准和加入这些公约的国家设定了特定义务。这些核心条约的实施除了受联合国有关人权事务的各委员会监督外，还受各条约根据实施条款建立的监督机构的监督。国际人权法迅速发展成为一个庞大的、复杂的、相对完备的法律体系，对国际法的许多部门都产生越来越明显的影响，代表着国际法正在朝向尊重和保障人的价值这一终极目标迈进。而在国内领域，国际人权法也对各国立法、执法、司法方面，以及更为广泛的政治、经济、社会、文化观念和实践，产生着不可忽视的、不可逆转的作用。

---

① 蒋银华：《国家义务论——以人权保障为视角》，中国政法大学出版社2012年版，第56页。

虽然"国际人权法在总体上也是把人权作为本质上属于国内管辖的事项来对待的"[①]，但按照国际法的基本原则，各国在加入相关国际人权公约的时候，也就相应地承诺了人权保障的相关义务，通过司法手段保障人权也是履行相应的国际人权义务的重要手段。在保障人权的实践中，借助司法路径保障人权体现了国际社会的主流，也是各国展现自己履行国际条约义务的重要渠道。我国先后于1997年和1998年签署了《经济、社会和文化权利国际公约》（2001年全国人大常委会批准此公约）和《公民权利和政治权利国际公约》，此外还加入了《消除一切形式种族歧视国际公约》《消除对妇女一切形式歧视公约》《儿童权利公约》等。这些公约一般都设有相应的监督机制，既鼓励各个国家接受相关条约机构的监督，同时也承认各国国内救济措施的重要性。我国作为联合国的常任理事国，理应承担起履行国际公约的责任，树立大国榜样。无论是出于国际政治外交的需要，还是出于展现重信守诺的传统考量，对于在我国已经生效的国际公约（保留条款除外）当然地在我国发生法律效力，我国都应当认真、充分地加以执行。因此，加强人权的司法保障是我国遵循国际惯例、履行国际公约义务的必然选择。

（五）加强人权司法保障是遏制司法腐败和实现司法公正的重要途径

司法是社会公信力的展示窗口，司法腐败对一个社会来说是最严重的腐败，也是最具有危险性的腐败。不解决司法腐败，社会正义的最后一道防线就形同虚设。因为司法腐败必然侵犯司法中的人权，而加强司法领域的人权保障，并建立相应的保障和监督机制，是遏制司法腐败的必然结果和有效手段之一，是遏制司法腐败的保证。公正是司法行为的灵魂，是司法的生命线，不容偏离。加强人权保障、遏制司法腐败也就能够实现司法公正。在司法实践中由于司法领域人权保障机制的不健全，司法人权保障相对乏力，造成了司法过程中的不少利益驱动现象，影响了司法公正，并成为当前比较突出的社会问题。

---

① 张爱宁：《国际人权法专论》，法律出版社2006年版，第103页。

就目前的现实而言,强调人权保障,促使我国司法实践的指导目标从"打击犯罪"转向"保障人权",是法治时代的客观要求,是实现司法公正的前提。保障人权、遏制司法腐败在司法的不同领域都有相应的要求,尤其在刑事诉讼中。刑事诉讼由于和公民的人身权利直接相关,既担负着惩罚犯罪,也担负着保障人权的双重任务,二者不可偏废。近年来,我国在建立健全刑事诉讼领域人权司法保障方面不断取得进步,如回应社会热点,纠正了一批刑事冤假错案,并借此契机健全错案防止、纠正、责任追究机制;结合司法实际,修改了刑法,逐步减少适用死刑罪名;切实解决司法顽疾,严禁刑讯逼供、体罚虐待,构建了遏制刑讯逼供的机制;解决了劳动教养制度异化问题,果断废止劳教制度等。在这方面,虽然我国司法实践还有不足,但取得的成就有目共睹。2017年6月27日,最高人民法院和最高人民检察院、公安部、国家安全部、司法部共同发布了《关于办理刑事案件严格排除非法证据若干问题的规定》,是中国共产党十八届三中、四中全会以后国家相关机构贯彻落实非法证据排除规则提出的新要求,是全面推进依法治国以及深入推进司法体制改革的进步,也是当今时代民主与法治的表现,对于推进以审判为中心的诉讼制度改革,丰富我国现有的非法证据排除规则,健全我国的人权司法保障制度,完善我国的刑事证据规则体系,都有着不可替代的重大意义。①

四 加强人权司法保障是我国人民司法的必然结论

按照宪法规定,我国是人民民主专政的社会主义国家,宪法对国体的定性,在根本上决定了我国人民司法的民主属性。如同学者们所概述的那样,人民司法的基本内涵就是司法活动要服务于人民、切实维护人民的正当利益的要求。人民司法包含了三个方面的基本内涵:(1)司法权来源于人民,属于人民;(2)司法为了人民;(3)司法依靠人民,即

---

① 樊崇义、李思远:《人权司法保障制度的新举措》,《人民法院报》2017年6月5日第2版。

司法工作开展过程中要坚持群众工作方法,从群众中来,到群众中去,虚心听取群众意见,满足群众诉求。由此也决定了"人民司法从其产生之初起,即内含了人权保护的价值追求"[①]。人民司法的人民性表现在司法对于人民正当利益的维护上,人民群众最为重要的正当利益即是其基于宪法与法律所享有的权利。依人民法院组织法和人民检察院组织法之规定,司法机关的任务在于通过具体案件的处理而解决案件纠纷,保护公民私人所有的合法财产,保护公民的人身权利、民主权利和其他权利。在具体的个案语境中,人民即具体化为公民(案件当事人),司法服务于人民就转化为通过司法维护当事人依法享有的财产权、人身权或其他权利,而这些权利,又是公民作为人所享有的人权的具体化。司法正是通过其权利保障尤其是人权保障职能而体现其人民性。因此,人民司法必然具有人权保障的属性。当然,这也要求,未来我国的司法改革应当更倾向于人权保障机制的构建和优化。

总的来说,从人民民主专政的语境出发,人民司法更侧重于强调民主司法,重视强调司法权来源于人民,因此所有司法活动都是在民主框架下的活动。从权利保障语境来看,人民司法同时内含人权保障的价值,人民司法为人民,当然也就服务于人民的权利。民主与人权价值可以在人民司法中获得统一。从实践意义上说,作为政治性术语的人民司法也有必要解构为法律意义上的民主司法和人权司法保障,以便于形成实践中具体的操作规则。

第三节 人权司法保障的目标与原则

一 人权司法保障的基本目标

由于人权面对公权力时通常比较脆弱,所以,通常而言,人权的保

---

① 江国华、周海源:《司法民主与人权保障:司法改革中人民司法的双重价值意涵》,《法律适用》2015年第6期。

护更多的是强调防御公权力的非法侵犯。为了国家和社会利益，行政、司法等机关都有权依法限制甚至剥夺公民的生命权、人身自由权等基本人权，因此，司法所涉领域向来是人权问题比较集中的领域。司法过程中的人权保护状况在很大程度上反映了一国的司法文明程度。社会主义司法文明是社会主义政治文明的有机组成部分，其中既体现了人类司法进步的共同成果，又包含了体现社会主义司法制度优越性的独特内容。为加强人权保障，我国到目前为止共发布过四个国家层面的人权行动计划，分别是《国家人权行动计划（2009—2010年）》《国家人权行动计划（2012—2015年）》《国家人权行动计划（2016—2020年）》和《国家人权行动计划（2021—2025年）》。这四个人权行动计划都对人权的司法保障有所涉及，因此有关人权司法保障的目标，可以结合这四个人权行动计划来分析。

结合国家的四个人权行动计划来看，中国司法工作的宗旨和任务是，依照法律保护全体公民的各项基本权利和自由以及其他合法权益，保护公共财产和公民私人所有的合法财产，维护社会秩序，保障中国现代化建设事业的顺利进行，依照法律惩罚少数犯罪分子。这体现了中国重视在司法活动中保护人权。司法领域人权保障的目标就是要建立一套完善的法律保障体系和监督机制，依法保障司法实践中当事人或犯罪嫌疑人应有的合法权益，体现司法的公平、公开、公正，实现司法领域对人权的全面保障。因此，司法保障人权的基本目标包括：

（一）实现对人权的充分尊重

当前所开展的司法人权保障制度改革更多地停留在人权尊重的层面，对人权救济则少有提及。《国家人权行动计划（2012—2015年）》明确提出"尊重和保障人权"，相关内容进一步强调司法行为的规范性，包括改革死刑复核本身的程序、辩护制度、量刑制度、证据制度、强制措施、审判程序的改革等八大方面，有利于推进建设公正、高效、权威的社会主义司法制度，加强惩罚犯罪和保护人民，对于及时准确打击犯罪，充分尊重保障人权，对国家长治久安和人民安居乐业具有重要意义。"司法救济的直接意义就在于给每一个公民提供了一条实实在在的在合法的制度空间内主张和实现自己权利的有效途径,从而使其成为维护脆弱人权的最强有力手段和确保宪法所确定的基本权利得到保护与尊重的基础性权利。"①

(二)实现司法公平

普遍的公平性是社会主义司法制度优越性的重要体现之一,司法是否公正,决定了人权能否真正通过这种方式获得救济。"司法是以评判纠纷中的是非曲直作为自己使命的,公正是其被制造时就被赋予了的生命内涵。"②它要求在我国社会主义司法制度框架下,全体人民能够依照法律规定的方式公平地实现自己的权利与义务,能够平等和真实地受到司法保护和司法救济,而不受身份、地位和财产等条件的限制。当然,司法公平要求国家针对国家的弱势者设置某些特殊的保护制度,保障其与其他公民一样享受到有效的司法保护。《国家人权行动计划(2016—2020年)》中提出,"采取有针对性的措施,有效满足各类群体的特殊需求,切实保障少数民族、妇女、儿童、老年人和残疾人的合法权益"。此外,此人权行动计划要求人权保障要"平等推进",在某种意义上也包括了对司法平等保障人权的要求。

(三)实现司法人道

人权本来就是一种道德性的价值观,体现了近代以来的人本主义要求,而人本主义包含了对人的人道对待。人道主义要求社会对个人以及人们相互之间的关心和同情,尊重个人对社会作出的贡献,尊重人格,维护社会成员的基本权利。司法人道要求在司法活动中,将犯罪嫌疑人、被告人、罪犯作为主体来看待,维护他们作为人的尊严与基本权益。《国家人权行动计划(2012—2015年)》在司法人道方面的建树主要体现在针

---

① 苗连营:《公民司法救济权的入宪问题之研究》,《中国法学》2004年第5期。
② 卓泽渊:《法治国家论》,中国方正出版社2001年版,第57页。

对目前立法、执法的现状，确定了"完善监管立法，采取有效措施，保障被羁押者的权利与人道待遇"。

（四）实现司法民主

司法民主主要指在司法活动中充分体现和保障当事人参与的权利。一方面，司法主体要保证人民有权直接参与司法，当然是指在不影响司法权力独立运作的情况下，最重要的表现就是保证公众对案件的旁听。司法民主具体转化就是司法程序的公开，诉讼参与人与普通公民都有机会参与到司法活动的进行过程。另一方面，司法民主要求司法的目的是为公民服务，司法以维护和保障人民的利益为己任。《国家人权行动计划（2016—2020年）》提出，要"深入推进依法行政，加强人权司法保障，扩大公民有序政治参与，切实保障公民权利和政治权利"。

（五）实现对司法的监督

权力导致腐败，司法活动中的权力也不例外，因而对其进行监督非常必要。《国家人权行动计划（2012—2015年）》对我国司法监督制度的完善提出了一系列要求，从而有助于司法监督作用的有效发挥，"建立和完善执法、司法监督机制。严格实施执法责任制、执法质量考核评议制、错案责任追究制、领导责任追究和引咎辞职制度。依法惩处国家机关工作人员利用职权实施的侵犯公民人身权利的违法行为，依法惩处司法工作人员非法取证、暴力取证等侵害公民人身权利的行为"。同时，还特别提出"保障公民对国家机关及工作人员提出批评、建议、申诉、控告、检举的权利，发挥人民团体、社会组织和新闻媒体对国家机关和国家工作人员的监督作用"。《国家人权行动计划（2015—2020年）》同样提出，要"扩展表达空间，丰富表达手段和渠道，健全权力运行制约和监督体系，依法保障公民的表达自由和民主监督权利"。通过对两个国家人权行动计划的解读发现，加强人权保障非常需要在司法公平、司法人道、司法民主与司法监督等方面进行改革和完善。所以，人权司法保障水平的提升，必将对于我国社会主义司法文明建设起到积极的促进作用。

二 人权司法保障的基本原则

（一）公民在适用法律上一律平等

在法治社会里，人与人之间没有平等的关系就没有法律价值的公平和正义可言。法律面前人人平等是司法工作的一项基本原则，也是人权司法保障应遵循的原则，而且这一原则也得到国际人权法的认可，《公民权利和政治权利国际公约》第14条第1款就规定："所有的人在法庭和裁判面前一律平等。在裁定对任何人提出的任何刑事指控或确定他在一件诉讼案中的权利和义务时，人人有资格由一个依法设立的合格的、独立的、无偏倚的法庭进行公正和公开的审讯。"在人权理论中，这一规定也被理解为获得平等、公正审判的权利。从人权保护来说，获得平等、公正审判权利的具体要求就是对于任何公民的合法权益都依法予以保护，对任何公民的违法犯罪行为都要依法追究。这种平等具体在司法制度上的体现就是，对于当事人或犯罪嫌疑人的合法权益，包括实体和程序的权利，都要依法予以保障，程序上给予双方当事人平等的诉讼地位，赋予其平等承担诉讼的义务，为双方当事人提供一个公平的场所和机会，从而能够充分发挥诉讼当事人作为诉讼主体的作用，实体上，对其诉讼利益及争议权利予以充分的保障。我国司法机关坚持公民在法律面前一律平等的司法原则，使我国人权的司法保障体现出平等性、公正性的特点。从微观上看，坚持公民在法律面前一律平等的司法原则，是每个公民公正平等地享有人权的必要条件。从宏观上看，只有坚持法律面前人人平等，才能有效地维护市场秩序，实现公平竞争；才能保证人民当家作主，建设完善我国的民主政治；才能在公民中培养、树立公民责任意识、权利意识以及平等、公正的观念要求。

（二）司法机关独立行使司法权原则

司法独立是法治社会的基本要求，在一个注重保障人权的社会中，司法独立是人权保障的重要条件。1993年世界人权大会一致通过的《维也纳宣言和行动纲领》将司法独立列为实现人权和可持续发展的重要条件。司法独立既是人权的重要内容，同时也是人权的根本保障。只有实行司法独立，才能对其他国家公权力进行有效的制衡，使其他国家权力不能或不敢对公民基本权利进行任意的侵犯，或者即使公民基本权利遭受其他国家权力、私权利侵犯后，能够通过诉诸独立、不偏不倚的法庭而获得救济。司法独立是为实现司法正义服务的，而正义的司法就是为了保障人权的充分实现，因此在人权司法保障中必须重视司法独立的作用。为了保障司法工作严格依法进行，保障司法机关不枉不纵，不错不漏，准确及时地查明犯罪事实，惩办犯罪分子，同时保障无辜公民不受追究，我国宪法和法律都规定了司法机关独立行使司法权不受其他任何机关、团体和个人的干预。司法机关独立行使职权是实现严格依法办事、避免司法错误的基本条件。司法独立的价值在于，一方面防止外部力量对司法活动的干扰和影响，司法机关独立行使司法权加强了人权保障的司法力度；另一方面能够防止司法专横的出现，司法独立既是保障裁判中立和公正的正当程序，也是保护公民权利不受侵害的关键。从这个意义来说，人权保障的观念能否得以确立，是司法走向独立的一个重要指标。因此，没有对人权的充分保障，司法独立就可能变成司法专横、司法肆意和司法暴虐。确立司法独立的人权保障观念，加强人权保障的司法力度，对我国这样一个缺乏人权保障观念和人权保障传统的国家来说，意义重大。

当然，对于司法独立在中国的理解有其特定的含义。司法独立学理上可以包括三层含义。一是司法权独立于立法权、行政权等其他国家权力和社会权力不受任何法律之外的干涉。二是司法机关在法律规定的地域管辖和级别管辖范围内行使司法权，不受其他司法机关包括上级司法机关的干涉，确保司法活动绝对的中立性。三是司法官员在法律授权范围内，根据良知和对法律的理解独立行使职权，不受包括上级官员在内的影响和干涉，确保法官依法独立行使审判权。在我国，宪法和法律强调司法权独立行使原则，不受行政机关、社会团体和个人的干涉，这种意义的"独立"和西方三权分立意义上的司法独立不同。司法机关地位独立是司法权独立行使的基础，司法官员职务独立是实现司法权力独立行使的核心。

（三）无罪推定原则

无罪推定的权利是一项实体性人权，对于处于司法审判中的被告人意义重大。每个被控犯罪的人在公开审判中，根据有关法律被判有罪前，应当被推定为无罪。这一原则适用始于被告受到怀疑之时，止于被告被确定有罪之后。《公民权利和政治权利国际公约》第14条第2款规定："凡受刑事控告者，在未依法证实有罪之前，应有权被视为无罪。"我国《刑事诉讼法》第十二条规定"未经人民法院依法判决，不得确定有罪"的原则。就我国来说，无罪推定原则可以理解为"未经审判证明有罪确定前，推定被控告者无罪"。无罪推定原则是现代法治国家刑事司法通行的一项重要原则，是国际公约确认和保护的一项基本人权，也是联合国在刑事司法领域制定和推行的最低限度标准之一。无罪推定原则的确立，既有利于维护犯罪嫌疑人、被告人的合法权益，避免冤狱的发生，也有利于实现刑事司法公正以及推动其他诉讼制度的完善和发展。作为保障人权的一项基本原则，无罪推定原则具有实体和程序两方面的作用。在实体上，无罪推定强化了对定罪量刑证据的考量，促使公安与检察机关在调查犯罪、搜集证据时更加用心、积极、全面地寻找证据，既要达到罪刑相当原则的要求，也要寻找可能证明被告无罪的证据，这样有利于被告在疑罪案件中得到有利于自己的判决。在程序上，无罪推定有利于保证法院依法最终做出判决确定有罪之前犯罪嫌疑人或被告人的诉讼地位问题，它要求法官进行审理时不带有罪的偏见，而是先把被告人作为无罪的人来看待，从而充分保障嫌疑人或被告的各项程序权利。

（四）司法公开和透明原则

由于司法公开对实现司法公正、防止司法专横和擅断有着积极的预防作用，中国法律明确规定了司法公开原则，推进司法公开已成为我国法治建设不可或缺的一项重要内容。在司法人权保障中，司法机关要进一步完善司法公开制度。具体说，人民法院要进一步完善审判公开制度，提高审判工作的透明度。法院需要将法律规定的公开审判制度落到实处，除法律另有规定不予公开审理的案件以外，其他案件一律实行公开审理。审判公开也要求裁决事由公开，必须明确公开经过质证、辩论的证据、理由。人民检察院也应积极推行"检务公开"，完善检务公开制度。人民检察院应建立健全诉讼参与人权利义务告知制度，不起诉案件、刑事申诉案件、民事行政抗诉案件的公开审查和听证制度，进一步把检察工作置于人民群众的监督之下，以公开保公正，促进人权的司法保障。在司法实践中，诉讼活动从侦查到起诉到判决到执行等各个阶段，除了基于打击犯罪的需要或其他法定事由的规定不宜向社会公开外，都应以当事人或其他诉讼参与人以及社会公众看得见的方式进行，这是加强司法领域人权保障的重要环节，能够有效保护诉讼当事人的合法权益。

（五）司法责任原则

所有的人都希望能够完全避免错案，但这只是主观愿望，客观上很难做到这一点，事实上，任何国家、任何地方的司法机关和司法人员都不可能完全避免错案。面对错案，需要坚持实事求是、有错必纠的基本态度。由于主客观因素的影响，司法实践中可能会出现错误，造成错案，这在司法过程中是难免的，但冤假错案无论是何种条件下发生的，司法机关都必须实事求是，有错必纠，并且认真对枉法裁判者追究责任。从微观上看，冤假错案使受害人的人权受到侵犯；从宏观上看，错案本身也是对人民利益和国家利益的损害。错案如得不到及时纠正，冤屈若不能及时昭雪，就会损伤法律的公信力，人权司法保障就流于形式。由此，司法机关实行司法责任制和错案追究制很有必要。在出现错案之后，要查清产生错误的环节和原因，并根据具体情况追究直接责任人的相应法律责任，这样才能提高办案人员的责任心、防止司法腐败，这对确保公民的法定人权免遭司法权的非法侵犯具有十分重要的意义。

实事求是，有错必纠，其目的在于规范司法人员在具体司法程序中的司法行为，确保司法行为的合法性，这是社会主义法治建设的必然要求。法治的奥秘在于制约公权以保护私权,应用到人权司法领域,重点是完善监督体系,创设监督衔接机制,做好对案监督与对人监督、纪律监督与审判监督的衔接,健全审判权监督网络检查机制。既要重视外部社会监督,也要注重落实内部监督问责制。我国最高人民法院于2015年9月21日发布的《关于完善人民法院司法责任制的若干意见》明确提出,要在追究责任的范围和程序两个方面予以高度重视。一方面,在范围上,该《意见》已经明确了构成错案的两种情形,即"故意"和"重大过失",采取列举的形式分别列出了应当究责的情形和不应究责的情形,这无疑为司法责任的追究指明了方向,具有极强的可操作性。另一方面,在责任追究的程序上,该《意见》规定:"涉嫌犯罪的,由纪检监察部门将违法线索移送有关司法机关依法处理。"在我国已经设置国家监察委员会的情况下,涉及责任追究的问题可以将线索移送给国家监察机关。为此,应当重视做好内部监督与外部监督的衔接工作,既发挥内部监督的主动性和积极性,又要重视检察机关、监察机关及时介入的功能。

第四节 人权司法保障的基本路径

一 实现从人权观念到具体制度性权利的转变

近代以来,人权在自然法观念的影响下,初始表现为一种道德权利,并没有表现为严格的法律规定的权利。人权承认某种人类都应该具有的自由、资格、平等地位,这些是无条件的、不可更改的。但是这种对人权的理解表达的是一种道德观念,美国学者范伯格(Feinberg)认为,道德权利是"凭良心的权利,它是一种要求,这种要求的正当性,不必在于得到现实的或理想的法规或习惯的承认,而在于由已受启迪的个人良心的原则加以承认"。[①] 道德哲学对这种习俗性的道德权利并没有详细的

---

① [美]乔尔·范伯格:《自由、权利和社会正义——现代社会哲学》,王守昌等译,贵州人民出版社1998年版,第123页。

解释来源，具体到个人，必须在实定法中才能为权利找到更加精确、合适的表达，也就是法定权利。有了法定权利之后，权利才能在具体的司法实践中得到保障和救济。在当下中国，不仅要实现制度转变，还有更多的要求。"在全面依法治国背景下树立从人权立法转向人权司法的人权法律实施观，也就是从抽象原理与原则走向具体制度实践，揭示从人权法律原则到规则转变的人权法律要素理论。"[①]因此，人权司法保障首先要完成几个转变。

（一）从人权原则转变为细化的权利规则

就人权的历史来说，在17、18世纪，自然权利时代所理解的人权是一种哲学观念，这种观念表达了生命、自由和财产权等每个人都不可让渡的权利，"在所有偶然确定的社会关系、文化归属均被抽象掉的自然状态里，任何人都平等地拥有某种基本权利"[②]。这种观念是一种抽象的道德哲学，但却也成为现实社会中法律制度和权利实际形态的思想来源。到了资产阶级革命以后，很多国家通过宪法以及其他法律将这些道德观念转化为公民在宪法中的基本权利，最终通过普遍社会纲领和政治制度将人权确立为一种现实的公民权利。[③]人权观念转变为基本权利之后，为人权司法保障提供了第一个基础，即从人权原则转为权利规则。从人权原则转变为权利规则，首先保证了公民在司法活动中的实体权利，在对这些基本权利作出规定之后，进一步强调罪刑法定、疑罪从无和非法证据排除制度以及国家保障人权的义务等才有了可能性。

（二）从实体性的基本权利中分化出完整的诉权

诉权是公民认为自己的合法权益受到侵犯时，有提起诉讼要求国家司法机关予以救济、并按公正程序进行审判裁决的权利，诉权的核

[①] 汪习根、郭敏：《论中国特色人权司法话语体系》，《湖湘论坛》2017年第6期。
[②] 甘绍平：《人权伦理学》，中国发展出版社2009年版，第2页。
[③] 刘科：《从权利观念到公民德性》，上海大学出版社2014年版，第11页。

心内容包括起诉权、知情权、陈述权、辩护辩论权、申请权、申诉权等。确保获得司法保护的请求权或"裁判请求权"即是诉权，在现代人权法中，已经被认可为公民的基本人权之一，是宪法规定的有关基本权利和具体权利的救济性权利，被称为公民的"核心权利"。现在不少国家的宪法中也对诉权有明确的规定，例如，意大利《宪法》规定："任何人为保护自己的权利和合法利益，均享有提起诉讼的权利。"德国《基本法》第十九条第四款规定，"任何人的基本权利受到公权力侵犯时，都可以诉诸司法救济"。虽然我国《宪法》中没有明确关于诉权的规定，但诉权是公民的基本权利已经获得了广泛认可，并在部门法中得到体现，例如，我国《民事诉讼法》第二条规定，"中华人民共和国民事诉讼法的任务，是保护当事人行使诉讼权利……"。在目前的司法实践中，诉权落实还存在一些障碍，如一些法院曾由于政府干预、地方保护主义或社会稳定考虑等种种原因，对某些涉及面广、影响大的所谓社会敏感性案件往往采取不予受理的方式进行回避；又如对于宗教、征地拆迁、群体性事件等案件都有拒绝处理现象，这其实是对公民诉权的剥夺。我国于2012年对《民事诉讼法》进行修订，更加重视对公民诉权的监督保障，典型表现就是第二条对民事诉讼任务的阐述。此外，《民事诉讼法》再次强调了当事人起诉权受到否定后的救济权利，并明确规定，符合起诉条件的，必须在七日内立案，不予受理的裁定必须以书面形式作出，从而有效保障了当事人的诉权。2014年我国《行政诉讼法》被修订，重要变化就是扩大受案范围。修改之前，只有公民人身权和财产权受到侵害才能起诉，其他的基本权利被侵犯的，公民无法提起行政诉讼。而修改后则将行政机关滥用行政权力排除或者限制竞争、违法集资、摊派费用、没有依法支付最低生活保障待遇或者社会保险待遇等行政行为都纳入受案范围，这样，更多的公民基本权利受到侵害后有了起诉依据，也可以避免法院以没有法律规定为借口而不予受理案件。中国共产党十八届四中全会也强调，要"强化诉讼过程中当事人和其他诉讼参与人的知情权、陈述权、辩护辩论权、申请权、申诉权的制度保障"。

（三）制度性人权通过司法实践转变为现实权利

中华人民共和国成立以后，"人权"这一术语一度降温，甚至被敏感化。在政治上和法律上基本不再使用"人权"这一概念。改革开放以后，人权建设开始了拨乱反正。1991年11月1日，国务院新闻办发表《中国的人权状况》白皮书，首次以政府文件的形式肯定了人权的重要地位，"人权"作为一个正面的政治概念重新进入国家政治生活。1997年和1998年，中国分别加入《经济、社会和文化权利国际公约》和《公民权利与政治权利国际公约》。2004年3月，宪法修正案首次将"人权"概念正式引入宪法文本，在根本大法中明确规定"国家尊重和保障人权"。2007年，中共十七大将"尊重和保障人权"写入《中国共产党章程》。2009年以后，中国政府陆续制定了四个国家人权行动计划。可以说，在人权立法方面，中国已取得全面进步。中国目前已制定了包括宪法在内的现行有效法律270多件，十一届全国人大四次会议宣布，中国特色社会主义法律体系已经形成。这些已经颁布的法律法规大多与人权具有不同程度的联系。在现行有效的法律中，有十多部法律明确宣示了保障、保护或维护公民、人民或某类权利主体权益的立法目的、任务或原则。比如，把"尊重和保障人权"纳入《宪法》，《刑法》第一条提出立法宗旨是"为了惩罚犯罪，保护人民"，《民法典》第三条规定，"民事主体的人身权利、财产权利以及其他合法权益受法律保护，任何组织或者个人不得侵犯"。此外，我国法律体系中既包括专门保障未成年人、老年人、妇女、残疾人等特定权利主体合法权益的法律，也包括专门规定或涉及公民的生命、人身安全、健康、财产、教育等专门权利的法律法规等，我国已初步形成较为完备的人权立法体系。当人权立法体系已经基本完备、同时又构建了完整诉权的情况下，制度性人权如何转变为现实人权就非常重要。除了法律执行、公民守法之外，人权司法保障也是重要途径。在当前我国法律体系已经比较完善的情况下，人权司法保障的关注重点就转变为，如何通过司法实践真正保障一些人权从制度性的规定变为现实的权利。就司法实践来说，以强制执行司法裁判来维护法律权威和保障胜诉权对于人权保障显得尤为重要。

（四）将人权司法保障从价值观念转变为司法改革中的具体权利目标

2014 年，中国共产党十八届四中全会《关于全面推进依法治国若干重大问题的决定》中提出，"必须完善司法管理体制和司法权力运行机制，规范司法行为，加强对司法活动的监督，努力让人民群众在每一个司法案件中感受到公平正义"，并且要"加强人权司法保障"。加强人权司法不仅是一种理念，而且应该落实到具体的司法实践中。从近年来我国实施的司法改革来看，人权司法保障确实在不断转变为具体的司法改革的实践目标。2014 年 7 月最高人民法院在《人民法院第四个五年改革纲要（2014—2018）》中提出，"加大人权司法保障力度。强化对公民人身权利、财产权利和诉讼权利的司法保障"。具体措施包括：严格实行非法证据排除规则；建立对被告人、罪犯的辩解、申诉和控告认真审查、及时处理的机制；完善审判环节重视律师辩护、代理意见工作机制；健全司法过错追究机制；等等。最高人民检察院在《关于深化检察改革的意见（2013—2017 年工作规划）》中提出，深化检察改革的总体目标之一是，"对人权的司法保障机制和执法为民的工作机制更加健全，人民群众的合法权益得到切实维护，检察工作的亲和力和人民群众对检察工作的满意度进一步提升"。具体措施包括：完善刑事审判监督机制；健全冤假错案防范、纠正、责任追究机制；完善提高司法效率工作机制；完善对涉及公民人身、财产权益的行政强制措施实行司法监督制度；完善检察环节司法救助制度；等等。因此，未来我国还需要通过完善人权司法保障的制度建设，以人权价值观为导向，并将人权价值观转化为具体行动目标，着力推进司法改革，实现人权司法保障的制度化、规范化和实效化。

二 人权保障理念在司法领域的具体应用

（一）合理配置审判权与检察权

审判权是国家赋予审判机关（通常指人民法院）审理和判决案件的

权力，检察权则是人民检察院行使的主要包括侦查权、批准逮捕权、公诉权和法律监督权等权力。对审判权而言，要切实增强法院的审判中心主义地位，切实恪守法院和法官的中立地位，明确司法最终裁决原则，增强审判权的权威性和终局性，凸显在人权司法保障制度运行中法官的消极角色，为我国司法权威性和司法公信力塑造良好形象。对检察权而言，要合理区分和处理好公诉权和监督权的关系，既要切实履行检察机关最基本的职责要求，科学合理地运用起诉裁量权；也要发挥好监督权作用，尤其是对涉及人权问题的人身强制措施、超期羁押、刑讯逼供等重大违法行为，加强监督效果。审判权与检察权的合理分配，形成了互相监督的局面，有利于避免这两种国家核心权力行使中对公民人权的侵犯。合理分配这两种权力需要在制度上对二者的界限进行明确规定，保障法院依法独立行使审判权，检察院依法独立行使检察权，不受行政机关、其他社会团体和公民个人的干涉。一方面要强化审判权对警察权和检察权的制约，法院应加大对案件事实和证据的审查力度，通过非法证据排除规则的适用而杜绝刑讯逼供现象。另一方面须强化检察权对警察权和审判权的监督，检察院既要适用非法证据排除规则限制警察权的滥用，又要将错案追究机制与抗诉机制结合起来，既要为案件当事人提供充足的救济，又要追究权力滥用者的法律责任。党的十八大报告和中国共产党十八届四中全会通过的《中共中央关于全面深化改革若干重大问题的决定》都突出强调要确保审判机关、检察机关依法独立、公正地行使审判权、检察权。切实保证审判权、检察权依法独立、公正地行使，有利于形成人权司法保障的均衡结构，有利于提升人权司法保障的精神内涵，促进我国人权事业的整体建设与发展。

（二）在民事诉讼领域充分保障诉权

诉权的要义是人们为何可以进行诉讼，因此，诉权与人权保障具有紧密的关联性。首先，诉权体现了人作为社会人的必然需求。人是社会性动物，人的需要和满足必须立足于社会之中才能得到充分实现，与此同时，人的需要的满足所遇到的障碍也是基于人的社会属性而产生。在人的基本需要（在道德语境下体现为人权）无法实现的情况下，必须产生救济权利，也就是诉权。人产生纠纷后，必须允许纠纷主体有权利去"诉"，即提出自己的诉求与主张，否则只会积累更多的社会纠纷，导致社会混乱。其次，诉权的合理行使可以满足人们参与诉讼所期望的目标。诉权不仅可以帮助人们进入诉讼，而且可以直接或间接地满足人们在诉讼中所期盼的各种目标。人有了纠纷就会起诉，这是人的自然本性的要求，但作为社会的人，会有各种具体的诉讼请求，这些请求需要通过法院依法裁判得到落实。再次，诉权是国家和社会稳定的基础。如前所述，公民之间的社会纠纷得不到解决就会形成社会矛盾的积累，可能陷入相互"复仇"的混乱境地，所以，文明国家和社会对形成的纠纷禁止绝对的"私力救济"之后，都强调公权力参与纠纷解决。诉求使得国家与社会为纠纷当事人创设一个合法地提出诉求、解决纠纷的场所，并且培养一批专职人员依据法定的程序规则与实体规则帮助其解决纠纷，恢复法律关系和社会秩序的原状。如果国家一方面禁止"私力救济"，另一方面又不能依靠公权力公正、高效地解决纠纷，这样导致的必然结果是纠纷在社会中积累，社会矛盾丛生、混乱不堪，社会必然会倒退到"以暴制暴"的无法无天境地。因此，诉权对作为社会性主体的人类至关重要，有利于充分实现自身价值和人格尊严。从我国现实来看，在民事诉讼领域充分保障诉求是"尊重与保障人权"和法治中国等共识价值形成的必然要求。

（三）行政诉讼领域充分发挥限权效果

在公共社会管理中，行政法发挥着管理与服务相对人、并努力保障行政权力不被滥用的双重作用，而普通公民最容易遭受来自行政权力的侵权，所以人权与行政法在这个意义上关联起来。在行政法律关系中，行政主体是国家公权力的体现，既是执法主体，也是保护相对人权利的义务主体。人权与行政法主要是从实体角度来论证行政如何管理、服务于民，是保障还是侵犯人权，人权内容则是公法规范中的权利清单。人权需要行政力量来保障，行政权力的行使当然也要受人权目标的规制。由于行政权力的主动性、单方面性、强制性等特征，很容易造成侵犯人权的现象发生，所以必须要建构人权司法保障，通过司法权力的发挥，限制行政权力的滥用。通过司法限制行政权力滥用，从而达到保障人权的效果，具有两个方面的内容。一方面，当行政权作用于相对人时，如果行政相对人对行政结果不满意，那么首先需要建构程序意义上的人权司法保障，保障相对人诉权。另一方面，在实体权利上，司法机关充分发挥行政诉讼的作用，通过实体判决能够在实体上纠正违法行政行为带来的侵害，保护相对人的权利。因此，人权司法保障在行政诉讼领域的具体落实就是充分发挥行政诉讼的限权功能、制度救济和保障相对人权益的核心。

就当前与人权司法保障密切相关的司法改革来说，除需通过完善内部监督机制为受到司法权侵害的公民提供救济外，也需扩大行政诉讼受案范围以囊括行政权侵犯公民权利的所有情形。我国于2014年修订了《行政诉讼法》，使得行政诉讼受案范围进一步扩大，而该法第十二条规定了兜底条款，其他"合法权益"也可能包括政治权利和社会经济文化权利等具体人权内容。此外最新的《〈行政诉讼法〉司法解释》规定了立案登记制，其中第二条也体现了诉讼请求之范围外延扩展的趋势。从未来发展趋势看，行政诉讼应该保证公民基于宪法所享有的人权性基本权利如教育权、就业权、参与权等受到行政权侵害，或行政机关不履行权利保护义务或给付义务时，公民都可选择适当的诉讼类型向法院提起行政诉讼。这样才能达到"有权利都有救济"的理想状态，实现对公民权利"无漏洞保护"，达到司法保障人权的功能目标。就目前来说，《行政诉讼法》的修订以及相关司法解释符合人权司法保障的总体方向，也有利于限制行政权力的滥用。从整个宪政的合法性来说，国家政治合法性的基础就在于国家机关如何履行义务以保障公民的权利，人权司法保障能够纠正其中的行政违法行为，在公共管理层面维护并增强国家公权力的合法性基础。

（四）刑事诉讼领域充分发挥权利保护效果

我国2012年修改的《刑事诉讼法》规定，刑事诉讼的任务包括"尊重和保障人权,保护公民的人身权利、财产权利、民主权利和其他权利,保障社会主义建设事业的顺利进行"。根据修改后的《刑事诉讼法》,人权保障原则不仅仅是刑事诉讼的一项重要任务,也是刑事诉讼的一项根本原则,在人权司法保障中,刑事诉讼领域应该切实起到权利的实质保障效果。然而,由于各种原因,我国在刑事被追诉人的权利保障方面还存在很多不足,还不符合"尊重和保障人权"的要求。刑事诉讼以国家强制力为直接后盾,对公民权利的控制或剥夺也最为严厉,因此,一旦出现违法行使刑事侦查、审判方面的公权力现象,对公民的侵害将非常致命,这也是社会公众对刑事冤假错案极为敏感的原因所在。为了避免刑事领域公权力的侵害,促进和保障公民基本权利与自由的实现,人权司法保障机制在刑事诉讼中必须有效发挥权利保障功能。针对刑事诉讼来说,司法保护相比其他保护手段更为关键,也具有更大的可能性。刑事领域的人权保障机制,既是权利受害者得到救济和被告人权利得到保障的一种有效制度设计,又是其他社会公众避免被无故冤屈的预防机制。修改后的《刑事诉讼法》改革了刑事辩护制度,把刑事诉讼中控、辩、审三种基本职能进行优化组合,在一定程度上解决了长期以来侦查阶段律师缺位的问题,让律师介入提前,有利于更好地保护被追诉人的权利。除此之外,《刑事诉讼法》严禁刑讯逼供、规定非法证据排除原则等,这对促进我国人权司法保障发挥了有力的推动作用。此外,通过贯彻司法独立、无罪推定、法律平等和程序正当等司法理念,也更有利于实现刑事诉讼中的人权司法保障效果。司法独立建立于权力分立与制衡的基础之上,其宗旨在于保证法律的有效实施。相对于立法权与行政权而言,司法权的政治色彩最少,是利益无涉的一种纯粹判断权。在刑事诉讼中,国家专门机关以国家强制力为支撑,为惩罚犯罪,易出现主观臆断、有罪推定等现象,因而侵犯被追诉人的权利,此时,无罪推定原则显得尤为必要。这一原则可以使得一个人在受到刑事指控后,防止被法官或有关机关工作人员"先入为主"。法律平等原则既有利于反对特权思想,又有利于惩治司法腐败行为。正当程序可以限制恣意妄为,通过角色分工与程序步骤,实现刑事诉讼各方的理性商谈。以上这些原则在国际人权法的文件中都有相关规定。因此，在刑事司法中严格遵守相应要求是充分实现人权司法保障效果的必然要求。近年来，我国司法领域的人权保障不断迈上新台阶，司法公开大力推进，严格落实罪刑法定、疑罪从无、非法证据排除等法律原则，坚决纠正、努力防止冤假错案。张辉、张高平案、念斌案、呼格吉勒图案等一批冤假错案得到依法纠正，反映司法改革的实效，增强了全社会的安全感和法治信念。2015年2月10日，最高人民法院和公安部联合下发通知，明确规定人民法院开庭时，刑事被告人或上诉人不再穿着看守所的识别服出庭受审，被视为犯罪嫌疑人权利保障的一个极大亮点。由此可见，中国在全面推进依法治国的过程中，积极采取措施规范司法权的文明行使，从而使犯罪嫌疑人的人权得到切实保障。

（五）在司法救助领域展现补救性功能

实施司法救助、保障弱势群体依法行使诉讼权利，是人民法院审判工作保障人权的重要内容。最高人民法院在2000年就制定了《关于对经济确有困难的当事人予以司法救助的规定》，努力构建完善的司法救助制度，对民事、行政案件中经济确有困难的当事人，尤其是涉及老年人、妇女、未成年人、残疾人、下岗职工等追索赡养费、扶养费、抚育费、抚恤金、养老金和交通、医疗、工伤等事故的受害人追索医疗费用和物质赔偿等诉讼案件，依法实行缓交、减交或者免交诉讼费用，使有理无钱的当事人打得起官司，使法律面前人人平等的宪法原则真正得到落实。法律援助制度在一定程度上反映了一个国家通过司法保障人权的水平。作为发展中国家，中国的法律援助制度起步晚，但发展很快，法律救助制度的相关措施不断为当事人权利提供救济，但这并非权利司法救济的全面内容。《人民法院第四个五年改革纲要（2014—2018年）》所提及的改革措施主要指向于防范司法侵害人权的现象发生，而未涉及司法如何为当事人权利提供更为广泛的救济，我国在这方面还存在很多地方需要改进。完善该项制度的关键在于经费，既要最大限度地满足弱势群体的需要，又要使该制度与我国经济社会发展水平相适应。因此，除了将其列入国家预算外，我国还应积极寻求其他财政来源，确保法律援助制度有坚实的经济基础。①

（六）通过宪法的监督实施补强司法保障人权的效果

2004年我国《宪法》进行修订，"尊重和保障人权"入宪，但当前人权司法保障存在人权获得宪法高度尊崇与宪法在司法领域效力不足的矛盾。人权保障更多体现了一种宪法或法治理念，宪法中的人权规范在法院的民事、行政和刑事诉讼活动中如何真正发挥作用仍需要更多努力。从其他国家的法治经验来看，加强宪法的实施有利于人权规范的保障和落实，保障人权已经成为宪法实施机制的价值目标和根本指南。西方国家宪法的实施保障，经历了从立法行为的监督，到行政行为的监督，再到注重公民人权司法保护的阶段。在法国，宪法委员会是宪法的监督实施机构，最初本为政治机构，但随着保障宪法实施作用的发挥，宪法委员会已经具有强烈的人权保障职能的准司法机构。在美国，宪法由普通法院（主要是联邦最高法院）进行监督实施，普通的法院可以直接援引宪法，并且能够据此裁断立法和行政行为的效力。联邦法院运用宪法赋予的"正当程序"原则，完成了刑事司法程序改革，应用宪法"平等保护"条款维护受教育权，推动废除种族歧视制度。德国的宪法法院能够做到比较彻底的宪法司法化，并且严格执行广泛的人权标准，利用各种手段推动人权保障和人权实现机制的完善。这些司法保障人权的制度很好地发挥了保护公民基本权利的作用。由于我国政治和司法传统，宪法具体条文尚未在一般案件中援引，法院裁判文书和主持诉讼的活动尚未依据宪法支持公民的权利诉求，因此，宪法规范在司法适用中会处于一种非常尴尬的地位，影响了司法保障人权的效果。2018年我国《宪法》修订，全国人民代表大会设立"宪法和法律委员会"，就是为了通过加强这一委员会的作用，努力建立常规的违宪审查机制，增强宪法监督实施效果。

---

① 杨宇冠：《关于完善我国刑事司法人权保障机制的思考》，《人权》2006年第1期。

三 通过履行国际公约义务加强人权司法保障

在国际法层面，以《联合国宪章》《人权宣言》《公民权利和政治权利国际公约》《经济、社会和文化权利国际公约》等诸多国际人权公约为基础，已经构建了体系化的国际人权法框架。这些人权公约为缔约国在国家保护人权层面设定了法律义务，比如《公民权利和政治权利国际公约》要求各国需要"保证合格当局在准予此等补救时，确能付诸实施"[①]。各公约的缔约国都有义务通过司法程序来实现人权的救济保障，条约信守原则也要求缔约国要通过立法、执法、司法的方式，将人权公约中的人权转化成国内法中明文规定的基本权利。某国家签署、加入、批准某国际人权公约之后，最好的履约方式就是将公约所确定的人权纳入本国公民的权利体系，使其正式成为国内人权司法保障体系的一部分。这样，当国内法院把国内法律上的权利规范适用于某个具体案件时，其实也就是在履行国际法义务。此外，很多条约还建立了专门的条约监督机制和个人申诉机制，以促进各国更好地履行公约义务。国际公约下设的条约机构具有负责监督缔约国履约行为的职责，缔约国应该履行的义务之一便是定期向条约机构提交履约报告。履约报告制度旨在对各国实施人权公约的情况进行法律监督，在法律的框架下避免对抗，增进国际社会与特定国家之间的沟通，也向缔约国形成了压力，促进缔约国人权保障水平的提升，包括司法保障人权的状况。

---

① 参见《公民权利和政治权利国际公约》第2条第3款第3项。

第 二 章

国际人权司法保障的新发展

在第二次世界大战之后,国际社会制定了人权的标准和保护规范,它们包括各种国内、地区和国际层面的执行机制。但是,直到冷战结束,这些机制的有效性才成为国际社会的一个话题。[①]换句话说,人权采取了国际社会接受的标准形式,并逐渐发展到可强制执行的程度。[②]通过地区法院、国际特设法庭、国际法院或国内法院作出的司法判决,强制执行在很多案例中都具有了可行性。

随着人权保障标准越来越广泛,国内、国际和地区层面出现了有关主权民族国家人权保护范围的争论。并不令人感到奇怪的是,很多观察人士将司法保障视为人权保护的关键所在。人权司法保障机制在广泛的司法管辖权中得到充分发展,其范围从多边法庭延伸到国内法院。在这种情况下,争论的问题通常包括:国际法律规范在国内法院中的合法性,[③]以及地方法院在执行其他地方颁布的法律或作出的判决时面临的法律和政治问题。[④]

[①] Neil J. Kritz, "Coming to terms with atrocities: A review of accountability mechanisms for mass violations of human rights", *59-4 (autumn) Law and Contemporary Problems 127*, 1996, p.152; Emilie M. Hafner-Burton, "International regimes for human rights", *15 Annual Review of Political Science 265*, 2012, p.286.

[②] Gideon Sjoberg, et al., "A sociology of human rights", *48-1 Social Problems 11*, 2001, p.47.

[③] John Hagan & Ron Levi, "Justiciability as field effect: When sociology meets human rights", *22-3 Sociological Forum 372*, 2007, p. 380.

[④] Emilia Justyna Powell & Jeffrey K. Staton, "Domestic judicial institutions and human rights treaty violation", *53-1 International Studies Quarterly 149*, 2009, p.174.

人权的司法保障不仅涉及国际法庭（如卢旺达和前南斯拉夫国际刑事法庭）和地区法院（如欧洲人权法院、美洲人权法院或非洲人权和民族权法院），而且涉及国内司法机构。实际上，人权责任和执行考虑了不同的管辖权和法定机构，它们采用不同的机制来实现各自目标。这些管辖权和法定机构可以用下图概括为一个从国外到国内有关其判决起源和范围的统一体。

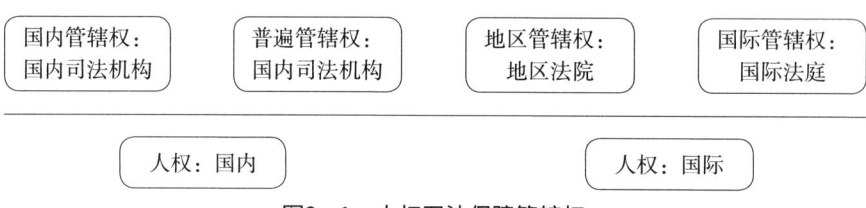

| 国内管辖权：国内司法机构 | 普遍管辖权：国内司法机构 | 地区管辖权：地区法院 | 国际管辖权：国际法庭 |

人权：国内　　　　　　　　　　　　　　　　　人权：国际

图2—1　人权司法保障管辖权

尽管每种管辖权都可以从法律层面执行人权问题和人道主义法律，但它们与国内政府的关系截然不同。在人权（国内）方面（图2—1最左边），"国内管辖权"指的是地方法院有资格执行对本国公民实施的法律。在人权（国际）方面（图2—1最右边），"国际管辖权"指的是国际或多边法院有资格根据国际规范对反人类罪或侵犯不同国家公民人权的犯罪提起诉讼。对此，国际刑事法院（ICC）的裁判是很好的例证。在这两者之间是国内管辖权和国际管辖权的混合性组合。"普遍管辖权"指的是某个国内司法机构可以对其他国家的公民提起诉讼，诉由是他们侵犯人权的行为是"如此严重，以至于影响整个国际社会的利益"[①]。地区管辖权描述的是多边司法机构有能力执行人权规范，从而起诉相应人权系统内的人权侵犯者。

每个管辖权都与司法机构相关联，强调这一点非常重要。国内管辖权与每个国家的司法机构相关联；普遍管辖权与各个国家的国内司法机构相关联，它们有不同的人权侵犯者或者甚至有不同的反人类罪的受害

---

① David Pion-Berlin, "The Pinochet case and human rights progress in Chile: Was Europe a catalyst, cause or inconsequential?" *36-3 Journal of Latin American Studies 479*, 2004, p. 505.

人；地区管辖权与地区法院相关联；国际管辖权则与现有的或者特设的国际法庭相关联。注意到以下这一点很有必要：当不同的国内与非国内司法机构对同一个案件提供人权保护时，这种关系取决于国内、地区或国际法院之间的并行性、互补性和/或辅助性原则。[①]

实际上，每个管辖权都有不同的渊源，人权侵犯的受害人也以多种方式参与相应的程序，而且，国际法定机构和国内司法机构之间存在多种联系。在每个案例中，国内法院都发挥着根本性作用。尽管人权保障始于地方法院，但它们并不必然终于地方法院，因为外国或多边司法机构或者其他机构也可能积极介入。

基于此，本章将首先从一般意义上分析与评价不同国家国内法院实施宪法审查的特有模式；然后分别具体阐述欧洲人权法院、美洲人权法院、非洲人权与民族权法院及其代表性国家国内法院实现人权保障的最新发展；在亚洲，尽管不存在像欧洲、美洲和非洲那样的地区性法院，但日本国际人权的司法保障也是本章讨论的内容；最后在结语部分简要考察人权保障与司法全球化。

第一节 宪法审查与人权司法保障

美国可能是第一个尽力解决宪法审查概念的国家，但他们肯定不是最后一个。马伯里诉麦迪逊（Marbury v. Madison）案[②]的遗产使得人们对司法部门有权废除民选多数的立法命令感到不安，最终促使国家立法机构对平衡立法至上与人权司法保护这一错综复杂的难题作出自己独特的

[①] 在国际法中制定这些原则旨在确立国内和国际机构之间的关系。对这些原则的理解如下：1.并行性原则指的是，在起诉反人类罪或侵犯人权罪时，国际法庭比国内法院具有优先地位，该原则的主要例证是卢旺达和前南斯拉夫特别法庭；2.互补性原则指的是，国内法院比只能受理侵犯人权犯罪行为的国际法院具有优先地位，如果相关国家不愿意或无能力对这类犯罪提起诉讼，国际刑事法院将会遵循这一原则；3.辅助性原则指的是，只有在穷尽所有国内程序之后，国际法庭才能享有管辖权，美洲人权系统受该原则指导。

[②] Marbury v. Madison, 5 U.S. (1 Cranch) 137 (1803).

宪法回应。接下来将首先考察美国目前的宪法审查状况，然后描述性总结并评价其他管辖权（英国、加拿大、新西兰和印度）下的宪法制度如何寻求立法至上与基本权利司法保护之间的协调。实际上，每个管辖权都处于某个统一体的不同位置，该统一体衡量司法权相对于立法至上具有的优势。

一　美国与绝对多数立法终极论

在经典的马伯里诉麦迪逊案的判决中，首席大法官马歇尔（Marshall）代表美国联邦最高法院宣称，司法机关有权宣布与宪法规定不一致的法律无效。① 然而，因此假定联邦最高法院是美国最高的法律解释者实乃夸大其词。《美国宪法》第5条规定了一项机制，由国会和各州来回应那些不受欢迎的决定；宪法修正案要由国会参众两院三分之二的议员（或者三分之二的州）提出、并经四分之三的州批准后方能生效。② 因此，在宪法决定可能被推翻之前，美国宪法强加了一项绝对多数立法共识的程序要求。

不可否认的是，这项程序门槛并不容易跨越，它解释了国会为什么只能在四种情形下成功利用宪法修正案来推翻联邦最高法院的先例。第十一修正案是对奇泽姆诉佐治亚州（Chisholm v. Georgia）一案判决的立法回应，在该案中，联邦最高法院判定，来自某个州的原告可以在联邦法院中起诉另一个州。③ 如今，第十一修正案为各州提供大量的豁免权来对抗那些成本昂贵的公民诉讼，因为各州只有在自己同意的情况下才受制于这样的诉讼，而且各州还可以针对州的官员提起诉讼。④ 第十三修

---

① Marbury v. Madison, 5 U.S. (1 Cranch) 137 (1803).

② 例如，《美国宪法》第5条规定：国会应在两院各2/3议员认为必要时，提出本宪法的修正案，或根据全国2/3州议会的请求召开公议提出修正案。以上任何一种情况下提出的修正案，经全国的州议会或3/4州的制宪会议批准，即成为本宪法的一部分而发生实际效力；采用哪种批准方式可由国会提出。

③ Chisholm v. Georgia, 2 U.S. (1 Dall.) 419 (1793).

④ Louis Fisher, *Constitutional Dialogues: Interpretation as Political Process*, Princeton, N. J.: Princeton University Press, 1988, p.202; U.S. CONST. Amend. XI.

正案于1865年通过,旨在推翻声名狼藉的德里德·斯科特(Dred Scott)案的判决,该案判定,非洲裔美国人不属于美国公民,因此他们不受美国宪法保护。[1] 接下来,第十六修正案推翻了波洛克诉农民贷款一案(Pollock v. Farmers' Loan)的判决,从而确保国会有权征收联邦收入税,而且无需在各州之间进行分配,也不需要考虑任何人口普查结果。[2] 最后,在1971年,第二十六修正案推翻了俄勒冈州诉米切尔案(Oregon v. Mitchell)的判决,该案判定,18周岁及以上的公民不能因为年龄问题而被剥夺投票权。[3]

其他试图推翻不受欢迎的联邦最高法院的判决所付出的努力都被搁置一旁。国会提议推翻学校祷告案的判决[4]、堕胎案的判决[5]和侮辱国旗案的争议[6]从来没有在国会两院获得足够投票,从而为各州批准铺平道路。有时,即使拟定的立法获得国会必要的批准,但各州也不太愿意支持这些变化。这样的例证之一是国会于1924年在联邦最高法院哈默尔诉达根哈儿(Hammer v. Dagenhar)一案的判决后提议禁止使用童工。[7] 被提议的宪法修正案从未获得通过,因为愿意批准该修正案的州的总数始终达不到要求。[8]

在美国,对授予联邦司法机构权力的关注并非来自其法律上的至高无上地位。国会和州立法机构可以联合采取行动并推翻不受欢迎的先例。人们也不应该对如下事实感到焦虑:联邦最高法院对法律的解释往往具

---

[1] Dred Scott v. Sandford, 60 U.S. 393 (1857); U.S. CONST. Amend. XIII.

[2] Pollock v. Farmers' Loan & Trust Co., 157 U.S. 429 (1895); U.S. CONST. Amend. XVI.

[3] Oregon v. Mitchell, 400 U.S. 112 (1970); U.S. CONST. Amend. XXVI.

[4] Sch. Dist. of Abington Twp., Pa. v. Schempp, 374 U.S. 203 (1963); Engel v. Vitale, 370 U.S. 421 (1962).

[5] Roe v. Wade, 410 U.S. 113 (1973).

[6] United States v. Eichman, 496 U.S. 310 (1990).

[7] Hammer v. Dagenhar, 247 U.S. 251 (1918).

[8] 截至1937年,只有28个州批准了这项被提议的宪法修正案。在1938年,这项提议失去了实际意义,因为国会通过了《公平劳动标准法案》(*the Fair Labor Standards Act*)来调控童工。后来,这项法案得到新的联邦最高法院大法官们的支持。具体参见United States v. Darby, 312 U.S. 100 (1941).

有终局性。毕竟，由联邦最高法院宣布的普通法判决可能同样是最终的，而且不可撤销，如果国会不能吸引简单多数来颁布一项法令推翻某个非宪法性决定的话。在美国，对宪法审查的担忧是，立法机构仅享有最后一锤定音的权力，如果立法者对如下情形存在绝对多数共识的话：有必要制定宪法修正案来推翻联邦最高法院错误的判决。绝对多数立法共识这种宪法要求对司法判决授予事实上的终局性，即使一半以上的国会议员和民选州代表对结果表示不同意。因此，正是这种立法绝对多数共识的程序要求引发了宪法关切，因为它允许联邦最高法院的先例成为默认的法律规则，即使在立法上存在压倒性的反对意见。

自从马伯里案以来，美国宪法审查的捍卫者与反对者似乎都在热衷于一场零和游戏。一方面，诸如欧文·切默林斯基（Erwin Chemerinsky）这样的捍卫者支持授权司法机构来执行人权规范，因为法官的终身任职使得他们免受特殊利益集团的游说，而且免受对弱势少数群体的困境漠不关心的选民所施加的压力。[1] 从这种角度来看，存在一个独立且非民选的司法机构（它有权废止备受欢迎、但却违反宪法的立法）来维护被政治过程边缘化的少数群体的权利十分必要。另一方面，诸如杰里米·沃尔德伦（Jeremy Waldron）这样的司法怀疑论者将美国法院视为一个非民主机构，它们的行为不对公众负责，而且不断妨碍民选代表机构的意志。[2] 将公民的声音视为全国道德变革的主要推动力这样一种错位反过来阻碍了人们参与政治审议过程，并使法院成为社会价值的最终裁判者。[3] 由司法机构进行的治理似乎从未有过不祥之兆。

然而，这种反多数主义难题无需通过将整个胜利授予任何一个阵营的方式来解决。缓解司法审查非民主性的灵丹妙药不是将之完全废除。

---

[1] Erwin Chemerinsky, "In Defense of Judicial Review: A Reply to Professor Kramer", *92 CAL. L. REV. 1013,* 2004, p.1018.

[2] Jeremy Waldron, "A Right-Based Critique of Constitutional Rights", *13 OXFORD J. LEGAL STUD. 18,* 1993, p.28.

[3] Mark Tushnet, "Policy Distortion and Democratic Debilitation: Comparative Illumination of the Countermajoritarian Difficulty", *94 MICH. L. REV. 245,* 1995, p.249.

在立法机构和司法机构之间构建权力的动态关系可以选择不同的方式。在平衡立法终局性与政治部门的一致性以及提供一种有意义的途径让独立的法官来捍卫人权规范具有的必要性时，各国宪法制度（如英国、加拿大、新西兰和印度）都发展出自己独特的宪法审查模式。

二 英国与不一致声明

英国《人权法案》于1998年通过，并于2000年10月2日生效。它将《欧洲人权公约》的规定融入英国国内法。与《美国权利法案》或《加拿大权利和自由宪章》不同的是，修改这项法案只需要国会简单多数通过。[①] 而且，根据《人权法案》的规定，存在一项独特的法定义务由支持新议案的部长来告知国会新的立法是否与《欧洲人权公约》规定的权利相一致。对是否与《欧洲人权公约》的规定保持一致性的执行评估也得到立法审查程序的补充，这种立法审查程序采取的形式是人权联合委员会，该委员会隶属于国会，任务是向国会建议某项立法案是否与已确立的人权规范保持一致。[②]

《人权法案》将英国的人权实现模式区别于其他宪法制度的关键之处在于其第3条和第4条之间错综复杂的法定关系。根据第3条的规定，法院必须以一种与《欧洲人权公约》保护的权利相一致的方式来解释和执行立法，"只要有可能这么做的话"。如果无法实现一种一致性解读，根据第4条的规定，英国法院可以发布一项正式的不一致声明。尽管存在这种声明，但受到质疑的立法规定并未被废止，它们继续具有充分的作用和效力。而且，尽管发布了这样的声明，国会并没有修改立法的法定义务；但是，如果相关部长这样选择的话，根据第10条的规定，他/她有权发布一项补救命令，并能够通过国会两院"快速跟踪"。传统的议会主权观念得以保留，因为决定修改受到质疑的立法仍然是国会的特权。

---

① Joanna Harrington, "The British Approach to Interpretation and Deference in Rights Adjudication", *23 SUP. CT. L. REV. 269,* 2004, pp.269–270.

② Janet L. Hiebert, "Parliament and the Human Rights Act: Can the JCHR Help Facilitate a Culture of Rights?" *4 INT'L J. CONST. L. 1,* 2006, pp.1–4.

有早期迹象表明，法院会以某种方式积极解读立法，而且这种方式将使这些立法与《欧洲人权公约》的规定保持一致。在 R. v. A (No. 2) 一案中，上议院多数派在违背国会意图的情况下利用第3条授予的解释性权力将一项刑事条款（该条款限制有关原告性史证据的可采性）隶属于一种额外的"默示条款"，即确保公平审判所必须的证据仍然是可以接受的。①尽管如此，上议院并没有花太长时间从这种偏袒的解释模式中撤出。在安德森案（Anderson）中，上议院拒绝利用第3条将一项新的规则（内政大臣不得强加一种超过司法建议的监狱税）曲解成一种量刑条款，理由是这与国会的意图直接冲突。相反，上议院法官宣称，内政大臣在决定刑期长短时的作用与《欧洲人权公约》不相一致。②

对司法使用不一致声明的最初犹豫可能归因于如下事实：第4条被认为是一种更加积极的解释性工具。该条要求法院对国会行为的适当性进行裁判。与之相比，第3条是一种更为谨慎的法律工具，它允许法院"解读"文字或者"宣读"某项法律，从而实现对某项立法规定作出与《欧洲人权公约》相一致的解读。因此，并不奇怪的是，由于国会通过的《人权法案》，上议院大法官鼓励法院"尽力寻求一种与《欧洲人权公约》规定的权利相一致的立法解释，只要立法语言允许这么做；而且，只有在最后时刻才能得出如下结论：立法只是与《欧洲人权公约》规定的权利不相一致"③。法官非常自信的是，"在99%的案例中，没有必要发布司法不一致声明"④。事实证明，第3条已经成为更强有力的规定，根据这项规定，法官可以自己修改立法，而不是被动等待立法机构根据第4条的声明进行修改。在遵守议会至上之宪法信条的过程中，英国法官现在更愿意采用第4条来表达他们对立法侵犯人权的不满，而不是适用第3条进行重新解释。⑤

---

① R. v. A (No. 2), [2002] 1 A.C. 45.

② R. (Anderson) v. Sec'y of State [2002] UKHL 46, [2003] 1 A.C. 837.

③ 583 PARE. DEB., H. L. (5th ser.) (1997) 535.

④ 585 PARL. DEB., H. L. (5th ser.) (1998) 840.

⑤ Danny Nicol, "Statutory Interpretation and Human Rights after Anderson", *PUB. L.*, Summer 2004, p.281.

尽管《人权法案》有着诸多优点，但英国的宪法审查模式还是不太理想。首先，第3条和第4条之间的相互作用存在令人不太满意的紧张关系。[①] 积极采用第3条的规定将会使第4条失去存在价值；习惯性使用司法声明（该声明没有实际的法律效力）将会使《权利法案》沦为"纸老虎"。目前的妥协似乎是，英国法院不会利用第3条来反驳立法的明确措辞或者必要含义，[②] 它们也不会热衷于法律改革，这种改革将会对需要立法协调和政策连贯的其他领域产生外溢效果。[③] 尽管这种解释是对第3条和第4条的一种合理调和，但它并不是唯一的可能解读。一个退步的法院可以让英国回到一种纯粹的立法至上模式。

其次，不一致声明无法令胜诉的原告满意。法律对他仍然有效并具有可执行性，但他可能无法寻求任何补偿性救济。根据《人权法案》的规定，议会保留以一种法院认为与人权规范不相一致的方式立法的法定权利，因为第4条声明的发布并不影响受到质疑的条款继续有效、发挥作用或执行。[④] 尽管第10条规定的救济途径允许部长对上述法案作出迅速改变，但部长没有这样做的法定义务。针对第4条发布的司法声明确实为行政机构制定立法修正提供了某种形式的政治动力，然而，只有当民意与法院的意见一致时，这种压力才能转化成立法行动。回到美国司法判例中的布朗案，如果该案判决的环境是联邦最高法院的命令仅仅具有咨询性质，法律上的种族隔离在法院判决之后至少十年内仍然很可能是美国法律图景的一部分。法庭上被证明清白的原告在政治部门对现状实施审查之前将不得不承担立法惰性的负担。

最后，不一致声明在英国可能比在其他普通法国家（如美国）具有更大的"说服力"。在英国，如果一位部长拒绝就有争议的立法向申诉人

[①] Conor A. Gearty, "Reconciling Parliamentary Democracy and Human Rights", *118 L. Q. REV. 248*, 2002, pp.249–250; Gavin Phillipson, "(Mis)Reading Section 3 of the Human Rights Act", *119 L. Q. REV. 183*, 2003, p.187.

[②] R. (Anderson) v. Sec'y of State [2002] UKHL 46, [2003] 1 A.C. 837, 894.

[③] Bellinger v. Bellinger [2003] UKHL 21, [2003] 2 A.C. 467, 480.

[④] Human Rights Act §4(6)（本条中宣告的"不一致"：a.不影响对其作出声明的条款的效力、继续执行或生效；和b.不拘束作出声明的诉讼所涉的当事人）

提供救济，那么，他可以将自己的申诉提交位于斯特拉斯堡（Strasbourg）的欧洲人权法院。①为了避免因欧洲人权法院作出的不利判决引发的政治尴尬，英国政府可能更喜欢在国内层面解决问题，并在超国家法庭强制执行之前对法律作出修改。另一方面，在诸如美国这样的国家（政府并不受条约限制来尊重另一个超国家人权法院的判决），可以想象的是，立法机构将公然无视法院提出的任何咨询建议。来自法官席的司法批评将成为政治荒原中丧失的空洞声音。

三 加拿大与立法否决

经过长期的立法辩论，《加拿大权利和自由宪章》（简称《宪章》）于1982年颁布并为《宪法法案》所保障，它在加拿大最高法律的范围内庄严载入人权的司法保护。司法机构有权宣布那些与《宪章》不相一致的立法无效，因为《宪法法案》第52条明确规定，这样的立法"不具有约束力或效力"。②对《宪章》规定的明确修正需要立法者达成非同寻常的共识。《宪章》只有在获得联邦议会和三分之二的省立法机构同意的情况下才能修改，而且省立法机构至少代表50%的加拿大人口。③

尽管修改程序十分繁琐，但《宪章》第1条和第33条规定的目的在防止加拿大最高法院转变成美国模式，在这种模式下，司法机构是宪法规范默认的最终裁判者。《宪章》第1条保护的权利受到"法律规定的如此合理限制，这一点在自由民主社会可以得到合理的正当证明"。④在R. v. Oakes一案中，加拿大最高法院判定，根据《宪章》第1条的规定，政府有责任证明，对基本自由的这种立法损害促进了一项迫切且实质性的目标，其他侵略性较低的手段无法实现这一目标。⑤如果被质疑的法律未能

---

① Joanna Harrington, "The British Approach to Interpretation and Deference in Rights Adjudication", *23 SUP. CT. L. REV. 269*, 2004, pp. 269–270.

② Constitution Act, 1982, §52(1) （该条款规定：加拿大宪法是加拿大最高法律，任何法律如果不符合宪法规定，其不符合部分不发生法律效力或者无效）。

③ Constitution Act, 1982, §38(1).

④ The Canadian Charter of Rights and Freedoms §1.

⑤ R. v. Oakes, [1986] S.C.R. 103.

满足 Oakes 案确立的严格标准，加拿大司法机构有权宣告该法律无效。

尽管存在司法宣告立法无效的情形，但《宪章》第 33 条规定，联邦国会或者省立法机构有权推翻法院的判决。① 立法机构可以明确宣称某项法案继续发挥作用，"尽管"存在违反《宪章》的情形，而且，在面对司法反对的情况下，立法机构可以再次颁布原有法律。这种"尽管"条款的效力五年时间到期后失效，但该条款可以每五年被反复重新颁布，以使其继续生效。② 尽管如此，第 33 条并没有违背加拿大宪章所包含的所有权利和自由。具体而言，宪章规定的保护语言权、迁徙权和每五年的选举权都不受制于立法中止。

作为自己并未对《宪章》表示同意的一种抗议，魁北克省政府于 1982 年在颁布《宪章》之后不久通过了一项立法修正案，该修正案将《宪章》第 33 条规定的"尽管"条款添加到所有生效的省级法案中，从而使本省免受宪章审查。③ 然而，这种一揽子否决在五年后并没有被延续。同样，当加拿大最高法院宣布魁北克一项只允许在户外广告牌上使用法语的法律无效时，④ 该省再次以否决予以回应，但允许五年后的中止再次失效。

在 1986 年，萨斯喀彻温（Saskatchewan）省政府通过了一项劳动立法，命令罢工中的政府雇员返回到工作岗位。⑤ 为了防止对《宪章》的成功挑战（理由是这项法案违反了工人的结社自由），政府前瞻性地采用《宪章》第 33 条规定的否决条款来事先预防任何不利的司法裁判。使用立法否决的另一个例证是 1999 年亚伯达（Alberta）省政府通过一项立法，将婚姻局限于男人和女人之间的结合，并采用《宪章》规定的"尽管"

---

① The Canadian Charter of Rights and Freedoms § 33(1).
② The Canadian Charter of Rights and Freedoms § 33(3).
③ Act Respecting the Constitution Act, 1982, R.S.Q., ch. L-4.2 (1982).
④ Ford v. Quebec, [1988] 2 S.C.R. 712. 在1993年，魁北克国民议会颁布了一项新的法案，该法案允许在户外广告牌上使用其他语言，只要确保法语的支配性地位，具体参见Act to Amend the Charter of the French Language, R.S.Q., Ch. C-11, amended by 1993 S.Q., ch. 40, s. 18 (Can.).
⑤ Stephen Gardbaum, "The New Commonwealth Model of Constitutionalism", *49 AM. J. COMP. L. 735*, 2001, p.746.

条款使该项立法免受《宪章》审查。这项立法否决在2006年再次生效。①

《加拿大权利和自由宪章》的美妙之处在于它的结构安排，它允许立法机构针对加拿大的人权保障与司法机构展开对话。②司法裁判允许受到侵害的原告采取从"政治混乱"到"原则平台"的上诉形式，但是，《宪章》第33条将最终的上诉权授予实际上更有见地、更负责任的立法机构。③肯特·罗奇（Kent Roach）教授解释到，在宪法审判过程中，法院提醒立法机构关注那些可能会被忽视的价值，立法机构基于第1条和第33条的回应是，通过明确这些权利为什么会在特定情境下受到限制来扩大或完善辩论条款。④因此，司法宣告立法法案无效使得立法机构有机会"重新冷静思考"如下问题：以现有手段追求既定目标是否具有绝对的必要性。

四 新西兰与解释性权力

《新西兰权利法案》于1990年通过，预示着新西兰人权保护新时代的来临。⑤该法案第6条包含了一项解释性权力，它为英国《人权法案》目前第3条的规定注入灵感："不管在什么情况下，只要某项法令被赋予一种与《权利法案》相一致的含义，该含义将优先于任何其他含义。"⑥与《加拿大权利和自由宪章》第1条规定相同的是，《新西兰权利法案》第5条规定了一项普遍限制条款，从而允许在自由民主社会中得到合理证明

---

① Marriage Amendment Act, S.A. 2000 ch. 3. 有关更为详细的讨论，可以参见Kent Roach, "Dialogue or Defiance: Legislative Reversals of Supreme Court Decisions in Canada and the United States", *4 INT'L J. CONST. L. 347*, 2006, p.367.

② Peter W. Hogg & Allison A. Bushell, "The Charter Dialogue Between Courts and Legislatures (Or Perhaps the Charter of Rights Isn't Such a Bad Thing After All)", *35 OSGOODE HALL L. J. 75*, 1997, p.85.

③ Jeffrey Goldsworthy, "Judicial Review, Legislative Override, and Democracy", *38 WAKE FOREST L. REV. 451*, 2003, p. 453.

④ Kent Roach, *The Supreme Court on Trial: Judicial Activism or Democratic Dialogue*, Toronto: Irwin Law, 2001, p. 250.

⑤ N. Z. Bill of Rights Act.《新西兰权利法案》在序言部分规定，"本法案：1.确认、保护和促进新西兰的人权和基本自由；2.确认新西兰对《公民权利和政治权利国际公约》的承诺"。

⑥ N. Z. Bill of Rights Act, § 6.

的立法可以限制那些神圣的权利。①

上诉法院在 Moonen 一案中判定，《新西兰权利法案》第 5 条"必然包括法院有权、有时甚至有义务表明，虽然立法规定必须根据其适当含义予以执行，但它与《权利法案》不相一致"，尽管到目前为止还没有发布过这样的正式声明。②虽然《新西兰权利法案》对司法机构是否能够发布这样一份不一致的司法指示保持沉默，但法院还是采取大胆的措施来解读这样的权力。③正如 Moonen 案审理法院宣称的那样，"如果涉及的问题逐渐得到联合国人权委员会的审查，这样的司法指示就会颇有价值。如果相关论题出现在那样的平台，它对国会也可能是一种帮助"。④尽管上诉法院是在缺乏明确立法授权的情况下解读发布不一致声明的权力，但它仍然受到《新西兰权利法案》第 4 条的限制，该条规定，法院无权认定立法规定默示无效，或者拒绝适用立法规定。⑤因此，同英国法院一样，新西兰司法机构无权宣告立法无效，也不允许假定《新西兰权利法案》的通过意味着旧的法律失效。

同英国一样，新西兰司法机构在利用第 6 条规定的解释性权力时也具有"创新性"。在 Baigent 案中，新西兰上诉法院创立了一项公法，该法根据《新西兰权利法案》对受到不法侵害的申请人进行赔偿，并将王室成员的法定豁免局限于私法中的损害赔偿。⑥尽管该案判决标志着司法机构在推动新西兰人权保障过程中实现了一种勇敢且值得赞赏的飞跃，但如下批判仍然无法回答：司法机构创造一种《新西兰权利法案》没有规定的救济途径有悖于立法精神。但是，与英国司法机构一样，新西兰

---

① N. Z. Bill of Rights Act, § 5.
② Moonen v. Film and Literature Bd. of Review, [2000] 2 N.Z.L.R. 9, 23, 1999 N.Z.L.R. LEXIS 98 (C.A.).
③ 在Moonen案之后，新西兰议会通过了《人权修正案法案》（2001），该法案明确授权法院发布正式的不一致声明，如果某项立法侵犯《新西兰权利法案》第19条规定的禁止歧视权，具体参见Human Rights Act 1993, amended by Human Rights Amendment Act 2001, § 92J.
④ Moonen v. Film and Literature Bd. of Review, [2000] 2 N.Z.L.R. at 23–24.
⑤ N. Z. Bill of Rights Act, § 4.
⑥ Simpson v. Attorney-General [Baigent's Case], [1994] 3 N.Z.L.R. 667, 1994 N.Z.L.R. LEXIS 654 (C.A.).

法院在利用自己的解释性权力时始终不敢采取冒险措施。在 R. v. Phillips 一案中，司法机构面临一项刑事规定：被发现持有有限毒品的被告应该被认为基于非法目的持有毒品，"除非能够证明存在相反的情形"。在一项简易判决中，上诉法院拒绝"宣读"强加给被告的法律负担，从而使其承担相应的举证责任，理由是这种解释"牵强附会且不自然"。①

与英国人权保护模式相同的是，议会至上在新西兰被保留下来，因为司法机构既没有权力宣告立法无效，又没有权力拒绝适用它认为违宪的法案。即使上诉法院决定定期发布不一致声明，但这些声明丝毫不影响立法机构有权决定是否遵守法院的建议。② 乔克·布鲁克菲尔德（Jock Brookfield）教授首次在新西兰建议不一致声明理念。③ 考虑到《新西兰权利法案》第 4 条只是禁止法院拒绝适用立法规定或者判定立法法案已被默示废除、撤销或者视为无效或失效，司法机构可以公开解读任何未被明确排除的权力。这种司法意见不仅不应该被视为无端指责，法院还应该受到赞赏，因为它通过向独立的政府部门提供不具有约束力的独立见解而强化立法机构审慎的决策过程。

不幸的是，《新西兰权利法案》同英国《人权法案》一样具有结构性缺陷。考虑到新西兰法院受到的限制，议会最终享有立法惰性带来的利益；它可以选择不用回应司法告诫。在诉讼结束之际，成功的诉讼当事人没有得到切实救济，他的申诉再次被留给变幻莫测的政治过程。

而且，法院的判决提出了新西兰司法机构在适用第 4 条和第 6 条时面临的内在困境。④ 尽管第 6 条似乎是更加积极维护人权规范的一项合格议会授权，但第 4 条却是限制任何司法热情的一种束缚。正如安德鲁·巴特勒（Andrew Butler）争辩的那样，第 6 条的运行原则是语言的延展性，

---

① R. v. Phillips, [1991] 3 N.Z.L.R. 175, 175, 1991 N.Z.L.R. LEXIS 719 (C.A.).

② Andrew S. Butler, "Judicial Indications of Inconsistency: A New Weapon in the Bill of Rights Armoury?" *N. Z. L. REV.*, 2000, p. 43.

③ Jock Brookfield, "Constitutional Law", *N. Z. RECENT L. REV.*, 1992, p. 236.

④ Andrew S. Butler, "The Bill of Rights Debate: Why the New Zealand Bill of Rights Act 1990 is a Bad Model for Britain", *17 OXFORD J. LEGAL STUD. 323*, 1997, p.323.

它鼓励法院利用这项特征,而第 4 条则致力于如下理解:立法法案具有静态含义,这些含义不可能被《权利法案》所规避。①因此,不可避免的是,这些冲突性法定原则的共存将导致《权利法案》的随意适用。

五 印度与基本特征基准

在印度,赋予公民的基本自由被规定在印度宪法第三部分。②印度法院也被明确授权,可以废止不符合宪法的立法行为。如果立法机构不同意最高法院对宪法的解释,一项宪法修正案可以在获得议会各个议院绝对多数投票批准的情况下生效。这些特征不是印度所独有,很多其他亚洲普通法管辖权也有类似规定;当它们在第二次世界大战后从英国殖民统治中赢得独立时,它们将这些规定写入自己的宪法。③

印度宪法的特有之处在于,最高法院的绝大多数法官在 1973 年宣称,存在一种隐含的"基本特征基准"(basic features doctrine)支配着整个宪法框架。④从此以后,法官有权、也有义务宣告宪法修正案无效,如果它违反这项不成文的基本特征基准。

在 1971 年,由英迪拉·甘地(Indira Gandhi)领导的国大党(the Congress Party)以压倒性胜利上台执政,并在追求土地改革的热情中通过了第二十五宪法修正案,拒绝法院对与政府收购和征用财产有关的任何争议享有管辖权,而且规定为了实施这项政策所通过的任何立法不受法院审查。⑤后来,在 Kesavananda Bharati v. Kerala 一案(后文简称"Kesavananda 案")中,喀拉拉邦(Kerala)一位宗教领袖挑战这项土地改革立法适用于宗教团体的财产。第二十五修正案已经规定喀拉拉邦的土地改革免受司法

---

① Andrew S. Butler, "Strengthening the Bill of Rights", *31 VICTORIA U. WELLINGTON L. REV. 129*, 2000, p.133.

② INDIA CONST. arts. 12–35.

③ 参见 SING. CONST. arts. 4, 5, § 2; MALAY. CONST. art. 159, § 3.

④ Kesavananda Bharati v. Kerala, [1973] Supp. S.C.R. 1.

⑤ Raju Ramachandran, "The Supreme Court and the Basic Structure Doctrine", in B.N. Kirpal et al. eds. *Supreme But Not Infallible: Essays in Honor of the Supreme Court of India*, Oxford: Oxford University Press, 2000, p.107.

审查，因此，最高法院不得不判定议会是否有权修改宪法来减损公民宗教自由和财产的权利。① 尽管审理 Kesavananda 案的法院一致认为，议会有权修改宪法来限制宪法中所规定基本自由的范围，但最高法院以 7:6 的票决判定，议会不得通过一项宪法修正案来使所有旨在执行宪法指导原则的立法免受司法审查。多数意见争辩到，这将因为消除最高法院作为公民基本自由捍卫者的角色而违反宪法的基本结构。多数意见认为，要使宪法如此巨大的变化生效，必须召开新的制宪会议来批准这些变化。②

在承认基本权利可接受性的同时，最高法院还主张如下决定权：这样的宪法修正案是否废除了法官们所理解的宪法基本特征。尽管如此，基本特征基准的确切界限从未被最高法院明确划定。在 Kesavananda 案中，由 7 位法官组成的多数派发布了 5 份不同意见，从而很难提炼出法院判决的精华。除了议会的宪法修正案权力之外，大法官们提出的政治理想还包括：宪法至上、国家的世俗性质、三权分立、联邦主义、③ 国家主权、个人尊严、④ 议会民主⑤ 和司法审查⑥。

在 Kesavananda 案之后，印度最高法院四次援引基本特征基准来废除对宪法的修正。首先，在英迪拉·甘地案中，最高法院废止了由第三十九宪法修正案增加的宪法 329A(4) 条款，该修正案规定总理的选举免受司法调查，理由是它与三权分立的基本原则不相一致。⑦ 其次，在 Minerva Mills 案中，最高法院废止了由第四十二宪法修正案增加的第 31C 条款，该修正案颠覆了宪法指导原则的宪法权利，而且规定旨在执行这些指导原则的立法法案免受司法审查。⑧ 再次，最高法院在 Sambamurthy 案中废止了由第三十二宪法修正案增加的 371D(5) 条款，该修正案授权

---

① Kesavananda Bharati v. Kerala, [1973] Supp. S.C.R. pp.199–200.
② Kesavananda Bharati v. Kerala, [1973] Supp. S.C.R. pp. 214, 216, 288–289, 292, 555.
③ Kesavananda Bharati v. Kerala, [1973] Sup. S.C.R. 1, p. 366 (Sikri, C.J.).
④ Kesavananda Bharati v. Kerala, [1973] Sup. S.C.R. 1, p. 454 (Shelat, J. & Grover, J.).
⑤ Kesavananda Bharati v. Kerala, [1973] Supp. S.C.R. 1, p. 637 (Reddy, J.).
⑥ Kesavananda Bharati v. Kerala, [1973] Supp. S.C.R. 1, p. 767 (Khanna, J.).
⑦ Indira Nehru Gandhi v. Raj Narain, A.I.R. 1975 S.C. 2299.
⑧ Minerva Mills Ltd. v. India, A.I.R. 1980 S.C. 1789.

州政府模仿或取消行政法庭发布的命令。① 最后，在 Chandra Kumar 案中，最高法院废止了由第四十二宪法修正案增加的 323A 条款，该修正案撤销了高等法院在行政法庭享有管辖权的情形下仍享有的管辖权，而且规定行政法庭的判决受制于高等法院的令状管辖权。②

实际上，根据 Kesavananda 案确立的原则，正如法官们理解的那样，印度最高法院有权废止那些与印度宪法不成文的基本特征相背离的宪法修正案。③ 根据最高法院的意见，如此重大的宪法修正只能由制宪会议提出，而不能由议会通过零碎的个别宪法改革来完成。

不管对立法过度之恐惧的理由是多么充分，也不管 Kesavananda 案审理法官的意图是多么仁慈，基本特征基准的存在与发展都有其危险性。废止由议会绝对多数批准通过的宪法修正案的权力标志着司法能动主义达到了顶峰。最终，它依赖最高法院自己的自我克制意识来防止司法机构对该基准的肆意妄为。鉴于基本特征并没有在宪法中有明文规定，它有赖于法官的自由裁量权来决定基本特征基准的范围。正如 Kesavananda 案表明的那样，就连法官也很难就其参数达成共识。④ 无可否认的是，尽管法官使用基本特征基准宣告宪法修正案无效受到限制，但没有人能够保证未来的法院会拥有这样的司法谦逊。考虑到这项基准由法官确定，没有任何东西可以阻止未来的法院扩大宪法基本结构的广度，从而涵盖整个宪法的范围，这样的话，这项治理人类未来事务的活文件就被一些法官的怀旧情绪所挟持。而且，这种根本性变革可能在新的制宪会议上生效所具有的理论可能性充其量是虚构的。只要议会无论在什么时候决定对宪法作出修改（而且法官认为这是根本性的修改），印度或者任何其他民族国家都必须批准一部全新的宪法，这种情形是荒唐可笑的。因此，这种基本结构将阻碍未来的宪法改革。

---

① Sambamurthy v. Andhra Pradesh, A.I.R. 1987 S.C. 663.
② Chandra Kumar v. India, A.I.R. 1997 S.C. 1125.
③ Kesavananda Bharati v. Kerala, [1973] Supp. S.C.R. 1, pp. 216, 292, 555.
④ Kesavananda Bharati v. Kerala, [1973] Supp. S.C.R. 1.

第二节　欧洲人权法院与英国人权司法保障

一　欧洲人权保护的司法架构

当谈及欧洲人权保护机制时，我们首先是指欧洲委员会建立的司法机制（位于法国斯特拉斯堡的欧洲人权法院，它由1950年《欧洲人权公约》所创建），其次是指欧洲联盟（简称"欧盟"）建立的司法机制（位于卢森堡的欧洲联盟法院，简称"欧盟法院"），最后是指欧洲委员会和欧盟缔约国的国内宪法法院。如今，欧洲各国公民生活在国内法律、欧盟法律、《欧洲人权公约》等不同法律领域。欧洲人权或基本权利目录有助于促进欧洲理念，即它们巩固共同的欧洲人权标准。作为"欧洲共同的人权法"，这种标准是发展欧洲法律制度的一部分。就这些规范跨越等级和国家界限而言以及就这些规范具有包容性和共享性而言，它们在跨国层面是符合宪法的。由于多个高等法院都主张对这些规范享有最终管辖权，因此，更广泛的全欧洲制度具有多元性。

因此，正如德国联邦宪法法院院长、大法官安德烈亚斯·福斯库勒（Andreas Voβkuhle）指出的那样，在欧洲，根本不存在一个基本权利的最高守卫者。相反，存在的是欧洲宪法法院，它们由国内宪法法院或者其他行使宪法管辖权的最高国内法院（后文统称"国内宪法法院"）、[①]《欧洲人权公约》的法院（欧洲人权法院）和欧盟的法院（欧盟法院）所组成。所有这些法院都在不同层面执行类似任务，它们在欧洲人权架构中发挥着支柱作用。欧洲宪法法院是多层次合作体系的一部分，它们构成欧洲宪法法院的网络，避免使用诸如"平等基础"或"至上性"这样的

[①] 在欧洲，阿尔巴尼亚、亚美尼亚、奥地利、阿塞拜疆、比利时、波黑、保加利亚、克罗地亚、捷克、格鲁吉亚、德国、匈牙利、意大利、拉脱维亚、立陶宛、卢森堡、马其顿、马耳他、摩尔多瓦、黑山、葡萄牙、罗马尼亚、俄罗斯、塞尔维亚、斯洛伐克、斯洛文尼亚、土耳其和乌克兰等国都有宪法法院；安道尔、波兰和西班牙是宪法法庭；法国是宪法委员会；列支敦士登是国家法院；在塞浦路斯、丹麦、爱沙尼亚、希腊、冰岛、爱尔兰、摩纳哥、荷兰、挪威、瑞士、瑞典和英国，宪法管辖权由各自的最高法院行使；在芬兰，宪法问题由芬兰国会的宪法委员会、法院和其他权威机构负责处理。

严格概念来表示它们之间的关系。

(一)欧洲委员会和欧洲人权法院

欧洲委员会是位于斯特拉斯堡的一个国际组织,它由47个欧洲国家组成,覆盖人口大约是8.2亿。它成立于1949年,旨在促进欧洲民主,保护欧洲人权与法治。

1950年的《保护人权与基本自由公约》(又称《欧洲人权公约》)及其议定书是欧洲保护公民和政治权利最著名的欧洲委员会条约。《欧洲人权公约》是"欧洲公共秩序的宪法性文件"。[①] 欧洲委员会所有47个成员国都是《欧洲人权公约》的缔约国。

欧洲人权法院是根据《欧洲人权公约》建立的司法机构。它是"欧洲宪法标准"的建立者,因为它监督《欧洲人权公约》在各个缔约国的执行情况,并最终确保它们履行自己的公约义务。自从1998年11月份以来,欧洲人权法院成为一个全职法院。欧洲人权法院由来自《欧洲人权公约》每个缔约国的1名法官组成,他们由欧洲委员会的议会选举产生,任期9年,不得连任。法官们选择法院院长,任期3年,只要任期没有超过院长的法官任期。自从1953年成立以来,大约有70万件申请被提交欧洲人权法院。截至2016年,欧洲人权法院作出了大约2万起判决和60万次决定。法院的判决对所涉国家具有约束力。

因此,"尽管如下情形是真实的:欧洲委员会是一个国家联盟,它除了自己的章程之外没有一部正式的宪法文件,但是,它的核心成员资格条件包括:对民主与法治的承诺,通过《欧洲人权公约》规定的可审判宪法权利来限制公共权力的行使,由欧洲人权法院来解决有关被指控侵权行为的申诉,由另一个机构(部长委员会)来监督欧洲人权法院判决的执行"。[②]

[①] ECtHR, Loizidou v. Turkey, judgment (prethodni prigovori), 23 March 1995, no. 15318/89, § 75; Bosphorus Hava Yollari Turizm ve Ticaret Anonim Sirketi v. Ireland, judgment [GC], 30 June 2005, no. 45036/98, § 156.

[②] Greer Steven and Wildhaber Luzius, "Revisiting the Debate about Constitutionalising the European Court of Human Rights", *Human Rights Law Review*, Vol. 12, No. 4, 2012, pp. 684–685.

（二）欧盟和欧盟法院

目前，欧盟有 28 个成员国，涉及人口大约 5.08 亿。[①] 这些国家将自己的部分主权委托给欧盟，以期在欧洲层面就共同关心的具体问题作出民主决定。欧盟通过一种超国家机构系统和成员国的政府间协商决定予以运作。德国宪法法院将欧盟视为一个主权国家联合体。[②]

《欧洲联盟基本权利宪章》是欧盟有关人权和基本自由的主要文件，该宪章 2000 年通过并于 2009 年 12 月 1 日生效。它仅适用于如下情形：国内权威机构在执行欧盟立法时涉及基本权利问题。尽管如此，对《欧洲联盟基本权利宪章》所保障、且与《欧洲人权公约》规定相一致的权利的解释必须符合欧洲人权法院对《欧洲人权公约》权利的解释。

欧盟法院位于卢森堡，它确保在解释和适用《欧盟条约》和《欧洲联盟基本权利宪章》时遵守法律规定。欧盟法院由三个部分构成：欧洲法院（the Court of Justice, CJ）、成立于 1988 年的普通法院（the General Court, GC）和成立于 2004 年的公务员法庭（the Civil Service Tribunal, CST）。本国政府共同参与每个法官和法律顾问的任命，任期 6 年，可以连任。在每个法院，由法官选择院长，任期 3 年，可以连任。自从它们成立以来，三个法院作出的判决大约有 2.8 万起。

二 英国的人权司法保障

（一）英国的人权保护

这一部分将解释英国如何通过 1998 年《人权法案》（the Human Rights Act, HRA）来履行《欧洲人权公约》规定的基本权利和自由。

根据国际法的规定，英国自 1953 年《欧洲人权公约》生效以来一直受其

[①] 所有的欧盟成员国都是欧洲委员会的成员国。
[②] BVerfGE 123, 267 [148] – Lisbon Treaty, 30 June 2009.

约束。尽管承担《欧洲人权公约》的国际义务，但英国法官和公共当局没有义务将这些权利视为英国法律问题予以保障。如果有人宣称英国政府或公共当局侵犯了自己的基本权利、但又不能向国内法院提起诉讼，那么，他们不得不向斯特拉斯堡提出诉讼请求，这个过程不仅冗长，而且有时非常昂贵。

从1960年代以来，各个政治派别中有影响力的人物都支持制定英国《权利法案》。在1993年，英国工党提议制定《人权法案》，直接将《欧洲人权公约》融入英国法律，随后再制定一份《权利法案》。第一阶段的工作在1997—2000年期间完成。1997年10月《人权议案》在议会被提出，1998年11月，《人权法案》获得皇家御准。2000年10月2日，《人权法案》在整个英国生效。

《人权法案》旨在推动在英国法中进一步执行《欧洲人权公约》规定的基本权利和自由。《人权法案》规定，如果《欧洲人权公约》规定的权利受到侵犯，可以在英国法院寻求救济，而不需要去斯特拉斯堡。《人权法案》以三种主要方式运作，我们将在后文基于《人权法案》第2、第3、第4、第6条予以解释。

1. 公共当局的义务

《人权法案》第6条要求所有公共当局（如中央政府、地方议会、警察局、监狱、医疗服务机构、法院和法庭）的行为方式与《欧洲人权公约》规定的权利相一致，除非立法要求它们采取其他行动。如果某个政府部门被发现实施侵权行为，法院享有提供司法审查救济的自由裁量权，在这个过程中，法官将审查行政决定从而确保它们具有合法性。法院可以裁定赔偿损失，但很少这样做。

公共当局基于《人权法案》承担的义务为如下情形提供了基础：超越纯粹的人权法定主义方法，迈向《人权法案》通过发展人权文化来改变社会宏伟目标的征程。[①] 就在《人权法案》生效不久，当时的英国上议院大法官艾伟仪勋爵（Lord Irvine）将这种文化界定为：

---

① Gordon J., "A Developing Human Rights Culture in the UK? Case Studies of Policing", *European Human Rights Law Review* 6, 2010, p.609.

>我们的公共机构在习惯性地自动回应人权因素时总是关涉它们遵守的每一个程序,关涉它们遵循的每一次惯例,关涉它们作出的每一次决定,关涉它们支持的每一项立法。①

《人权法案》第一个十年报告表明,这样一种文化在很大程度上未能实现,主要原因在于"政府目标与行动之间存在的关键差距"。②在大多数公共机构中,以最低限度风险为基础的人权遵守方法已经优先于在实践中确保遵守人权的积极权利文化。尽管如此,整个英国的情形并不统一。人权是权力下放解决方案的核心支柱,有证据表明,权力下放国家(devolved nations)对人权有更加坚定的制度承诺。③在英国的每个组成部分中,一些个别的公共机构还寻求将人权纳入自己的政策、实践和组织精神。有证据表明,公共服务机构的工作人员已经从中受益匪浅。④

2. 对立法的解释

根据《人权法案》第3条的规定,只要在可能的情况下,对英国法的解释方式必须与《欧洲人权公约》规定的权利保持一致。如果议会制定的某项法案侵犯这些权利,更高的法院(如高等法院、上诉法院或最高法院)可以宣告这项立法与《欧洲人权公约》规定的权利不相一致。这样就引发了一项权力,它允许部长发布修正立法的救济性命令,从而使其与《欧洲人权公约》规定的权利保持一致。不一致声明并不影响法律的效力、适用或执行。因此,《人权法案》尊重和维护议会主权,因为

---

① Evidence to the Joint Committee on Human Rights, JCHR HL 66-ii HC 332-ii, 19 March 2001.

② Gordon J., "A Developing Human Rights Culture in the UK? Case Studies of Policing", *European Human Rights Law Review* 6, 2010, p.612.

③ Gordon J., "A Developing Human Rights Culture in the UK? Case Studies of Policing", *European Human Rights Law Review* 6, 2010, pp. 612–613.

④ Donald, A., Leach, P., and Watson, J., "Human Rights in Britain Since the Human Rights Act 1998: A Critical Review", Research Report No. 28, Manchester: Equality and Human Rights Commission, 2009(a), Chapters 2–3.

是否修改法律的最终决定权取决于议会,而不是法院。这种情形通常被称为"对话模式"(dialogue model),根据这种模式,法院受议会邀请来判定立法何时与人权不相一致,但最终由议会决定是否以及如何作出回应。① 这种模式与美国权利法案或德国基本法形成鲜明对比,后两者将权利视为"最高的法律"并允许法院推翻不一致的立法。②

在实践中,出现不一致声明的情形相对罕见(自从《人权法案》生效以来,平均每年不到三起),大多数情况都由主要立法或者补救性命令予以解决。

3. 对《欧洲人权公约》规定权利的解释

尽管欧洲人权法院的判决对英国政府具有约束力,但根据《欧洲人权公约》的规定,英国法院没有义务赋予这些判决具有直接效力。《人权法案》第 2 条规定,在对人权问题进行解释时,国内法院必须"考虑"欧洲人权法院的判决,这一点与普通法中的法定解释规则极为类似。③ 在实践中,国内法院确实适用自己的解释,有时作出的决定在类似案例中明显偏离斯特拉斯堡法院的判决。④ 要求法院考虑斯特拉斯堡的判决在英国引起激烈的争论。⑤

---

① Hickman T., "Constitutional Dialogue, Constitutional Theories and the Human Rights Act 1998", *Public Law*, Summer 2005, pp. 306–335.

② 英国《人权法案》模式与1972年《欧洲共同体法案》也形成对比,后者规定,如果英国法律与可执行的欧盟法律直接冲突,可以推翻英国法律。

③ 在一次演讲中(2011年),英国前司法部长多米尼克·格里夫(Dominic Grieve)再次明确重申:"英国法院不受制于斯特拉斯堡法院判例的约束。法院必须考虑这些判例。"具体参见 Grieve, D., QC MP, European Convention on Human Rights – Current Challenges, speech at Lincoln's Inn, London, 24 Oct., 2011, available at: http://www.attorneygeneral.gov.uk/NewsCentre/Speeches/Pages/AttorneyGeneralEuropeanConventiononHumanRights%E2%80%93currentchallenges.aspx.

④ 例如,R v. Horncastle and others (Appellants) [2009] UKSC 14,在本案中,最高法院明确偏离斯特拉斯堡有关公平审判权的判例法。

⑤ 具体参见Klug F. and Wildbore H., "Follow or Lead? The Human Rights Act and the European Court of Human Rights", *European Human Rights Law Review 6*, 2010, pp. 621–630; Lewis J., "The European Ceiling on Rights", *Public Law*, winter 2007, pp.720–747; Wicks E., "Taking Account of Strasbourg? The British Judiciary's Approach to Interpreting Convention Rights", *European Public Law 3*, 2005, pp. 405–428.

必须强调的是，议会在执行欧洲人权法院判决过程中发挥着至关重要的作用。正如前述，斯特拉斯堡法院制度的基本前提是，确保在国内有效执行《欧洲人权公约》是国家各个部门（行政机关、议会和法院）的共同责任，采取的方式不仅包括预防人权侵犯，而且包括在国内层面保障救济途径的落实。因此，执行《欧洲人权公约》不仅是一个政治过程，而且是一个法律过程。人权联合委员会（The Joint Committee on Human Rights）提出了一些方法，使其在执行欧洲人权法院的判决时能够发挥更大作用。这些方法包括：及时向议会报告有关欧洲人权法院针对英国作出的任何判决；在向部长委员会提交的同时，也要向议会系统地提供行动计划，从而详细说明对不利判决的回应。

（二）英国法院与欧洲人权法院之间的关系

在 1980 年代和 1990 年代，欧洲人权法院审查了针对英国处理如下问题的一些姿态鲜明且高度敏感的案件，如电话窃听①、婚内强奸②、免于自证其罪的自由③以及亵渎上帝④等。正如前述，《欧洲人权公约》规定的权利和自由当时还不是国内法的一部分。如果有人宣称自己享有的《欧洲人权公约》权利受到侵犯，他必须到斯特拉斯堡的欧洲人权法院提起诉讼。1998 年，英国《人权法案》在国内法律中赋予《欧洲人权公约》规定的权利和自由具有直接效力。自从 2000 年 10 月《人权法案》生效以来，如果英国人宣称自己的人权受到侵犯，他们可以在国内法院提起诉讼。

接下来将考察英国法院根据《人权法案》对斯特拉斯堡判例法采取的方法，尤其是《人权法案》第 2 条规定的如下要求：英国法院必须"考虑"（take into account）欧洲人权法院或部长委员会的任何决定。然后我们将分析由欧洲人权法院针对英国作出的大量判例。对此，留下的印象

---

① Malone v. UK, No. 8691/79, 26.4.1985.
② CR v. UK, No. 20190/92, 22.11.1995.
③ Saunders v. UK, No. 19187/91 [GC], 17.12.1996.
④ Wingrove v. UK, No. 17419/90, 25.11.1996.

通常是,欧洲人权法院干预国内司法判决,而且,在绝大多数被审理的案件中,欧洲人权法院认为存在侵犯《欧洲人权公约》权利的情形,但国内法院却认为不存在权利侵犯行为。这样的印象是不正确的。实际上,在1966—2010年期间,只有3%针对英国的案例被宣布可以受理。对此,我们将基于如下类别分析欧洲人权法院对这些案例的判决:斯特拉斯堡尊重国内当局的案例;斯特拉斯堡采纳英国法院的推理和分析的案例;斯特拉斯堡和英国法院存在分歧的案例;英国法院有意识地超越斯特拉斯堡的案例。最后,简要讨论斯特拉斯堡和英国之间"司法对话"的发展。

1.英国法院对斯特拉斯堡判例法采取的方法

为了使《人权法案》成为英国执行《欧洲人权公约》规定之权利的一种有效方式,英国国内法院总的来说应该受到欧洲人权法院相关判决的指导,这一点显然十分必要。[①]但是,与位于卢森堡的欧盟法院作出的判决不同的是(该判决对英国具有约束力),英国《人权法案》第2条设定的规则是,英国法院必须"考虑"欧洲人权法院或部长委员会的决定,只要它们与《欧洲人权公约》规定之权利的任何案件具有相关性。这就意味着,国内法院被要求考虑欧洲人权法院的所有判例,而不仅仅是针对英国的那些案例,但是,国内法院并不受欧洲人权法院判例的约束。

在对《人权法案》第2条规定举行议会辩论期间,当时的工党政府明确拒绝上议院保守党同行金斯兰议员(Kingsland)提出的修正,即让国内法院受斯特拉斯堡法院判例的约束。当时的英国上议院大法官艾伟仪勋爵争辩到,要求国内法院受制于欧洲人权法院所有的判决,这是非常奇怪的,因为英国在国际法中没有义务遵循欧洲人权法院对未涉及英国的案例所作出的判决。按照艾伟仪勋爵的描述,这样做旨在保证法院的"灵活性和自由裁量权"。[②]

---

① Bingham of Cornhill, Lord, "The Human Rights Act: View from the Bench", *European Human Rights Law Review* 6, 2010, p.573.

② Klug F. and Wildbore H., "Follow or Lead? The Human Rights Act and the European Court of Human Rights", *European Human Rights Law Review* 6, 2010, p. 623.

就国内法院对《人权法案》第 2 条的解释而言,在提出《人权法案》时,内政大臣杰克·斯特劳议员(Jack Straw)就强调,《人权法案》第 2 条的措辞是经过精心设计的,在条文中使用"考虑"一词是有原因的。法案的要求是解释而不是遵循,那是议会的目的。

在英国,要求法院考虑斯特拉斯堡的判决一直存在激烈的争论。在 2004 年,宾汉姆议员(Bingham)在上议院的一个案例中对第 2 条的含义作出如下阐述:

> 根据 1998 年《人权法案》第 2(1)条款的规定,上议院被要求考虑任何相关的斯特拉斯堡判例法。尽管这些判例法不具有严格意义上的约束力,但人们还是认为,如果不存在特殊情况,国内法院应该遵守斯特拉斯堡法院明确且持续的判例。这体现了如下事实:《欧洲人权公约》是一份国际文件,正确的权威解释只能来自斯特拉斯堡法院。由此可见,承担诸如《人权法案》第 2 条强加义务的国内法院在没有特别强大理由的情况下不应该削弱斯特拉斯堡判例法的效力。[①]

这项原则声明不仅在随后得到确认,而且得到议员纽伯格(Neuberger)更为细致且略带细微差别的描述,他指出:"法院(最高法院)没有义务遵守欧洲人权法院的每一项决定。当然,我们通常应该遵守欧洲法院明确且持续的判决,但是,我们事实上没有义务这么做。"[②]

尽管如此,媒体和一些政治家继续表明,根据《人权法案》第 2 条的规定,国内法院受到斯特拉斯堡法院判例的约束。例如,保守党议员多米尼克·拉布(Dominic Raab)认为,自从大规模引入斯特拉斯堡判例法以来,《人权法案》一直存在一种"严重缺陷"。在实践中,国内法院确实采用自己的解释,有时他们在类似案例中作出的决定明显偏离斯特

---

① R (Ullah) v. Secretary of State for the Home Department [2004] UKHL 26, para. 20.
② Pinnock v. Manchester City Council [2010] 3 WLR 1441, para. 48.

拉斯堡法院的判决。①

最高法院院长兼议员菲利普斯（Phillips）对这场争论在某种程度上进行了澄清。他认为，议员宾汉姆明确讨论的内容是一系列已经确定的斯特拉斯堡判例。他不是在建议人们采纳斯特拉斯堡法院某个审判庭（Chambers）的个别决定，而且以这样一种方式（英国法院视上诉法院或最高法院的单个决定为具有约束力的先例之方式）视该决定为具有约束力的先例。如果"考虑"这一措辞提供某种信息的话，那就是，我们没有义务接受斯特拉斯堡法院的判决为具有约束力的先例。

2011年12月，在一场直接回应有关《人权法案》第2条适当解释的激烈辩论的演讲中，艾伟仪勋爵阐述道：

> "考虑"（take account of）与"遵守"（follow）、"执行"（give effect to）或者"受制于……"（be bound by）不同。只要议会愿意，它可以使用这些表达中的任何一种。但国会没有这么做。该条款规定的含义非常明确。法官们没有义务遵守斯特拉斯堡法院的判决：他们必须独立对案件作出判决。②

作为《人权法案》的缔造者之一，艾伟仪大法官的演讲至关重要。在向议会提交人权议案时，艾伟仪大法官阐述到，《人权法案》将首次允许英国法官对欧洲的人权发展作出自己的独特贡献。就像宾汉姆议员的声明所证明的那样，法官们已经理解了这一点：

> 对我而言，以下内容似乎具有高度的可欲性：在英国，我们应该帮助制定该地区我们被治理的法律。英国法官对于人权法的发展

---

① 可以参见R v. Horncastle and others (Appellants) [2009] UKSC 14，在本案中，最高法院明确偏离斯特拉斯堡有关公平审判权的判例法。

② Irvine of Lairg, Lord, "A British Interpretation of Convention Rights?" Lecture at the University College London Judicial Institute, 14 December, 2011. Available at: http://www.ucl.ac.uk/laws/judicialinstitute/docs/Lord_Irvine_Convention_Rights_dec_2012.pdf.

可以作出重要贡献。但到目前为止，我们还没有被允许作出这样的贡献。①

艾伟仪大法官非常清楚，法官独立对案件作出判决并向诉讼当事人、议会和更广泛的公众明确解释他们为什么这么做是其宪法责任。在这种框架下，斯特拉斯堡判例法的作用如下：

> 我们的法院应该总是最大程度地尊重欧洲人权法院大审判庭最近作出的极为类似的决定。这样一种判决被认为在解释《欧洲人权公约》规定的权利时与国内法问题一样具有高度的说服力。然而，这种决定的存在绝不可能免除国内法官根据《人权法案》第2条规定应承担的重大宪法责任。他必须独立对案件作出判决。②

2. 斯特拉斯堡尊重国内当局的判决

一方面，斯特拉斯堡赞同英国法院的结论。根据欧洲人权法院前院长尼古拉斯·布拉茨（Nicolas Bratza）的意见："在过去三年，有关欧洲人权法院针对英国作出的最为重要的决定和判决进行的调查表明，在绝大多数案件中，我们的法院都遵守英国各个管辖权（英格兰、威尔士、苏格兰和北爱尔兰）下的上诉法院得出的结论。"③最近出现的大量案例都说明了这一点，例如，在阿布·哈姆扎（Abu Hamza）案中，④欧洲人权法案拒绝了激进牧师阿布·哈姆扎的诉讼请求，也就是，对他的审判是不公平的，因为他被判犯有谋杀、煽动种族仇恨和恐怖主义罪行。他认为，一场针对他的充满仇恨的媒体运动以及"9·11"事件使得陪审团不

---

① Hansard, HL Vol. 582, Col. 1245, 3 November 1997.

② Irvine of Lairg, Lord, "A British Interpretation of Convention Rights?" Lecture at the University College London Judicial Institute, 14 December, 2011. Available at: http://www.ucl.ac.uk/laws/judicialinstitute/docs/Lord_Irvine_Convention_Rights_dec_2012.pdf.

③ Bratza N., "The Relationship between the UK Courts and Strasbourg", *European Human Rights Law Review 5*, 2011, p. 507.

④ Mustafa (Abu Hamza) v. UK (No.1), No. 31411/07, 18.1.2011.

可能保持公正。斯特拉斯堡法院赞同上诉法院的结论，并以案件事由存在明显缺陷驳回原告的诉讼请求。又如，在唐纳森（Donaldson）案中，① 该案涉及北爱尔兰囚犯在牢房外禁止穿着复活节百合的规定。欧洲人权法院支持上诉法院的结论，而且发现国家援引来证明对唐纳森享有《欧洲人权公约》第10条规定的权利进行干预的理由是适当和充分的，原告所抗议的干预实际上与所追求的合法目的具有一致性。因此，欧洲人权法院判定，基于《欧洲人权公约》第10条规定的权利提出的诉讼存在明显缺陷。

女男爵黑尔（Baroness Hale）指出，在欧洲人权法院赞同国内法院判决的案例中，《人权法案》的影响不能作过高评价。她认为，斯特拉斯堡法院会说，他们对人权问题现在能够直接在英国法院得以解决表示极大的欢迎。这就意味着，当某个案件诉至斯特拉斯堡时，他们会受益于我们的如下看法：是否存在一种侵权行为。

另一方面，斯特拉斯堡尊重英国法院或议会的案例。欧洲人权法院明确表示，在以下两个主要领域内，斯特拉斯堡尤为尊重国内权威机构的意见：第一，引发有争议的道德或伦理问题的案例，对于这些问题尚不存在既定的欧洲共识；第二，国内权威机构正在寻求平衡竞争性的《欧洲人权公约》之权利的案例。接下来将讨论这两个类别并参考与英国相关的一些案例，在这些案例中，欧洲人权法院表示尊重英国议会的决定。

（1）尚不存在欧洲共识的争议性问题

众所周知，"给予其管辖之下的每个人获得《欧洲人权公约》所确定的权利和自由"主要是国家通过自己的政府、立法机构和法院来履行的义务。这就意味着，《欧洲人权公约》首先将支持其确定的权利和自由之任务留给各个缔约国。斯特拉斯堡法院通过国家"自由裁量边际"（margin of appreciation）概念承认，国内权威机构原则上比欧洲人权法院更有资格评估对《欧洲人权公约》确定之权利进行限制的必要性。更有甚者，国家自由裁量边际的幅度将随着具体情境的变化而变化，但是，对那些尚不存

---

① Donaldson v. UK, No.56975/09, 25.1.2011.

在欧洲共识的争议性社会问题而言,缔约国享有广泛的自由裁量边际。

弗兰德和其他人诉英国(Friend and others v. UK)一案很好地说明了欧洲人权法院允许广泛的国家自由裁量边际。① 在本案中,欧洲人权法院同意国内法院的如下判决:禁止用猎犬打猎并不违反任何人的私人生活、结社或和平集会的权利,而且,干预财产权的正当性证明只能基于公共道德。欧洲人权法院承认,这个问题应该由英国议会作出决定。

(2)平衡竞争性权利

在最近一些引人注目的案例中,英国法院一直致力于在相互冲突的权利之间取得平衡,例如,根据公约第10条规定的报纸言论自由权是否超过个人根据第8条规定享有的尊重私人生活的权利。在很多这些案例中,可能很难发现"正确答案"。此时,必须在《欧洲人权公约》确定的竞争性权利之间寻求平衡。对此,欧洲人权法院明确主张,斯特拉斯堡法院应该特别谨慎地干预国内法院打破平衡的方式,在此,国内法院不仅寻求适用相关的《欧洲人权公约》原则,而且打破了一种表面上看起来合理且非任意的平衡。

尼古拉斯·布拉茨将 MGN Limited v. UK 一案视为这种方法的最佳例证。② 该案涉及《每日镜报》(*The Daily Mirror*)发表的一系列有关娜奥米·坎贝尔(Naomi Campbell)离开戒毒合作所(Narcotics Anonymous)会议的文章(其中包括一条带有照片的头版新闻)。报纸的发行商将该案诉至欧洲人权法院,宣称存在两种侵犯《欧洲人权公约》第10条规定之权利(言论自由权)的情形。他还抱怨被要求支付娜奥米·坎贝尔的诉讼费用,总额高达100万英镑,而且包括律师实际上的成交费用。欧洲人权法院注意到,英国上议院的绝大部分议员记录了与本案相关的《欧洲人权公约》核心原则和判例法。英国上议院尤其具体强调了民主社会中媒体的特殊作用,特别是对记者的保护以及出版问题所涉及公共利益的重要性。除此之外,欧洲人权法院还注意到,

---

① Friend and others v. UK, Nos. 16072/06 and 27809/08, 24.11.2009.
② MGN Limited v. UK, No. 39401/04, 18.1.2011.

英国上议院绝大多数议员都记录了平衡《欧洲人权公约》第8条和第10条提供的保护具有必要性,因此,为了保护坎贝尔女士的隐私权而侵犯公约第10条赋予原告的任何权利必须是必要的,而且任何一条都不对另一条具有优势。①

在这样的背景下,欧洲人权法院得出结论,考虑到这种情况下国内法院在作出判决时享有的自由裁量边际,欧洲人权法院将需要强有力的理由来替代英国上议院作出终局判决时的观点:

欧洲人权法院没有发现任何理由来替代英国上议院作出终局判决时的观点,更不用说强有力的理由了。在这种情况下,欧洲人权法院认为,英国上议院裁定原告行为有违信赖义务并没有侵犯《欧洲人权公约》第10条的规定。②

3. 斯特拉斯堡采纳英国法院的推理

在这一部分讨论的案例中,欧洲人权法院在审理针对英国的指控时采纳英国法院的推理和/或分析,并得出不存在侵犯人权的结论。

英国《人权法案》对英国法院分析人权问题的方式具有深远影响。上诉法院的法官约翰·罗斯(John Laws)指出,自从《人权法案》生效以来,英国法官对人权问题会经过仔细分析后才做出判决,这些问题已经得到斯特拉斯堡法院本身应有的考虑。他还认为,这提供了一次重要机会来影响欧洲人权法院的法官以及斯特拉斯堡判例法的发展。尼古拉斯·布拉茨支持这种评价,并在不同场合多次评论到,自从《人权法案》生效以来,斯特拉斯堡法院一直尊重英国法院的判决,因为这些判决的

---

① MGN Limited v. UK, No. 39401/04, 18.1.2011, para. 145.
② MGN Limited v. UK, No. 39401/04, 18.1.2011, para. 156.

质量很高，而且极大地促进了欧洲人权法院的审判工作。①

英国一些引人注目的案例都说明了这一点。例如，埃文斯诉英国（Evans v UK）一案涉及与体外受精（IVF）相关的国内法，② 也就是1990年《人类受精与胚胎法案》(the Human Fertilisation and Embryology Act)。该法案规定，开始接受体外受精治疗的夫妇要对治疗本身达成一致意见，并允许任何一方在胚胎被转移到女性体内之前的任何时候可以退出治疗。埃文斯女士抱怨到，国内法律允许她的前伴侣有效地撤回他对储存和使用由他们共同制造的胚胎所表示的同意，这违反了《欧洲人权公约》第2条规定的生命权、第8条规定的尊重私人和家庭生活的权利以及第14条规定的禁止歧视的权利。

上诉法院认为，1990年法案的明确政策目标在于，确保双方当事人在胚胎植入之前持续同意已经开始的治疗，而且，在承认或创设一项与议会计划相冲突的豁免原则时，法院应该显得极为迟钝。女大法官雅顿（Arden）阐述到，"由于这是一个涉及伦理判断的敏感领域，打破双方当事人之间的平衡必须主要由议会来作出决定"。③

在英国法院未能胜诉之后，埃文斯女士将本案诉至斯特拉斯堡法院并最终由大审判庭负责审理。欧洲人权法院承认，本案涉及埃文斯女士享有的尊重私人生活的权利。④ 大审判庭认为，在这些案例中（它们提出了颇为敏感的道德和伦理问题，而且尚不存在任何欧洲共识）存在的广泛自由裁量边际原则上必须拓展到由国家决定是否需要颁布立法来调控对体外受精治疗的使用，在国家干预之后进而拓展到制定详细的规则来实现竞争性公共利益和私人利益之间的平衡。

大审判庭特别提到如下事实：1990年《人类受精与胚胎法案》是对人类受精和胚胎学领域发展的社会、伦理和法律影响进行特别详细考察

---

① Bratza, N., "The Relationship between the UK Courts and Strasbourg", *European Human Rights Law Review 5*, 2011, p. 507.
② Evans v. UK, No. 6339/05, 10.4.2007.
③ Evans v. UK, No. 6339/05 [GC], 10.4.2007, para. 26.
④ Evans v. UK, No. 6339/05 [GC], 10.4.2007, para. 71.

后形成的最终结果，而且是经过反复协商、辩论和反思后的成果。^①欧洲人权法院承认，议会有可能以不同的方式来调控这种情形。然而，法院注意到，《欧洲人权公约》第8条涉及的核心问题不是立法机构是否可以采纳不同的规则，而是议会在打破平衡临界点时是否超越了赋予它的自由裁量边际。大审判庭得出结论，考虑到对这种情形缺乏欧洲共识，考虑到立法中的规则明确具体，而且它们使不同的竞争性利益处于一种合理的平衡状态，因此，不存在任何违反《欧洲人权公约》第8条规定的情形。②

4. 斯特拉斯堡和英国法院存在分歧

在过去几年时间里，媒体越来越关注斯特拉斯堡法院和英国法院相互冲突（至少表面上看起来相冲突）的案例。接下来将首先讨论斯特拉斯堡不同意英国法院判决的案例，然后讨论英国法院不同意或者拒绝接受斯特拉斯堡判例的案例。

（1）斯特拉斯堡不同意英国法院判决的案例

正如前述，英国法院与斯特拉斯堡法院之间的差异非常罕见。在引用 S and Marper v. UK 一案（该案涉及警察有关保留所有人的指纹、细胞样本和 DNA 基因图）作为例证时，欧洲人权法院副司法常务官迈克尔·奥博伊（Michael O'Boyle）就指出，英国最高法院与欧洲人权法院之间的差异极为罕见，本案展示了国内法院与地区法院之间就隐私权问题采取的截然不同的方法。但是，这些分歧不是很常见。接下来将从三种典型案例展开分析。

第一，有关囚犯选举权的案例。斯特拉斯堡法院判决中最广为宣传的案例是赫斯特诉英国（Hirst v. UK）一案，③它是一起涉及囚犯选举权的案例。在本案中，欧洲人权法院判定，根据1983年《人民代表法案》（*Representation of the People Act*）第3条的规定，全面禁止所有服刑囚犯

---

① Evans v. UK, No. 6339/05 [GC], 10.4.2007, para. 86.
② Evans v. UK, No. 6339/05 [GC], 10.4.2007, paras. 91–92.
③ Hirst v. UK (No.2), No. 74025/01 [GC], 6.10.2005.

行使选举权与《欧洲人权公约》第一议定书第 3 条规定的自由选举权不相一致。指出以下这一点非常重要：欧洲人权法院发现存在问题的是立法禁令的整体性质，而不是禁令本身。

在赫斯特案中，欧洲人权法院判决的影响在于迫使英国采纳那种区别不同类型囚犯的国内立法。在 2010 年 Greens and MT v. UK 一案中（该案表明，英国未能继续修改国内立法，从而对已定罪囚犯的投票权强加一种全面禁令），①欧洲人权法院（在遵循其大法庭对赫斯特一案的判决时）发现一种违反第一议定书第 3 条规定的情形。它明确要求英国在本院判决最终生效之日起 6 个月内提出修改 1983 年《人民代表法案》第 3 条以及在适当情况下修改 2002 年《欧洲议会选举法案》(*European Parliamentary Elections Act*) 第 8 条的立法建议。

随后，欧洲人权法院准予延长 6 个月的时间期限（该期限本来在 2011 年 10 月 11 日到期），因为大审判庭在 2011 年 11 月对斯科帕拉诉意大利（Scoppola v. Italy）一案举行听证时提出了与赫斯特案以及 Greens and MT v. UK 一案相类似的法律问题。②英国政府对听证进行介入，并被准予自斯科帕拉案判决之日起享有 6 个月的延长期。

本案产生了激烈的争论。迈克尔·奥博伊阐述到，"在过去 50 多年的历史中，欧洲人权法院从未像 2011 年在英国那样受到如此充满敌意的批评。多年来，有些政府已经发现，批评一些国际法院（如斯特拉斯堡法院）在选举中备受欢迎：它们很容易成为目标，尤其是因为它们像所有的法院一样往往不予回应。在英国，囚犯选举权问题已经被转换成一场有关欧洲人权法院合法性的全国性审问"。③

第二，有关保留 DNA 的案例。令人感兴趣的是，斯特拉斯堡法院在 S and Marper v. UK 一案中对法律的整体性质进行了类似的分析。④在此，

---

① Greens and MT v. UK, Nos. 60041/08 and 60054/08, 23.11.2010.

② Scoppola v. Italy, No. 126/05, 18.1.2011.

③ O'Boyle M., "The Future of the European Court of Human Rights", *German Law Journal 10*, 2011, pp. 1862–1863.

④ S and Marper v. UK, No. 30562/04 [GC], 4.12.2008.

斯特拉斯堡法院发现，英国有权保留所有被宣告无罪之人和所有被判有罪之人的指纹、细胞样本和 DNA 基因图是"没有限制和一视同仁的"。英国上议院绝大多数议员认为，无期限地保留犯罪嫌疑人的 DNA 样本甚至没有涉及第 8 条的规定（尊重私人生活的权利）。① 欧洲人权法院得出不同的结论，特别提到包括苏格兰在内的其他国家的国内立法，这些国家往往采取的是一种更为均衡的方案。这一决定与对赫斯特案判决的谴责毫无关联。实际上，尼古拉斯·布拉茨评论到，该案的判决在英国政坛和法律界受到广泛欢迎。正如前述，在回应欧洲人权法院的判决时，英国政府正在引入一项更为适当的 DNA 保留制度，该制度以苏格兰的方案为样本。

第三，有关采用通过酷刑获取证据的案例。另一项备受媒体关注的是奥斯曼（阿布·卡塔达）诉英国 [Othman (Abu Qatada) v. UK] 一案的判决。② 在本案中，欧洲人权法院推翻了英国上议院的决定，上议院则是推翻了上诉法院的判决，而上诉法院此前已经否决了特别移民上诉委员会（SIAC）的决定。总而言之，上诉法院与欧洲人权法院的判决支持阿布·卡塔达的诉求，而特别移民上诉委员会和英国上议院则持相反态度。

奥斯曼（阿布·卡塔达）于 2002 年 10 月 23 日在英国被捕。他被拘留的法律依据来自 2001 年《反恐怖主义、犯罪与安全法案》。当 2001 年法案在 2005 年 3 月被废止时，奥斯曼获得保释，但要受制于根据 2005 年《预防恐怖主义法案》发布的控制令。正如人们注意到的那样，以下这一点通常被忽视：奥斯曼从未在英国基于刑法或反恐怖主义法而被起诉。

在 2005 年 8 月 10 日，英国和约旦两国政府签署了一份谅解备忘录。该备忘录提出一系列确保遵守国际人权的标准；当某人从一个国家遭返到另一个国家时，这些标准都将得到遵守。2005 年 8 月 11 日，英国内政大臣向申请人发布了驱逐出境意向通知书。内政大臣证实，将申请人驱

---

① R (S and Marper) v. Chief Constable of South Yorkshire Police [2004] 1 WLR 2196.
② Othman (Abu Qatada) v. UK, No. 8139/09, 17.1.2012.

逐出境的决定主要是出于国家安全利益的考虑。奥斯曼不服这项决定而提起上诉。在约旦，他因卷入1999年和2000年的两起恐怖主义阴谋而被缺席判定有罪。约旦当局声称，奥斯曼在英国不停地鼓励其在约旦的追随者，从而激发他们去制造炸弹。奥斯曼则主张，如果将他驱逐出境，他将被重新审判，这可能使他面临如下风险：遭受酷刑，审前羁押时间过长，基于对共同被告施加酷刑所获取的证据而遭受极为不公平的审判。奥斯曼特别提到，如果他被驱逐并遣返回约旦，就可能面临一种被虐待和被公然剥夺司法公正的实际风险，这分别与《欧洲人权公约》第3条和第6条的规定相背离。

特别移民上诉委员会驳回了他的上诉并判定，在英国和约旦之间达成的谈判协议中，奥斯曼将受到保护，免受酷刑和虐待，并提供了一系列详细的保障措施。特别移民上诉委员会还发现，重新审判并没有完全否认他的公平审判权。上诉法院带有偏袒地支持奥斯曼的上诉请求。[1] 它发现，如果奥斯曼被遣返回约旦，就可能存在如下风险：可能针对他适用通过酷刑获取的证据，而且，这将违反有关酷刑的国际禁令，并导致公然违背《欧洲人权公约》第6条的规定而拒绝司法公正。2009年2月18日，英国上议院维持了特别移民上诉委员会的决定。他们发现，外交保证可以保护奥斯曼免受酷刑。他们还发现，如下风险并不等同于公然拒绝司法公正：约旦将在刑事诉讼过程中采用通过酷刑获取的证据。

欧洲人权法院注意到，根据公认的判例法，奥斯曼不能被驱逐回到约旦，如果存在如下实际风险，即他会遭受酷刑或者受到不人道或有辱人格的对待。尽管如此，法院判定，英国政府从约旦政府获得的外交保证足以提供对奥斯曼的保护。法院发现，两国政府之间的协议既具体又全面。外交保证来自一个与英国始终保持良好双边关系的诚信政府。而且，在约旦，这些保证措施受到一个独立人权组织的监督，该组织对奥斯曼享有完全的探监机会。因此，如果奥斯曼被驱逐回到约旦，并不存

---

[1] Othman (Jordan) v. Secretary of State for the Home Department [2008] EWCA Civ 290.

在任何受到虐待以及违反《欧洲人权公约》第3条的风险。

然而，对于《欧洲人权公约》第6条的规定，欧洲人权法院同意上诉法院的如下观点：在刑事审判期间采用通过酷刑获取的证据等同于"公然拒绝司法公正"。允许刑事法庭依赖通过酷刑获取的证据使得审前对证人和犯罪嫌疑人的刑讯逼供合法化。欧洲人权法院参考了宾汉姆在 A and others v. Secretary of State for the Home Department (No. 2) 一案中的意见，①也就是，通过酷刑获取的证据被排除在外，因为这种证据"不可靠，不公平，对人性和体面的普通标准有所冒犯，并且与那些推动法庭寻求实现正义的原则不相一致"②。在援引大审判庭对格夫根诉德国（Gäfgen v. Germany）一案作出的裁判时，欧洲人权法院强调，以下两者之间存在重大区别：因为接受基于酷刑获取的证据而违反《欧洲人权公约》第6条的规定以及仅仅基于审判过程或者审判法庭构成中的缺陷而违反《欧洲人权公约》第6条的规定。③

欧洲人权法院发现，酷刑在约旦非常普遍，约旦法院采用"通过酷刑获取的证据"也是如此。法院还发现，就奥斯曼被指控的两起恐怖主义阴谋而言，他介入这两起阴谋的证据也是通过对其中一位共同被告采取刑讯逼供获取的。在两位共同被告受审时，约旦法院对他们提出的曾被实施酷刑的诉求没有采取任何行动。欧洲人权法院同意特别移民上诉委员会的如下意见：在对奥斯曼进行重新审理时极有可能采纳控诉证据，而且这种证据非常重要，甚至具有决定性意义。由于约旦没有保证不会对奥斯曼采用通过酷刑获取的证据，因此，欧洲人权法院得出结论，将奥斯曼遣回约旦并接受重新审理很可能因违反《欧洲人权公约》第6条的规定而导致公然拒绝司法公正。

媒体和公众对这份决定的反响非常强烈。欧洲人权法院的判决被认为是一项标志性的决定，它因抵制实施驱逐出境而扩大对恐怖主义嫌疑

---

① A and others v. Secretary of State for the Home Department (No. 2), [2005] UKHL 71, para. 52.
② Othman (Abu Qatada) v. UK, No. 8139/09, 17.1.2012, para. 264.
③ Othman (Abu Qatada) v. UK, No. 8139/09, 17.1.2012, para. 265.

犯的保护水平。然而，欧洲人权法院在本案中所讨论的"公然拒绝司法公正"自从1989年索林诉英国（Soering v. UK）一案①以来就已经得到承认，随后在2005年的Mamatkulov and Askarov v. Turkey一案②和2010年Al-Saadoon & Mufdhi v. UK一案③中得到进一步确认。尽管如此，欧洲人权法院首次在奥斯曼案中判定这项原则被违反。

欧洲人权法院的判决完全符合国际法的规定，它明确表示反对承认任何通过酷刑获取的证据。《联合国禁止酷刑公约》（UNCAT）的149个缔约国包括了欧洲委员会所有的成员国。实际上，《联合国禁止酷刑公约》第15条绝对禁止接受通过酷刑获取的证据。它对各个缔约国强加了一项明确义务，这项义务被解释为适用于任何程序，其中包括引渡程序。④

（2）英国法院不同意或者拒绝接受斯特拉斯堡判例的案例

一方面，有关英国法院宣称不同意欧洲人权法院的判例法及其在英国的适用，最典型的例证来自英国最高法院对霍恩卡斯尔（Horncastle）一案的判决，⑤在该案中，欧洲人权法院大审判庭对阿尔·赫瓦贾（Al-Khawaja）和塔赫利（Tahery）诉英国（Al-Khawaja and Tahery v. UK）一案⑥的判决备受批评。该案涉及刑事诉讼中使用传闻证据，尤其是，仅仅基于缺席证人的个人陈述来定罪是否会自动阻止公正审判，并导致违反《欧洲人权公约》第6(1)条款的规定。阿尔·赫瓦贾先生宣称，认定他实施强暴猥亵罪的审判是不公平的，因为对他提出指控的两名妇女中有一位在审前已经死亡，她对警方作出的陈述已经向陪审团宣读。塔赫利先生也主张针对他的审判不公平，因为一位害怕出庭的证人之陈述已经向

---

① Soering v. UK, No. 14038/88, 7.7.1989.
② Mamatkulov and Askarov v. Turkey, Nos. 46827/99 and 46951/99 [GC], 4.2.2005.
③ Al-Saadoon & Mufdhi v. UK, No. 61498/08, 2.3.2010.
④ Othman (Abu Qatada) v. UK, No. 8139/09, 17.1.2012, para. 266.
⑤ R v. Horncastle and others (Appellants) [2009] UKSC 14; Al-Khawaja and Tahery v. UK, Nos. 26766/05 and 22228/06, 20.1.2009; and Al-Khawaja and Tahery v. UK, Nos. 26766/05 and 22228/06 [Gc], 15. 12. 2011. 霍恩卡斯尔案提供了一个很好的例证说明国内法院根据《英国人权法案》第2条的规定"考虑"斯特拉斯堡的判决后得出自己的结论。
⑥ Al-Khawaja and Tahery v. UK, Nos. 26766/05 and 22228/06, 20.1.2009.

陪审团宣读。

上诉法院参考 2003 年《刑事审判法案》(the Criminal Justice Act) 在实践中运作的方式并得出如下结论：只要法案的规定被遵守，即使某项定罪仅仅基于传闻证据或者传闻证据具有决定性意义，那也没有违反《欧洲人权公约》第 6 条的规定。因此，上诉法院没有接受阿尔·赫瓦贾一案所表达的疑虑，也就是，是否存在一些发挥平衡作用的因素，它们足以证明采用未经证实的陈述（该陈述是某项定罪唯一的或具有决定意义的基础）具有正当性。

英国上议院支持上诉法院的判决并阐述到，斯特拉斯堡法院有关《欧洲人权公约》第 6(3)(d) 条款的判例很大程度上是在民法而非普通法管辖权下的案例中得以发展，这在涉及"唯一的或具有决定意义的规则"时尤为如此。上议院还指出，斯特拉斯堡法院没有详细考虑有关证据可采性的英国法，对该法律作出的修改倾向于确保它符合《欧洲人权公约》第 6(1) 和第 6(3)(d) 条款的规定。① 在这种情况下，上议院认为，如下观点是错误的：应该适用"唯一的或具有决定意义的"检验标准、而不是根据其自然含义的解释来适用 2003 年《刑事审判法案》的规定，因为：

> 2003 年法案的规定打破了以下两者之间的正确平衡：一是，审判必须公平的命令；二是，特定意义上的受害人和一般意义上的社会所享有的利益，也就是，当出现如下情形时，不应该对罪犯免于定罪：已经在一份陈述中提供确实可靠的关键性证据的证人死亡或者因某种其他原因而不能被传唤出庭作证。②

欧洲人权法院大审判庭 2009 年对阿尔·赫瓦贾一案的判决不同意英国上议院的决定，并认为上述两个案例都违反了《欧洲人权公约》第 6(1) 和第 6(3)(d) 条款的规定。根据英国政府的要求，阿尔·赫瓦贾和塔赫利

---

① R v. Horncastle and others (Appellants) [2009] UKSC 14, para. 107.
② R v. Horncastle and others (Appellants) [2009] UKSC 14, para. 108.

案都被提交给欧洲人权法院的大审判庭审理，并于 2011 年 12 月 15 日宣布法院判决。[①] 法院判决仔细考察了英国对欧洲人权法院的判例法所持的反对意见，这些判例法确立了"唯一的或者具有决定意义的"规则，该规则规定，仅仅基于缺席证人的证据或者在决定性意义上基于缺席证人的证据来定罪是不公平的。由于这种考察，大审判庭判定，如果某项传闻陈述是针对被告唯一的或者决定性的证据，对该证据的采信不会自动导致对《欧洲人权公约》第 6(1) 条款的违反。

在自己的同意判决意见中，欧洲人权法院前院长尼古拉斯·布拉茨就欧洲人权法院愿意对本案提出的核心原则问题予以重新审理展开了反思：

> 大审判庭的判决不仅考虑了英国最高法院的意见，而且重新审查了 2003 年《刑事审判法案》的保障措施，这些措施旨在确保刑事审判中采纳传闻证据的公正性。我同意多数意见的如下观点：僵硬地适用规则而忽视相关法律制度的特殊性有悖于法院处理刑事诉讼总体公正问题的传统方式。[②]

另一方面的例证是 R（动物保护主义者）诉文化、媒体和体育国务大臣（R v. Secretary of State for Culture, Media and Sport）一案，[③] 在该案中，英国上议院拒绝服从欧洲人权法院的判决，因为这项判决要求英国放弃在选举之前对媒体中立性的严格规定。这是一个英国法院考虑斯特拉斯堡法院的判例但不受之约束的明确例证。宾汉姆在他的判决中公开承认，《人权法案》第 2 条规定的义务是考虑斯特拉斯堡法院的判决，而不是将之视为一个具有严格约束力的先例予以遵守。考虑到"本案对我们的民主发挥作用至关重要"，宾汉姆宣称，议会的决定应该被赋予更大的价值，主要

---

① Al-Khawaja and Tahery v. UK, Nos. 26766/05 and 22228/06 [GC], 15.12.2011.
② Al-Khawaja and Tahery v. UK, Nos. 26766/05 and 22228/06 [GC], 15.12.2011, para. 3.
③ R (Animal Defenders) v. Secretary of State for Culture, Media and Sport, [2008] 1 AC 1312.

原因有三：首先，我们有理由期待，民选政治家们对捍卫民主完整性所必须的措施尤为敏感。其次，自从2000年10月《人权法案》生效以来，议会已经阐明禁止电视和广播上的政治广告有可能（尽管未必）违反《欧洲人权公约》第10条的规定，但它仍然决定根据《人权法案》第19(1)(b)条款的规定继续前进。议会已经这么做了，同时因为它对维护这项禁令所具有的重要性而正确认识到欧洲法院的解释性至上地位。最后，不能为了解决特定问题而制定立法。它必须制定普遍性规则。普遍性规则意味着，必须绘制一条红线，并由议会决定这条红线位于何处。①

5. 英国法院有意识地超越斯特拉斯堡的判决

这一部分将讨论一些国内案例，在这些案例中，英国法院已经在下面两种情况下超越斯特拉斯堡法院的判例：斯特拉斯堡判例法采用的方法不相一致或模棱两可，或者斯特拉斯堡法院还没有考虑一些国内法院已经遇到的特殊人权问题。正如大法官艾伟仪勋爵在2011年强调的那样，

> 生活与诉讼的现实意味着，我们的国内法院不可避免地被要求在斯特拉斯堡判例尚未提供任何明确答案或帮助的情形和背景下考虑问题。在这种情况下，袖手旁观显然不是议会想要的。②

（1）斯特拉斯堡法院的判例前后矛盾或模棱两可

这种类别的例证之一是Re G (Adoption)案。③在本案中，上议院判定，北爱尔兰议会全面禁止同性恋夫妇共同领养与原告享有的《欧洲人权公约》第8条和第14条规定的权利不相一致，即使他们被允许这样做符合孩子的最佳利益。当时，欧洲人权法院的判例法模棱两可。

---

① R (Animal Defenders) v. Secretary of State for Culture, Media and Sport, [2008] 1 AC 1312, para 33.

② Irvine of Lairg, Lord, "A British Interpretation of Convention Rights?" Lecture at the University College London Judicial Institute, 14 December, 2011. Available at: http://www.ucl.ac.uk/laws/judicialinstitute/docs/Lord_Irvine_Convention_Rights_dec_2012.pdf.

③ Re G (A Child) (Adoption: Unmarried couples) [2008] UKHL 38.

在林布埃拉和其他人诉内政部国务大臣（Limbuela and others v. Secretary of State for the Home Department）一案中，① 上议院判定，《欧洲人权公约》第3条必须被解释为强加某项义务，从而禁止政府使寻求避难者陷入一种赤贫状态。当时，这个结论并不能被认为源自斯特拉斯堡判例法的明确支持。

在 Rabone and another v. Pennine Care NHS Foundation Trust 一案中，② 英国最高法院拓展了《欧洲人权公约》第2条（生命权）赋予国家及其官员的义务。最高法院认为，就本案涉及的具体情形而言，英国医疗服务基金会（NHS Trust）已经违反了公约第2条设定的积极义务，也就是，保护自愿病人不受自杀风险的影响。在雷博恩（Rabone）一案中，法官们承认，他们的判决正在超越现有斯特拉斯堡法院的判例，这些判例并未考虑到，国家保护具体个人免受生命威胁（包括自杀在内）的操作性义务是否可以延伸到自愿被拘留的精神病患者。

（2）斯特拉斯堡法院尚未考虑的问题

最高法院大法官黑尔解释到，在有些案例中，英国高等法院必须对欧洲人权法院如何以一种与斯特拉斯堡判例法的既定原则相一致的方式采取行动作出"最佳猜测"。她指出，这种案例的最佳例证之一是盖丹诉戈丁·门多萨（Ghaidan v. Godin-Mendoza）一案。③ 该案涉及1977年《租赁法案》（the Rent Act）授予的继承权。立法对以下两者的地位进行了区分：作为丈夫和妻子而生活在同一个屋檐下的异性恋夫妇以及生活在同一个屋檐下的同性恋夫妇。丧偶的异性恋夫妇通过继承而成为法定承租人，但同性恋夫妇中的幸存者却不能。戈丁·门多萨先生宣称，这种区别对待违反了《欧洲人权公约》第14条（禁止歧视）和第8条（尊重私人和家庭生活的权利）的规定。除非能够获得正当证明，否则的话，这种以性别或性取向为基础的区分违反了《欧洲人权公约》规定的权利。

---

① R (Limbuela and others) v. Secretary of State for the Home Department, [2006] 1 AC 396.
② Rabone and another v. Pennine Care NHS Foundation Trust, [2012] UKSC 2.
③ Ghaidan v. Godin-Mendoza [2004] UKHL 30.

在 1983 年 4 月，沃尔温·詹姆斯先生（Wallwyn James）获得伦敦一套地下室公寓的住宅租赁权。直到 2001 年 1 月去世为止，他一直与戈丁·门多萨保持稳定且单一的同性伴侣关系共同生活在那儿。在詹姆斯去世之后，房东盖丹先生声称拥有这套公寓。法官起初判定，根据 1977 年《租赁法案》的规定，门多萨并不能作为詹姆斯的幸存配偶来继承这套公寓的租赁权，但是，他有权作为原租赁人的"家人"来继承该公寓有保障的租赁权。门多萨被允许提起上诉。① 上诉法院判定，门多萨有权作为法定租赁人来继承这套公寓的租赁权。在本案中，上诉法院正确地预见到斯特拉斯堡法院后来在肯纳诉奥地利（Karner v Austria）一案中的判决，② 因此，当上议院对本案进行审理时，正如黑尔阐述的那样，"我们并没有走到斯特拉斯堡法院的前面，只是判决起到了同样的效果"③。

此外，在安布罗斯诉哈里斯（财政检察官）（Ambrose v. Harris）一案以及由苏格兰上诉法院提交最高法院的另外两个相关案例中，克尔（Kerr）议员在他的反对意见中提出了有关警察讯问之前允许律师介入这个主题。④ 这些案例是在 Cadder v. HM Advocate 一案的判决之后出现的，在该案中，最高法院判定，考虑到欧洲人权法院在萨尔多斯诉土耳其（Salduz v. Turkey）一案⑤的判决，国家仅依赖被告（其作为被拘留者在警察局接受讯问时还没有机会获得律师介入）所作的供词侵犯了《欧洲人权公约》第 6(3)(c) 和第 6(1) 条款规定的权利。在最高法院看来，安布罗斯案和其他相关案例涉及的问题在于，获得律师介入的权利是否仅仅适用于当事人被警方拘留期间发生的讯问；如果规则适用于某个更早的阶

---

① Mendoza v. Ghaidan [2002] EWCA Civ 1533.

② Karner v. Austria, No. 40016/98, 24.7.2003.

③ Alice Donald, Jane Gordon and Philip Leach, "The UK and the European Court of Human Rights", in Equality and Human Rights Commission Research Report Series, 2012, p.136, available at http://www.equalityhumanrights.com/.

④ Ambrose v. Harris (Procurator Fiscal, Oban) (Scotland); Her Majesty's Advocate v. G (Scotland); Her Majesty's Advocate v. M (Scotland) [2011] UKSC 43.

⑤ Salduz v. Turkey, No. 36391/02 [GC], 27.11.2008.

段，那它从何时开始适用。最高法院在两个案例中①都以4:1的多数票决判定，在审判阶段，在尚未获得法律咨询意见的情况下依赖因警方讯问所获得证据并没有违反《欧洲人权公约》第6条的规定。在另一个案例中，②它又判定这与第6条的规定不相一致。

有关英国法院与斯特拉斯堡法院之间的关系，克尔议员在他的反对意见中作出如下评论：

> 可以预见（甚至可以希望）的是，不是所有针对《欧洲人权公约》权利的范围所展开的争论都将由斯特拉斯堡法院予以解决。实际上，在实践中，不可避免的情形是，很多有关《欧洲人权公约》权利的主张都不得不由英国各级法院予以判定，而不需要利用欧洲人权法院明确的判例。③

克尔议员指出，作为一个基本原则问题，英国法院有义务在这些问题出现时予以解决，不管是否能从斯特拉斯堡法院获得权威性指导。克尔继续争辩到，英国法院不仅有义务确定斯特拉斯堡法院的判例如何清楚地表明自己目前的立场，而且有义务解决如下问题：诉求《欧洲人权公约》的权利是否可行，即使斯特拉斯堡法院的判例没有明确披露当下观点：

> 如果国内法院与斯特拉斯堡法院之间被大肆吹嘘的对话意味着什么，那么，我们肯定不应该被禁止说出我们认为斯特拉斯堡法院应该对这些争论作出的裁决。这要比掩盖斯特拉斯堡到目前为止尚

---

① Ambrose v. Harris (Procurator Fiscal, Oban) (Scotland); Her Majesty's Advocate v. M (Scotland).

② Her Majesty's Advocate v. G (Scotland).

③ Ambrose v. Harris (Procurator Fiscal, Oban) (Scotland); Her Majesty's Advocate v. G (Scotland); Her Majesty's Advocate v. M (Scotland) [2011] UKSC 43: References from the Appeal Court of the High Court of Justiciary, at the request of the Lord Advocate [2011] UKSC 43, para. 129.

未说出的事实、并以此为借口拒绝执行不可否认的权利更好。我认为，国内法院不仅可以根据事情的是非曲直公开处理和解决这些问题，而且有义务这么做。①

欧洲人权法院前院长尼古拉斯·布拉茨评论到，国内法院有时应该有意识地超越斯特拉斯堡法院的判例，这对于人权保护是正确且积极的。

6. 斯特拉斯堡和英国之间的司法对话

尼古拉斯·布拉茨阐述到，尽管资深政客、政府官员和部分媒体人士经常提出一些相反的建议，但"斯特拉斯堡法院已经说过，本案已审结"并不是斯特拉斯堡法院的法官们看待两个法院各自角色的方式。②尽管如此，他并没有承认，只要欧洲人权法院大审判庭确立一项明确的原则，就可以期待英国最高法院应该遵守并适用这项原则。

迈克尔·奥博伊也认为，英国法院与斯特拉斯堡法院之间的关系是一种相互交融与渗透的关系：英国法院参考斯特拉斯堡法院具有相关性的判决，欧洲人权法院也受到上议院/最高法院判决的启发。两者之间进行对话的起点是1998年《人权法案》的实现方式在实践中产生的极大鼓舞。

尼古拉斯·布拉茨指出，不同法院的法官之间通过各自判决增加进一步对话的空间，这种对话可以是非正式的，也可以更为重要。③他援引霍恩卡斯尔和阿尔·赫瓦贾等系列案例作为最近的例证来说明两个法院之间展开更有意义的对话。

颇为重要的是，正如菲利普斯（Phillips）议员在霍恩卡斯尔一

---

① Ambrose v. Harris (Procurator Fiscal, Oban) (Scotland); Her Majesty's Advocate v. G (Scotland); Her Majesty's Advocate v. M (Scotland) [2011] UKSC 43: References from the Appeal Court of the High Court of Justiciary, at the request of the Lord Advocate [2011] UKSC 43, para. 130.

② Bratza N., "The Relationship between the UK Courts and Strasbourg", *European Human Rights Law Review 5*, 2011, pp. 505–512.

③ 2012年2月，欧洲人权法院在2012c: para. 28中阐述到，该法院正在考虑国内法院与斯特拉斯堡法院之间是否应该存在一种以"咨询意见管辖权"形式呈现的新的对话程序。

案的判决中阐述的那样，只有在极为罕见的情况下，当国内高等法院对斯特拉斯堡法院的判决是否充分理解或适应国内程序的特定方面表示担忧时，它们才应该拒绝遵循斯特拉斯堡法院的判决，并提供这样做的理由。①

黑尔评论到，自从《人权法案》生效以来，阿尔·赫瓦贾案是英国国内法院与斯特拉斯堡法院产生冲突最为典型的案例。她指出，大审判庭进行重新评估很可能避免产生对抗，并证明双方的对话是有效的，这是对话发挥作用的最佳例证。

菲利普斯议员在2011年11月向人权联合委员会（JCHR）提供证据时解释了司法对话的重要性：

> 作为一个法律问题，由于我们没有义务在国内遵守斯特拉斯堡法院的判例，因此，作为最高法院，我们具有至高无上的地位。但是，如果你在一天结束的时候继续追问，什么才是真正重要的事情，我会说，斯特拉斯堡法院对《欧洲人权公约》的含义所作的解释是最重要的。我之所以说"在一天结束的时候"，那是因为在一天结束到来之前，我们的法院或者任何其他国内法院与斯特拉斯堡法院之间存在对话空间。②

法律评论家约书亚·罗森伯格（Joshua Rozenberg）评论到，基于这种原因，阿尔·赫瓦贾案至关重要，它是现有制度应该发挥作用的一种体现：最高法院礼貌而坚定地请求斯特拉斯堡法院重新思考，甚至在霍恩卡

---

① European Court of Human Rights (2012c) Preliminary Opinion of the Court in preparation for the Brighton Conference, para. 27. Adopted by the Plenary Court on 20 February, Strasbourg: ECtHR.
② Joint Committee on Human Rights Uncorrected Transcript of Oral Evidence, Human Rights Judgments (to be published as HC 873-ii), Lord Judge and Lord Phillips of Worth Matravers, 15 November (2011a: 2), available at: http://www.parliament.uk/documents/joint-committees/humanrights/JCHR%2015%20November%20transcript.pdf

斯尔一案中提供了其他国家如何处理传闻证据规则的统计性评估。最高法院请求斯特拉斯堡重新思考，后者也确实这么做了。根据尼古拉斯·布拉茨的观点，斯特拉斯堡法院已经在很大程度上（尽管没有完全）采纳了英国最高法院的方法。法院应该以这种方式运作，这一点是完全正确的。

第三节　美洲人权法院与美国和墨西哥人权司法保障

一　美洲人权法院

（一）美洲人权法院的历史

《美洲人权公约》（*The American Convention on Human Rights*）于1969年通过，随后在1979年建立了美洲人权法院（the Inter-American Court of Human Rights）。该法院主要承担三项功能：（1）对有争议的案例作出具有约束力的判决；（2）在极为严重和紧急状态下作出具有约束力的临时决定，从而避免造成不可弥补的损害；（3）发布有关人权问题的咨询意见。为了实现这些目标，美洲人权法院对那些不仅批准《美洲人权公约》，而且明确表示同意法院管辖权的美洲国家享有管辖权。

美洲人权委员会（*The Inter-American Commission on Human Rights*）是向美洲人权法院提交案例的机构，条件是本案的国内救济途径已经穷尽，而且美洲人权委员会的内部程序已经完成。当美洲人权委员会的内部程序完结时，它会发布一份报告，该报告通常会包含一些建议。如果相关政府不接受这些建议，美洲人权委员会就会将该案提交美洲人权法院。由美洲人权法院和美洲人权委员会所代表的美洲人权体系（IAHRS）主张，在合理时间期限内审结案件是一项人权要求。[①] 如果美洲人权委员会不坚持这一点，它就会成为美洲人权体系的一项致命缺陷。尽管案件

[①] See generally Inter-American Commission Human Rights Strategic Plan 2011-2015, ORG. OF AM. STATES (2011), http://www.oas.org/en/iachr/docs/pdf/IACHRStrategicPlan20l12015.pdf.

量不断增加，而且资源非常稀缺，但美洲人权委员会还是成功缩减了审结案件所必要的时间期限，从1970年代的38个月到2011年的16个月。①

在美洲人权体系内，或者更为具体地说，就美洲人权法院的管辖权而言，美洲国家可以被归为三类：包括所有批准《美洲人权公约》的拉美国家在内的大多数国家已经接受美洲人权法院的管辖权；有些国家（如牙买加）是《美洲人权公约》的缔约国，但还没有承认美洲人权法院的管辖权；还有一些国家，它们是美洲国家组织（the Organization of American States）的成员，但不是《美洲人权公约》的缔约国，因此，它们也没有接受美洲人权法院的管辖权。这一类别的国家包括美国、加拿大和加勒比地区一些说英语的国家。目前，有21个国家已经接受美洲人权法院的管辖权。美洲国家组织大会每年选举产生美洲人权法院的法官，任期六年。享有投票权的国家都是《美洲人权公约》的缔约国，尽管它们可能没有必然接受美洲人权法院的管辖权。

美洲人权法院在建立之初看上去更像是一个乌托邦，因为几乎没有人相信，一个缺乏警察权力（police powers）作为保障的法院作出的判决能够在一个主权国家被执行，尤其考虑到拉丁美洲的政变史以及非法治的事实统治（rule-in-fact）。美洲人权法院在成立的头几年没有受理任何案件，甚至没有被要求提供任何咨询意见。法官们经常通过间接手段"游说"人们向法院提出提供咨询意见的请求。在1982年，美洲人权法院发布了第一份咨询意见。尽管如此，美洲人权法院仍然没有受理任何有争议的案例。在1987年，法院首次对有争议的案例维拉斯奎兹·罗德里格斯诉洪都拉斯（Velasquez Rodriguez v. Honduras）案进行判决，该案涉及的问题是强迫失踪。②

在三十多年后，有关美洲人权法院的怀疑主义已经消失。如今，美

---

① 有关美洲人权法院、美洲人权委员会和美洲人权体系的详尽讨论，可以参见Lea Shaver, "The Inter-American Human Rights System: An Effective Institution for Regional Rights Protection", *9 WASH. U. GLOB. STUD. L. REV. 639*, 2010 pp. 642–645.

② Thomas Buergenthal, "Remembering the Early Years of the Inter-American Court of Human Rights", *37 N.Y.U. J. INT'L L. & POL. 259*, 2005.

洲人权法院是一个非常积极的机构，并代表着三大重要趋势：①美洲人权法院的判决在数量上大幅度增加，相关政府已经在很大程度上成功执行这些判决；②国内法院不断采用美洲人权法院判例中所包含的标准来指导自己，这在十年前几乎是不可能的；③美洲人权法院的判例在一些重大问题上（如土著居民或者获取公共信息）不断充实国内公共政策。①

（二）美洲人权法院的判例及其影响

美洲人权法院是世界上最贫穷的国际法院，这不是因为它的理念，也不是因为它对人权的承诺，而是因为它的预算规模。因此，美洲人权法院很难实现它的所有功能。尽管如此，法院的案件总量在不断增加，从而显著提高美洲的法治标准。例如，与2010年相比，美洲人权法院对有争议案件的判决翻了一番。美洲人权法院的影响在不断扩大的另一个标志是其首次在加勒比地区说英语的国家巴巴多斯（Barbados）举行公开听证。美洲人权法院邀请该地区其他国家的人们来参加听证。这是向前迈出的重要一步，因为巴巴多斯的绝大多数人认为，美洲人权法院实际上是为拉美国家准备的，原因在于它主要处理与独裁和就地处决（summary executions）相关的一些问题，而这些问题并不影响加勒比地区的英式民主。美洲人权法院在巴巴多斯公开听证中审查的一些案例与收养问题有关，与强迫失踪或者缺乏正当程序等问题无关。②

如今，美洲人权法院对各种各样的问题作出判决。由于威权主义政权和军事独裁统治，美洲人权法院一开始审理的案例大多数涉及强迫失踪、酷刑或者法外处决。这种情形的例证之一是1987年维拉斯奎兹·罗德里格斯诉洪都拉斯一案。③从此以后，美洲人权法院作出判决的案例

---

① Thomas Buergenthal, "Remembering the Early Years of the Inter-American Court of Human Rights", *37 N.Y.U. J. INT'L L. & POL. 259*, 2005, pp. 276–280.

② Alexandra Huneeus, "Rejecting the Inter-American Court: Judicialization, National Courts, and Regional Human Rights", in Javier Couso et al. eds. *Cultures of Legality: Judicialization and Political Activism in Latin America*, New York: Cambridge University Press, 2010, p.118.

③ Velasquez-Rodriguez v. Honduras, Inter-Am. Ct. H.R. (ser. C) No. 4 (July 29, 1988), available at http://www.corteidh.or.cr/docs/casos/articulos/seriec-07_ing.pdf.

还涉及对实施严重侵犯人权行为的大赦和自我赦免。在 2001 年，美洲人权法院对巴里奥斯·阿尔托斯诉秘鲁（Barrios Altos v. Peru）一案做出判决，① 在本案中，法院判定，为阻止对严重侵犯人权行为进行调查而通过的自我赦免法律与《美洲人权公约》的规定不相一致，授权这种赦免的法律应该被废止。

在巴里奥斯·阿尔托斯诉秘鲁一案的判决之后，重新恢复了对那些严重侵犯人权负有责任之人进行调查和起诉。结果，当时的秘鲁总统阿尔韦托·藤森（Alberto Fujimori）被指控，并因其在 1995 年给予自己的大赦（美洲人权法院称为"自我赦免"）所包含的罪行而被判 25 年有期徒刑。② 所有涉及自我赦免的拉丁美洲国家（包括阿根廷、哥伦比亚、乌拉圭和智利）都在该问题上遵守美洲人权法院的判例。强迫失踪（在威权主义政权和内战背景下的一个关键性问题）已经被视为一项持续或永久性犯罪，不管失踪在哪一天出现，各个国家都有义务对其进行调查并提出指控。有时，失踪出现的日期可能先于某个国家批准《美洲人权公约》的日期。基于这种方法，阿根廷、秘鲁和哥伦比亚的很多人都已经被宣判有罪。

自从 1980 年代以来，军事法庭开始调查和指控一些严重的人权侵犯行为。然而，这种情况已经发生了巨大变化。军事法院通常确保免受处罚，而不是展开严肃调查。如今的规则是，那些据称由军人实施的严重人权侵犯行为都由民事法院、而不是军事法院进行调查和起诉。在美洲人权法院的判决之后，墨西哥最高法院在 2011 年命令民事法院应该裁判所有的人权问题，尽管墨西哥法律的规定仍然是军事管辖权。

在很多其他案例中，美洲人权法院的普遍性判例已经导致哥斯达黎加、危地马拉和秘鲁等国家有关行政和司法过程中正当程序法律规定的

---

① Barrios Altos v. Peru, Inter-Am. Ct. H.R. (ser. C) No. 87 (Mar. 14, 2001), available at: http://www.corteidh.or.cr/docs/casos/articulos/seriec_75_ing.pdf.

② Jo-Marie Burt, "Guilty as Charged: The Trial of Former Peruvian President Alberto Fujimori for Human Rights Violations," *3 INT'L J. OF TRANSITIONAL JUST. 384*, 2009, pp. 387–391.

改变。① 有权获知公共信息是过去十年另一个引起普遍关注的问题。获知公共信息不仅被视为一项个人权利，而且被视为一项国家义务，也就是，国家有义务设计严格的行政程序，并确保迅速获知公共信息以及信息被拒绝的正当程序。②

最近，美洲人权法院开始涉及性取向问题。美洲人权法院对如下案例作出重大决定：该案涉及的是一位智利法官凯伦·阿塔拉（Karen Atala）被智利最高法院剥夺其对三岁女儿的监护权，理由是她的性取向不正常，而且她有一位女性伴侣。美洲人权法院作出一项强有力的决定，即性取向应该是受到《美洲人权公约》保护的类别，而且非歧视概念应该适用于性取向。③

很多案例的判决都要求进行经济赔偿或补偿。对此，政府的反应非常气愤，因为它涉及经费，而且影响国家预算。尽管如此，相关政府还是按期支付美洲人权法院判定的80%以上的经济补偿金。④

美洲人权法院的判例对国内法院很多判决都具有指导意义，也是这些判决学理导向的来源，其中包括阿根廷、墨西哥和秘鲁的最高法院以及秘鲁和哥伦比亚的宪法法庭。在2011年，墨西哥最高法院命令国内法官不仅要遵守本国宪法，而且要遵循美洲人权法院判决的指导。秘鲁的宪法法庭也要求，如果国家的某个代理人（不管他或她的权位有多高）没有根据美洲人权法院的判决来指导自己的决定（不管这些决定适用于

---

① Diego García-Sayán, "The Inter-American Court and Constitutionalism in Latin America", *89 TEX. L. REV. 1835*, 2011, p. 1838.

② Eduardo Andrés-Bertoni, "The Inter-American Court of Human Rights and the European Court of Human Rights: A Dialogue on Freedom of Expression Standards", *EUR. HUM. RTS. L. REV*, 2009, p. 332.

③ 参见LGBT Rights Upheld in Historic Inter-American Court Ruling, INT'L. GAY & LESBIAN HUM. RTS. COMM'N., http://www.iglhrc.org/cgi-bin/iowa/article/pressroom/pressrelease/1502.html (Mar. 22, 2012).

④ 参见The Inter-American Court Awards Astounding Victory to GW Law Clinic Clients, GEO. WASH. U. L. SCHOOL, http://www.law.gwu.edu/News/newsstories/Pages/2012_IHRCIACtHRVictory.aspx.

秘鲁还是其他国家），这就是在犯罪。①

美洲人权法院的判例还影响到全国政府和地方政府的公共政策。有关获知公共信息的这样一个案例是马塞尔·克劳德·雷耶斯等人诉智利（Marcel Claude Reyes et al. v. Chile）一案。②在该案中，有一群人声称要获知将公共土地转让给私人企业来开发森林的相关信息。然而，那样的信息被拒绝提供，于是，这群人将案件诉至美洲人权法院，法院判定，智利政府应该提供他们所要求的信息，而且要颁布适当的立法和有效的程序来保证人们获取公共信息。尽管该案的最终判决花去很多年时间，但它对整个拉丁美洲都产生了影响。如今，在拉丁美洲很难找到一个国家，它们的法律还没有规定获知公共信息的权利。实际上，个人可以要求政府提供十年前还被认为秘密或私人的信息。对地方或国家当局的日常活动进行跟踪的权利是践行民主的一条新路径。

美洲人权法院的判例还影响有关土著居民的政策。目前，这在美洲是一个非常重要的问题，因为社会不稳定的来源因素之一就是政府（地方政府或中央政府）和土著居民（他们对外国资本投资使用自然资源表示严重怀疑）之间的冲突。有关土著居民权利的头一批案例在2001年被裁判。美洲人权法院承认，对土著居民而言，私有财产具有集体因素，因为他们的祖先留下来的土地具有的价值不仅仅是物质的。土地的集体所有权意味着它不仅仅是一项权利，它也是种族身份的一部分。在尼加拉瓜的一个具体案例中，所有权的集体权利性质得以确立，一旦很多技术问题得到解决，就有7.3万公顷的土地被交付给Awas Tinpi社区。同样的情况正在巴拉圭和苏里南出现。③

另外，根据国际劳工组织第169号公约有关土著居民和部落人口的

---

① Fernando Felipe Basch, "The Doctrine of Human Rights Regarding States' Duty to Punish Human Rights Violations and its Dangers", *23 AM. U. INT'L L. REV. 196*, 2007, pp. 196–203.

② Marcel Claude Reyes et al. v. Chile, Inter-Am. Ct. H.R. (ser. C) No. 151 (Sept. 19, 2006), available at www.corteidh.or.cr/docs/casos/articulos/seriec_151_ing.pdf.

③ Travis Thompson, "Getting Over the Hump: Establishing a Right to Environmental Protection for Indigenous Peoples in the Inter-American Human Rights System", *19 FLA. ST. J. TRANSNAT'L L. & POL'Y 179*, 2009, p. 187.

规定，公共协商问题应运而生，这意味着，当在这些人口的土地上使用自然资源时，他们有权得到协商。美洲人权法院阐述到，如果土著居民的土地将要受到大规模投资项目的使用或影响，他们必须能够事先进行自由且知情的协商。尽管如此，这一点并不太容易实现。然而，当下美洲民主意味着，土著居民有权询问为什么要做这样的事情，有权共享政府项目产生的收益。在50年前，唯一的问题是，政府是否已经向有关企业做出让步。如果人们表示抱怨，警察或军队就会来处理。这不是美洲人权法院的作用所产生的"后果"，但是，美洲人权法院确实是一个非常重要的因素，它以一种完全不同的速度、以一种甚至不同于十年前的理念在推动民主与公众权利。

除了诉讼管辖权（contentious jurisdiction）之外（该管辖权允许法院作出具有约束力的判决），美洲人权法院还可以命令临时措施。临时措施是美洲的一种人身保护法，美洲人权法院命令地方政府保护那些生命处于危险中的人们。最近几年，由于公众的不断觉醒（尤其是在巴西和哥伦比亚），临时措施的总量不断增加。美洲人权法院开始在这些案例中举行公共听证，这对确立受益人和政府之间的对话发挥了积极作用。临时措施与美洲人权法院的判决具有密切联系，旨在改善一些方式，从而使地方机构避免对人权或部落领袖进行攻击。例如，哥伦比亚政府专门成立了一个部门，负责向人们提供这种保护，该部门每年的开支大约是2亿美元。在2011年，美洲人权法院对哥伦比亚发布的临时措施命令的总数下降了20%。在涉及哥伦比亚一个土著居民社区Kankuamo的案例中，[①]或者在另一个有关巴西Urso Branco监狱的案例中，[②]有关当局采取了一些适当的措施，虽然这些措施没有必然解决所有的人权指控，但它们确保人们不会因为提出抱怨或诉求而被杀害。

[①] Matter of Pueblo Indigena de Kankuamo, Provisional Measures, Order of the Court, Inter-Am. Ct. H.R. (Apr. 3, 2009), available at: http://www.unhcr.org/refworld/publisher/IACRTHR/4f5a31772/0/html.

[②] Urso Branco Prison v. Brazil, Provisional Measures, Order, Inter-Am. Ct. H.R. (Aug. 29, 2002), available at http://www.corteidh.or.cr/docs/medidas/urso-se_04_ing.pdf.

最后，美洲人权法院可以发布咨询意见，第一份咨询意见于1982年发布。在2011年，美洲人权法院收到一份发布咨询意见的请求，它涉及来自南方共同市场国家（主要包括阿根廷、巴西、巴拉圭、乌拉圭和委内瑞拉）的移民和移民子女的权利。在美洲人权法院公布咨询意见之前，它会参与一个独特的协商程序。美洲人权法院会要求一些大学以美洲国家组织的任何官方语言（如英语、西班牙语、葡萄牙语或法语）提供有关移民权利的意见和建议。随后，还将组织一场公共听证会。

二 美国和墨西哥人权司法保障

这一部分将分析墨西哥和美国联邦司法机构的人权保障。尽管墨西哥司法机构已经转型采用一种"来自外部"（from the outside）的法律保障模式，但美国司法机构继续沿用"来自内部"（from within）的人权保障模式。

（一）两种人权保障模式：墨西哥和美国

墨西哥和美国在人权政治学和政治制度框架的很多方面具有相似性：两个国家都是国际社会的积极成员（例如，都是联合国人权理事会的成员）；都是泛美体系（Inter-American System）的成员（两国在美洲人权委员会都有自己的代表，墨西哥公民还担任美洲人权法院的法官）；两国都采用总统制民主、两院制议会以及在最高法院领导下的联邦司法机构；两个国家的联邦法院都享有极大的自主权，不受行政部门和立法部门干预，而且都享有宪法审查权。

然而，就人权司法保障而言，两国国内司法机构的组织化程度截然不同。墨西哥联邦司法机构以最高法院为中心，而美国联邦司法机构则更为分散，联邦最高法院对源于地方法院的案例享有最终决定权。

自从1998年以来，墨西哥已经允许人权保障的国际审查，其中包括美洲人权法院的诉讼管辖权，但美国在人权法方面仍然采取双重立场：一方面在国际层面积极推动，另一方面在国内层面适用这些同样的多边规范时很不积极。

第二章　国际人权司法保障的新发展

这两条道路构成了人权司法保障的政治背景，两个国家的司法机构都融入其中。在墨西哥，我们能够看到国际人权规范和多边机构被逐渐接受为司法制度的一部分留下的轨迹；但在美国，尽管它支持多边人权条约和机构，参议院却在很多情况下不予批准，因此，一些联邦法官只能接受通过国内法律进行保护的责任规范。

为了更好地说明这两个国家在接受国际人权条约方面存在的差异，可详见表2—1的内容。

表2—1　　　　　　　美国和墨西哥遵守国际人权条约的情况[①]

条约	墨西哥	美国
《国际刑事法院罗马规约》（1998年）	批准	签署
《残疾人权利公约》（2008年5月3日生效）	批准	签署
《保护所有人免遭强迫失踪国际公约》（2010年12月23日生效）	批准	未签署
《保护所有移徙工人及其家庭成员权利国际公约》（2003年7月1日生效）	批准	未签署
《禁止酷刑和其他残忍、不人道或有辱人格的待遇或处罚公约》（1987年6月26日生效）	批准	批准
《儿童权利公约》（1990年9月2日生效）	批准	签署
《消除一切形式种族歧视国际公约》（1969年1月4日生效）	批准	批准
《公民权利和政治权利国际公约》（CCPR）（1976年3月23日生效）	批准	批准
《经济、社会和文化权利国际公约》	批准	签署
《消除对妇女一切形式歧视公约》（1981年9月3日生效）	批准	签署
批准率	100%	30%

在表2—2中，我们可以看到遵守美洲人权条约的一种类似、甚至更加明确的趋势。

[①] Source: Human rights Atlas, http://www.humanrightsatlas.org/atlas/, available on 19 October, 2018.

表2—2　　　　　墨西哥和美国遵守美洲人权条约的情况①

条约	墨西哥	美国
《美洲人权公约》（1968年）	批准	签署
《圣萨尔瓦多议定书》	批准	未签署
《美洲国家关于人员强迫失踪公约》	批准	未签署
《美洲国家关于预防和制裁酷刑公约》	批准	未签署
《美洲国家关于消除对残疾人一切形式歧视公约》	批准	未签署
《美洲国家防止、制裁和消除一切形式对妇女暴力公约》	批准	未签署
批准率	100%	14%

接下来首先考察这两个国家的一般趋势，然后分析它们人权司法保障的主要特征。

（二）墨西哥：从法律主权主义到法律世界主义

墨西哥司法机构与国际人权法的关系经历了从"法律主权主义"向有争议的"法律世界主义"的转变。当墨西哥最高法院在2009年批准美洲人权法院在罗森多·拉迪拉（Rosendo Radilla）一案中针对墨西哥作出的裁判时，转折点出现了。② 如果将该案置于墨西哥一般的人权政策情境之中，它的重要性可以得到更为充分的体现。

绝大多数学者都认为，在1994年，当恰帕斯州（Chiapas）的萨帕塔（Zapatista）民族解放军公开崛起之后，墨西哥的人权政策在外交和国内事务中迅速实现转变。墨西哥首次将本国人权问题向国际审查开放，与此同时，侵犯人权开始被视为一个国内问题。这种变化的例证包括：在1990年建立全国人权委员会以及在1999年该委员会被宪法承认为一个自治机构。

另一个重要的变化出现在2000年，当时，革命制度党（the

---

① Source: Elaboration based on American States Organization Records, available at: http://www.oas.org/es/sla/ddi/tratados_multilaterales_interamericanos_firmas_materia.asp.

② Rosendo Radilla Pacheco et al v. México, Case 2009 Inter-Am. Ct. H.R., Nov. 23, 2009.

Revolutionary Institutional Party）掌权 70 多年后在总统选举中失败。新当选总统比森特·福克斯·克萨达（Vicente Fox Quesada）决定，既要开放本国人权政策的外部审查，又要积极参与国际人权论坛。与此同时，人权问题在国内政策中具有更为重要的地位。一些显著的变化包括：在内政部成立人权办公室；2004 年批准了一项全国人权计划，从而推动在国内政策中融入人权方法。[1]

然而，尽管付出这些努力，但人权倡议仍然遭受重大失败，其中包括在 2006 年取消全国人权计划。一项有关人权的宪法改革直到 2011 年才获得批准，这已经是政治变革十多年之后。在 2006 年，当费利佩·卡尔德龙（Felipe Calderon）政府上任时，联邦政府的优先考虑事项从人权转向国家安全。在这期间，侵犯人权行为大幅度增加。

考虑到墨西哥政府承认人权是国内和国际事务的重要组成部分（至少在言辞上是这样），联邦司法机构开始通过逐步改变自己对国际法层级的解释来调整国内人权的执行状况。这种演变可以在图 2—2 显示的时间轴中观察到。

```
1992年IHRL位于联邦法律之下
    ↓
1999年IHRL位于普通成文法之下
    ↓
2007年IHRL位于政治宪法之下
    ↓
2011年IHRL与政治宪法处于同等地位（罗森多·拉迪拉案）
    ↓
2013年对人权实施宪法限制时，政治宪法优先于IHRL
```

图2—2 墨西哥最高法院对国际人权法（IHRL）层级解释的演变过程

---

[1] Alejandro Anaya Muñoz, "Transnational and domestic processes in the definition of human rights policies in México", *31-1 Human Rights Quarterly 35*, 2009, p.58.

正如我们看到的那样，在过去的 20 多年时间里，对国际人权法的接受过程在逐步向前推进。尽管目前支持"法律主权主义"和"法律世界主义"的法官之间存在争论，但这并不影响对国际人权法的接受。正如前述，转折点发生在墨西哥最高法院确认美洲人权法院对罗森多·拉迪拉一案的裁判。

接下来将分析墨西哥司法机构如何在具有转折意义的罗森多·拉迪拉诉墨西哥（Rosendo Radilla v. Mexico）一案中解释国际人权法的层级问题。

罗森多·拉迪拉·帕齐科（Rosendo Radilla Pacheco）是来自墨西哥格雷罗州的一位农民，他在 1974 年被"强迫失踪"。从那以后，他一直未被发现。他在一次乘坐公共汽车出行时失踪，当时，墨西哥军方成员拦下了这辆车并对他实施逮捕，据说理由是他创作了一些反对军方的歌曲。

由于他的失踪，受害人家属向墨西哥法院多次提起诉讼。第一次诉讼是在 1992 年，但由于缺乏证据而被驳回。在 2001 年，受害人的女儿蒂塔·拉迪拉（Tita Radilla）加入失踪者亲属协会以及墨西哥保护和促进人权委员会，并向美洲人权委员会提出申诉。美洲人权委员会于 2005 年发布一份报告，墨西哥政府对该报告未予回应，这份报告导致该案进一步升级并将之提交美洲人权法院，法院于 2009 年 11 月 23 日作出不利于墨西哥的判决。

在罗森多·拉迪拉案判决之后，又出现了三起值得注意的类似诉讼案件，它们分别是：罗森多·坎图（Rosendo Cantu）案（ICHR, 2010）[1]、费尔南德斯·奥特加（Fernández Ortega）案（ICHR, 2010）[2] 以及卡布瑞拉·加西亚（Cabrera García）和蒙特埃尔·弗洛斯（Montiel Flores）案[3]（ICHR, 2010）。在上述每个案例中，美洲人权法院都注意到如下情形：

---

[1] Rosendo Cantú et al v. México, Case 2010 Inter-Am. Ct. H.R., Aug. 31, 2010.
[2] Fernández Ortega et al. v. México, Case, 2010 Inter-Am. Ct. H.R., Aug. 30, 2010.
[3] Cabrera García & Montiel Flores v. México Case, 2010 Inter-Am. Ct. H.R., Nov. 26, 2010.

受害者的人权遭到侵害的情况，在调查过程中缺乏尽心职守，以及对民事侵权行为不适当地采用军事审判等。

在罗森多·拉迪拉案的判决中，美洲人权法院认为，墨西哥政府对侵犯受害人的如下权利负责：自由权、人格完整权和法律地位；身心完整；对家人的司法保障和保护。法院还认为，先前审理该案的军事法院未能尊重国际法（尤其是《美洲人权公约》）确立的正当程序标准。①

判决还要求美洲人权法院监督墨西哥政府执行判决的内容，其中包括在一年内提交政府遵守判决情况的进展报告。在此，有必要强调墨西哥最高法院院长提出的一项要求，该要求旨在讨论美洲人权法院对罗森多·拉迪拉一案判决的意义。这项要求标志着墨西哥最高法院处理美洲人权决定系统的方式发生了巨大变化。尽管罗森多·拉迪拉一案的判决指向的是墨西哥政府，但作为领导联邦司法机构的最高法院开始审议并界定有关美洲人权法院判决在国内层面应承担的义务和责任所具有的范围与限制。

基于这种考虑，最高法院以绝对多数票判定，尽管没有收到行政部门履行法院判决义务的明确通知，但他们在履行各自义务时无需与墨西哥政府其他部门进行协调。实际上，最高法院的判决支持法律世界主义，至少涉及美洲人权法院的裁判时是如此。

从本案开始，考虑到墨西哥政府对美洲人权法院管辖权的限制、对《美洲人权公约》和《美洲国家关于人员强迫失踪公约》的保留以及与之相关的解释性声明以及根据本案判决所承担的其他义务，墨西哥最高法院开始分析如何阐明它们与美洲人权体系的关系。

墨西哥最高法院慎重考虑：①国内立法与国际人权法之间的关系；以及②国内下级法院与国际法院之间的关系。

在涉及国内立法与国际人权法的关系时，墨西哥司法机构面临"法律主权主义"和"法律世界主义"方法之间的困境，在这种困境中，人们似乎选择后者，从而为司法机构作为传播国际人权标准的重要角色铺

---

① Rosendo Radilla Pacheco et al v. México, Case 2009 Inter-Am. Ct. H.R., Nov. 23, 2009.

平道路。考虑到这种解释在同一个最高法院过去和现在都备受争议，注意到这一点尤为必要。^①另一方面，在涉及国内下级法院与国际法院之间的关系时，这些变化标志着最高法院采取一种新的方法，旨在调整并界定一种在国内层面接受国际人权法的合法路径。这种趋势的一个很好例证是允许下级法院进行"扩散性常规审查"（diffuse conventionality review），从而改变司法机构在宪法判决中的层级组织关系。

如今，墨西哥司法机构面临的法律挑战涉及其新发现的"世界主义"人权方法。^②显然，这是一个过渡阶段，但最高法院对该转型过程享有最终发言权。

在罗森多·拉迪拉案判决之前，盛行的主权主义法律方法优先考虑国内法，尽管存在墨西哥已经批准大量的多边条约这一事实。突出的例证是，在2000年初，为了回应1970年代左派反对党发起的"肮脏战争"（Dirty War）中出现的人权侵犯行为，最高法院参考的是作为《联邦刑法典》一部分的《强迫失踪法案》，而没有提及墨西哥政府已经批准的《美洲国家关于人员强迫失踪公约》。

在罗森多·拉迪拉案之后，墨西哥联邦法院的判决被归类为执行国内立法和最高法院先例与遵守国际法之间的一种微妙平衡。注意到以下这一点非常必要：即使在2011年6月有关人权问题的宪法改革被颁布之前，人们已经观察到这种趋势的存在。

这项改革本质上是推动国际人权规范与墨西哥宪法具有同等地位。正如前述，这种转向最明显的例证是最高法院院长就拉迪拉一案的判决所提出的协商。实际上，最高法院对待国际人权标准的方法在国内法的改变之前就已经完全出现。这种变化最明显的证据是最高法院的第912/2011号判决，在该判决中，最高法院不仅指出它与美洲人权法院之间的外部关系，

---

① 在2013年9月3日，墨西哥最高法院作出一项决定，在墨西哥宪法与国际条约存在冲突的案例中，宪法具有优先地位。从该决定中，我们可以清楚地看出，从主权主义法律文化转向国际主义法律文化是一个备受争议的过程，这场争论才刚刚开始。

② Roger Cotterrell, "Why must legal ideas be interpreted sociologically?" *25-2 Journal of Law and Society 171*, 1998, p.192.

而且指出它与下级法院的法官和治安法官之间的内部关系。

在重塑与美洲人权法院之间的关系时,墨西哥最高法院承认美洲人权法院针对墨西哥作出的所有裁判具有强制性,而且接受美洲人权法院的判例对墨西哥司法机构具有选择性指导意义。

在国内,最高法院判定,拉迪拉一案的判决产生了不同类型的行政和司法挑战,它们包括:(1)下级法院采用国际人权法作为先例的能力;(2)军事管辖权的范围。就前者而言,法院判定,所有的联邦和地方司法机构都可以采用《美洲人权公约》作为基准对国内法进行"常规"审查,这就意味着,那些与《美洲人权公约》不相一致的法律不具有可适用性。就后者而言,最高法院拒绝在人权案例中适用军事法,它阐述到,本国所有法院应该根据《美洲人权公约》来解释《宪法》第13条(该条确立了军事管辖权)和《军事司法法典》第57条。这种解释将成为一项重要的法律基准。

由于人权法律保障模式的改变,墨西哥最高法院在涉及规范保护过程中的国际责任时面临两大困境:国内执行(如主权)与超国家解释之间的紧张关系以及支持多边规范胜过国家主权的权力分立原则已在国内遭到大量抵制。

(三)美国:来自内部的人权保障模式

美国联邦最高法院与人权问题中所承担的规范保护国际责任之间的关系可以被界定为一种"来自内部的人权"模式。由于意识形态原因,大多数联邦最高法院的大法官都将依赖外国和国际法视为对民主主权和司法责任的一种削弱。因此,它对国内问题适用国内法,对国际人权问题也适用国内法,但遵循"万民法"(Law of the Nations)的要求。①

如前所述,美国人权政策的国内和国际适用之间存在紧张关系。国际主义者倡导将多边规范和条约融入国内法,但主权主义者认为国家主

---

① 万民法理念指的是源于18世纪的一些惯例、规范和条约,它们已被国际社会视为"正当"行为的标准。

权优先于国际合作。尽管美国在 1948 年颁布《世界人权宣言》时发挥了主要作用,但它在冷战期间的作用表明美国几乎没有承诺遵守这些规范。唯一的例外是卡特政府,该政府将人权提升为一项重要的国际事业,尤其是在拉美。

在冷战结束后,美国的外交政策发生了变化,但它对待人权的双重态度仍然继续,这很可能是因为美国参议院拒绝批准各类人权条约。在"9·11"事件之后,这种状况进一步恶化,此时,国家安全成为美国最优先考虑的事项。

即使美国人权运动致力于"将人权带回家"(也就是,将国际人权标准融入国内法),但这项倡议从来没有强大到足以改变现状。很多美国法学家(当然绝大部分是联邦最高法院的大法官)倾向于认为,将国际法融入美国法律体系是对民主主权和司法责任的一种削弱。正如大法官安东尼·斯卡利亚(Antonin Scalia)评论的那样,"美国法律应该符合世界其他地方的法律这一命题所依赖的基本前提应该立即被拒绝"。将此视为一个全有或者全无等式后,斯卡利亚大法官又诉求一种反证法(reductio ad absurdum):"联邦最高法院要么公开表示愿意根据外国人的观点重新考虑所有问题,要么就停止将外国人的观点视为自己判决合理依据的一部分。当外国法与人们的思维相一致时就表示接受,但在其他方面又予以忽视,这不是一个合理的决策,而是诡辩。"[①]

由于采用这种司法原则,美国国内的人权保障从来没有像其他国家一样公开接受外部审查。通过基于国内法——主要是《外国人侵权法》(*the Alien Tort Statute*)——提起的诉讼,联邦法院承认并由最高法院批准某些国际规范,来弥补外国人权受害者在一些国家免遭不同于美国的人权侵犯行为。这种"来自内部的人权"方法一直饱受争议。

采用《外国人侵权法》确认在美国之外实施的人权侵犯行为所承担的公民责任是承认国际保护责任的一个转折点。《外国人侵权法》首次在菲拉尔蒂加诉佩纳·伊拉拉(Filartiga v. Peña Irala)一案中被用作一项

---

① Roper v. Simmons, 112 S.W 3.d 397, affirmed 2005.

人权工具，①随后在很多案例中被采用，如基欧贝尔诉荷兰皇家石油公司（Kiobel v. Dutch Petroleum）案。②图2—3所示是联邦最高法院采用《外国人侵权法》的一些重要里程碑。

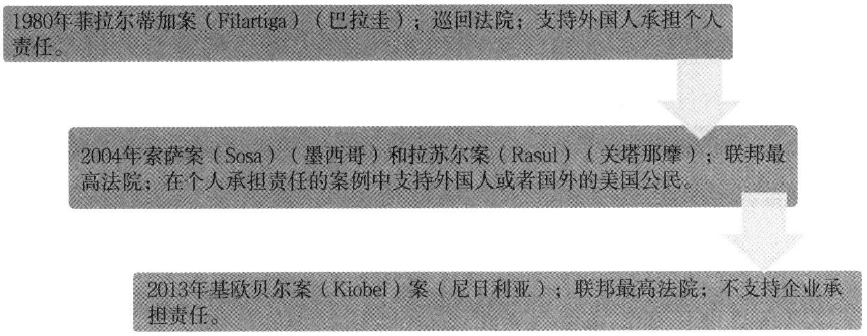

> 1980年菲拉尔蒂加案（Filartiga）（巴拉圭）；巡回法院；支持外国人承担个人责任。

> 2004年索萨案（Sosa）（墨西哥）和拉苏尔案（Rasul）（关塔那摩）；联邦最高法院；在个人承担责任的案例中支持外国人或者国外的美国公民。

> 2013年基欧贝尔案（Kiobel）案（尼日利亚）；联邦最高法院；不支持企业承担责任。

图2—3 美国有关人权侵犯行为的司法判决

美国司法机构对这些问题的判决是"来自内部法律保障的人权"方法的典型例证。美国法院是在一种现代情境中考虑"万民法"，从而承认保护人权规范的国际责任，但这种保护以国内法为基础，也就是1789年《外国人侵权法》（28 U.S.C. § 1350）。

实际上，适用这项法案表明的是在国内管辖权和普遍管辖权之间进行选择，允许美国司法机构基于承认国际保护责任规范而起诉与美国相关联③或者生活在美国的另一个国家的公民，从而表示对他们反人类或侵犯人权行为的不满。在20世纪后半叶，正如很多评论者注意到的那样，很多法院开始援引《外国人侵权法》作为人权法的渊源。出现这种情况的转折点就是卡特政府时期的菲拉尔蒂加诉佩纳·伊拉拉（Filartiga v. Peña Irala）一案（1980年）。

本案涉及的当事人是多利·菲拉尔蒂加（Dolly Filartiga）和乔

---

① Filartiga v. Peña Irala, 630 F.2d 876 2d. Cir., 1980.
② Kiobel v. Royal Dutch Petroleum Co., 133 S.Ct. 1659, 2013.
③ "与美国相关联"的外国公民指的是与美国具有"密切关系"的人，例如，那些在美国境内做生意的个人或企业。

尔·菲拉尔蒂加（Joel Filartiga），他们是巴拉圭一位医生的两个孩子，这位医生为贫穷的病人服务，并直言不讳批评斯特罗斯纳（Stroessner）独裁政权。当菲拉尔蒂加医生外出出诊时，一个武装团伙破门而入，然后实施绑架、酷刑并杀害了他的儿子乔尔。尽管菲拉尔蒂加试图寻求对这次谋杀的司法救济，但巴拉圭的司法体制甚至无法对本案展开适当调查。

1979年，多利·菲拉尔蒂加生活在美国华盛顿特区，她发现乔尔的谋杀者之一亚美科·佩纳·伊拉拉（Americo Peña Irala）也生活在纽约的布鲁克林。菲拉尔蒂加夫妇立即向宪法权利中心（Center for Constitutional Rights）寻求法律咨询意见，该中心根据《外国人侵权法》对佩纳提起诉讼。①

《外国人侵权法》规定，地区法院对外国人因违反万民法或美国批准的条约所实施的侵权行为因承担民事责任而提起的所有民事诉讼都享有原初管辖权（28USC§1350）。在经过几次上诉之后，哥伦比亚地区第二巡回法院恢复对本案的诉讼，并对所主张的人权侵犯行为是否违反万民法进行辩论。最终，巡回法院承认酷刑确实违反万民法，并判定向菲拉尔蒂加家人赔偿1000万美元。

本案判决在美国有关国际人权问题的联邦法律中是一个重要转折点。基于菲拉尔蒂加一案的判决，外国人和美国公民（甚至包括公共官员和私人代理人）纷纷提起一些有关国外实施的侵犯人权（尤其是恐怖主义战争期间实施的酷刑②）的诉讼。

就像正义与责任中心（Center for Justice and Accountability）注意的那样，③在涉及《外国人侵权法》的案例中，不同的法律方法已经被采用：（1）个人责任：外国人对外国人在其他国家实施人权侵犯行为，但他们

---

① Center for Constitutional Rights [CCR] Filartiga v. Peña Irala, http://ccrjustice.org/ourcases/pastcases/fil%C3%A1rtiga-v.-pe%C3%B1-irala, available on August 15th, 2013.
② 典型的例证可以参见Rasul v. Bush, 542 U.S. 466., 2004.
③ 具体参见The Center for Justice & Accountability [CJA], The Alien Tort Statute. A means of redress for survivors of human rights abuses, http://www.cja.org/article.php?id=435, available on Aug. 15th, 2013.

现在生活在美国,如菲拉尔蒂加案。(2)政府责任:由美国官员对其他国家(或者诸如关塔那摩那样的地区)的当事人实施的人权侵犯行为,如拉苏尔诉布什(Rasul v. Bush)案(2004)。① (3)企业责任:例如,迪尤诉优尼科(美国石油公司)(Due v. Unocal)案②(2009)和基欧贝尔诉荷兰皇家石油公司案③(2013),在这两个案例中,企业被指控参与针对外国(分别是缅甸和尼日利亚)公民的人权侵犯行为。

第一种方法得到Sosa v. Alvarez Machain一案④(2004)的确认,该案判定,《外国人侵权法》授权联邦法院审理有关"普遍接受的国际法规范"的案例。第二种方法由拉苏尔诉布什案(2004)所确立,它涉及美国官员在美国之外对外国人实施人权侵犯行为,该案判定,美国司法系统有权决定关押在关塔那摩湾的非美国公民是否被错误地拘留。第三种方法(企业责任)由基欧贝尔诉荷兰皇家石油公司案(2013)所确立,该案拒绝接受原告的诉讼请求,即企业对发生在美国之外的人权侵犯行为承担国际责任。法院的主要观点是,《外国人侵权法》在本案中并不适用治外法权(extraterritoriality),因为它没有具体确认这项权利。

正如很多人总结的那样,联邦最高法院支持采用国际人权规范,如果它们在法律中被明确规定的话,但涉及企业责任的案例除外。换句话说,这些案例必须"触及和关注"(touch and concern)美国,以便由美国联邦司法系统予以审理。

第四节 非洲人权和民族权法院与南非人权司法保障

一 非洲人权和民族权法院

非洲人权和民族权法院(the African Court on Human and Peoples' Rights)

---

① Rasul v. Bush, 542 U.S. 466., 2004.
② Doe v. Unocal, 395 F.3d 932, 9th Cir. 2002.
③ Kiobel v. Royal Dutch Petroleum Co., 133 S.Ct. 1659, 2013.
④ Sosa v. Alvarez-Machain, 542 U.S. 692, 2004.

（后文简称"非洲法院"）对于非洲大陆建立一个连贯且有效的人权保护系统至关重要。它不仅对《非洲人权和民族权宪章》（*the African Charter on Human and Peoples' Rights*）（后文简称"非洲宪章"）所确立的现有结构、而且对尊重《非洲人权和民族权委员会》（*the African Commission on Human and Peoples' Rights*）（后文简称"非洲委员会"）所保障权利的原有控制机构起到巩固和补充作用。

在非洲大陆建立一个连贯的人权保护系统是对发展地区人权保护系统这场更广泛的国际运动的一种呼应。这场运动始于1950年通过的《欧洲人权公约》及随后建立的欧洲人权法院，以及1969年《美洲人权公约》的生效及其随后建立的美洲人权法院。非洲人权保护系统的迟延建立主要是1970年代和1980年代的政治社会环境所致，这一阶段以如下事实为标志：一些国家领导人更关心如何行使国家主权原则来掩盖本国发生的人权侵犯行为，而不是建立超国家人权保护系统。尽管如此，这种迟延因非洲人权保护文件的通过以及这些新标准所保障的人权机构的确立而填补。

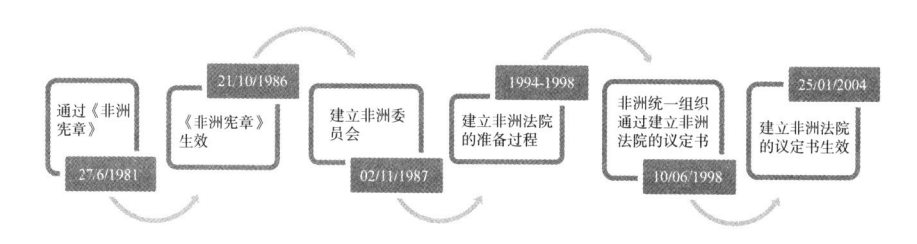

图2—4 建立非洲人权保护系统的时间表

（一）非洲人权和民族权法院的构成

有关非洲法院构成的相关信息可见于《非洲人权和民族权宪章关于建立非洲人权和民族权法院的议定书》第11—24条的规定。

1. 法官

2004年4月5日由非盟委员会（非盟秘书处）向非洲法院缔约国（也就是那些批准议定书的国家）发出的口头说明坚持认为，非洲法院的道德权威、可信度和声誉在很大程度上取决于它的构成。

非洲法院由 11 名当选法官组成,任期 6 年,可以续任一次。尽管如此,法官们会一直任职到被替换为止。如果离任日期在案件被审理期间,相关法官将继续任职到本案终结为止。

非洲法院不能包括具有同一国籍的两名以上(含两名)的法官。法官们(院长除外)从事的是兼职工作,可能受到非盟国家元首和政府首脑会议的修正。议定书的起草者专门讨论过全职法官的问题,他们注意到,如果这种选择获得通过,法官的数量将因经济原因而缩减到 7 名。考虑到非洲法院可能受理的案件量,经验将证明这种法官兼职模式是否有效。例如,欧洲委员会在 1998 年作出了一项政治选择,通过第 11 议定书将欧洲人权法院转变为一个常设司法机构。

(1)提名和选举

非洲法院的缔约国可以提名候选人,非盟执行委员会选举非洲法院的法官,然后,选举必须得到非盟国家元首和政府首脑会议批准。

首先,议定书规定的缔约国提名候选人。《非洲人权和民族权宪章关于建立非洲人权和民族权法院的议定书》的每个缔约国可以提名 3 名法官候选人,其中有两名必须是本国公民。候选人必须具备"高尚的道德品质,公认的实践、司法或学术能力,以及在人权和民族权领域的丰富经验"(议定书第 11.1 条)。

缔约国有义务确保法官之间充分的性别代表(议定书第 12.2 条)。为了达到这个目的,非洲法院联盟(作为国际人权联盟的一个成员)建议缔约国在每次新的选举中提名法官候选人时至少包括一名女性。

根据议定书第 11.2 条的规定,缔约国还必须确保法官的构成要平衡地域分配和主要法律体系的代表(如大陆法系、普通法系、伊斯兰权利和风俗以及非洲习惯法等)。

为了满足这些标准,非洲法院联盟号召所有的议定书缔约国在法官提名之际都提交候选人名单。为了确保这些标准的成功实现,非盟委员会在 2004 年 4 月的一份口头说明中要求缔约国鼓励公民社会参与候选人的选择过程,其中包括司法机构和其他国家机构、律师协会、学术组织、人权和妇女团体等。

其次，非盟成员国选举法官。尽管只有那些批准议定书的国家可以提交法官候选人名单，但所有的非盟成员国都享有投票权（议定书第14.1条）。非盟决定选举法官的方式要确保与国内候选人提名程序所要求的方式具有同样的代表性标准：在男女之间公平分配，法官构成具有地域公平性，不同法律体系具有充分代表性。

非盟委员会在2004年4月5日的一份说明中提出，最终的法官地域分配如下：西非3名，中非2名，东非2名，南部非洲2名，北非2名。为了实现这种分配，非洲法院联盟在选举期间要鼓励缔约国从那些尚未批准议定书的国家选择一位非本国国民。在实践中，非盟执行委员会（由成员国外长组成的决策机构）从缔约国提名的候选人中选举法官。选举结果必须获得非盟国家元首和政府首脑会议批准。

最后，提名和选举法官的标准。非政府组织对缔约国提名法官候选人以及非盟选举法官的过程实施监督，以便它们满足议定书所设定且由非盟口头说明所要求的严格标准，这一点至关重要。实际上，对非洲法院首任法官的提名和选举过程实施的监督表明了一些缺陷，主要包括：缔约国在提名法官候选人的过程中缺乏公民社会的参与或协商；在缔约国提交的21位候选人名单中，只有8位享有人权领域可证实的经验；缺乏公平的性别分配。2006年1月在苏丹首都喀土穆（Khartoum）举行的非盟国家元首会议选举产生的11名法官中只有两位女性。

（2）独立性

议定书第17—19条以一种类似于欧洲人权法院和美洲人权法院章程相关规定的方式确保司法独立。

在任期内，法官享有一种根据国际法授予外交人员的特权与豁免权。他们在任何时候（即使任期结束之后）都不能因为履行工作职责期间的投票或发布的意见而被起诉。法官的职责与任何其他影响独立和公平要求的活动都不相容，换句话说，法官不能同时兼任部长、国务卿或外交代表。而且，如果法官不再符合这些要求，就会考虑中止或撤销程序。

法官不应该以任何其他身份参与案件审理，例如，代理人、顾问、一方当事人律师、任何国内或国际法庭的成员、调查委员会成员等。尽管如此，非洲法院与另外两个地区法院在如下问题上存在不同：法官不能审理涉及其国籍所在国或者选任其担任法官的国家（需要提醒的是，某个国家可以提名一位外国法官）有关的案例。在美洲人权保护系统中，相关国家可以任命一位临时法官来审理案件，如果该国在法院没有常设法官的话。在欧洲系统中，来自本国的法官将自动参与案件审理。

表2—3　　　　　　　三个地区法院有关法官地位的比较

	非洲人权和民族权法院	欧洲人权法院	美洲人权法院
法官	因个人能力而当选的非盟成员国国民	因个人能力而当选的《欧洲人权公约》缔约国国民	因个人能力而当选的美洲国家组织成员国国民
法官数量	11	45（与缔约国数量相同）	7
法官构成标准	公平的地域分配；公平的主要法律体系代表；充分的性别代表	无特别标准	无特别标准
法官任期	6年，可续任一次	6年，可续任	6年，可续任一次
法官选举方法	由非盟国家元首和政府首脑会议选举产生	由欧洲委员会议会选举产生	由美洲国家组织大会公约的缔约国选举产生
法官任职	法院院长永久任职，其他法官固定任期	永久任职	法院院长永久任职，其他法官固定任期

（3）法院院长

法官们将自己选举产生一位院长和副院长，任期两年，可续任一次（议定书第21.1条）。与其他法官不同的是，院长将全职履行自己的义务。议定书有关院长和副院长的义务规定较为模糊，即"这些义务由《法院规则》予以界定"（议定书第21.3条）。后者在第11条规定，法院院长的职责包括：代表法院；指导法院行政事务；促进法院活动；准备法院向非盟国家元首和政府首脑会议提交的年度报告。因此，法院院长具有一种非常重要的机构角色和代表授权。最后，法院院长主持法院会议。

2. 登记处

司法常务官（registrar）由法院从非盟成员国国民中任命产生（议定

书第24.1条)。《临时法院规则》阐述到,司法常务官职位的候选人应该享有最高的道德权威,具备履行职责所需要的法律、行政、语言知识和经验。司法常务官任期5年,可以续任。

司法常务官的职责由《临时法院规则》第25条界定,主要包括:保留一般的案例清单;畅通与法院进行来文的常规渠道;向当事人寄送诉状复印件;建立法院开庭记录;根据法院需要提供翻译和解释;打印和发布法院的判决、咨询意见和命令;准备法院的预算草案;维持法院与非盟委员会各个部门和非盟机构之间的关系。

在其他地区系统中,法院通过秘密投票选举产生司法常务官。在欧洲和美洲,候选人应该具备最高的道德品质,拥有履行职责所需要的法律、行政、语言知识和经验。司法常务官协助法院履行职责。他/她在法院院长的授权下负责登记处的组织和活动。他/她保留法院记录,并充当与法院之间相互来文和通知的中间人。例如,司法常务官负责通知法院判决、咨询意见和其他法院决定的当事人。司法常务官在履行职责保密义务的前提下回应有关法院活动的咨询,其中包括媒体咨询。

在欧洲和美洲系统中,登记处工作人员在得到法院院长或司法常务官同意的情况下分别由欧洲委员会秘书长和美洲国家组织秘书长进行任命。在非洲系统中,法院任命登记处的其他官员。法院也可以经由院长同意授权司法常务官履行这项职能。与其他地区系统不同的是,《临时法院规则》第13条规定,就这些任命而言,法院成员必须尽可能确保充分的性别代表、主要法律体系代表和公平的地域分配。

(二)非洲人权和民族权法院的功能

有关非洲法院管辖权的相关规定可见于《非洲人权和民族权宪章关于建立非洲人权和民族权法院的议定书》第3、第4和第9条。

1. 建议

涉及非洲宪章或者其他任何相关人权文件的任何法律问题,非洲法院都可以提出意见。它可以在非盟成员国、非盟任何机构(例如,国家元首和政府首脑会议、国会或者经济、社会和文化委员会)或者非盟承认的某个组织（例如，西非国家经济共同体）的要求下提供意见。

为了澄清这种权限，人们可以参考非洲委员会，它的功能也是就任何促进和保护人权之文件相关的问题提供自己的意见。非洲委员会已经反复行使这项权力。例如，在2006年6月，联合国人权委员会通过了《联合国土著居民权利宣言》。该宣言文本本来应该由联合国大会于当年通过，但是，非洲团体对宣言某些规定的措辞表示担忧。2007年1月在埃塞俄比亚首都亚的斯亚贝巴（Addis Ababa）举行的一次峰会上，非盟国家元首确认他们打算推迟通过《联合国土著居民权利宣言》的文本，以便获得非洲委员会的修正意见。非洲委员会针对宣言的规定提出了一份法律意见并于2007年5月在加纳首都阿克拉（Accra）举行的会议中公布，该意见对非洲团体的担忧逐条作出回应。

非洲法院和非洲委员会之间就法律意见的提供不存在管辖权冲突。根据议定书的规定，法院可以受理出具咨询意见的请求，条件是该意见的对象与委员会有待解决的某项请求无关（议定书第4条）。

在法院受理出具咨询意见的请求之后，它会将请求副本立即寄送非洲委员会。法院还会通知缔约国以及任何可能对该请求要点提供书面评论的其他具有利害关系的单位。如果法院这样决定的话，它也可以根据相关规则举行听证会。这种情况下提出的意见是公开且被证实的。

2. 裁判或仲裁

当有关指控缔约国侵犯宪章权利或者任何其他人权保护文件（有关当事国已经批准该文件）的诉状被提交法院后，法院会对该案作出判决或者尝试协商解决。

（1）法院的诉讼管辖权

法院具有两种诉讼管辖权：对解释或适用非洲宪章之规定或者缔约国批准的其他人权文件所涉及的任何问题作出判决。通常，这种双重管辖权是累积行使的，也就是，为了判定某个缔约国是否正确地适用非洲宪章所捍卫的权利，法院将对宪章的某些规定作出解释。实际上，法院可能被要求对某些规定进行说明、阐述和论证，这些规定的措辞可以公开解释、进而指导法院对案件的是非曲直作出判决。

非洲委员会的判例再次表明法院解释权的重要性和价值。非洲委员会（和法院一样）可以受理来自非政府组织和个人的来文，如果他们已经穷尽国内救济途径的话。非洲委员会基于如下事实证明这项规定具有正当性：政府必须首先被告知人权侵犯行为，以便在国际法院开始审理该案之前解决这些问题。但是，在实践中，相关问题可能被迅速提交非洲委员会，原告在此表明国内法院的诉讼程序是不可能的，因为它缺乏司法独立，反对特赦法律，过度延长诉讼过程，申请人流亡等。因此，非洲委员会已经解释这项规定并阐述到，穷尽国内救济途径的条件是有效的，只要这些救济途径存在、具有司法性质、具有有效性、而且不依赖公共权威部门的自由裁量权。

欧洲人权法院和美洲人权法院也承认这种解释权。它被反复用来阐明某项权利的范围，然后判定某个缔约国是否已经侵犯了这项权利。例如，在普雷蒂诉英国（Pretty v. United Kingdom）一案的判决中，欧洲法院认为，《欧洲人权公约》第2条规定的生命权并不包含一种否定方面，因此，它不应该被解释为赋予一种完全相反的死亡权。

欧洲人权法院在其判决中反复提醒到，《欧洲人权公约》不是一个只能基于字面解释的枯燥文本，而是一个"根据当下活的条件进行解释的活文件"，而且，对人权和基本自由保护日益增长的需求相应且不可避免地要求在评估侵犯民主社会基本价值的行为时更加坚定。最后，议定书规定，如果对法院是否享有管辖权产生争议，由法院决定。

（2）法院的"外交"管辖权

当法院被要求对缔约国侵犯人权的行为进行审理时，法院可以尝试对案件进行友好协商解决（议定书第9条）。因此，在司法诉讼过程中（无论是在审查案件是否可以被受理之际，还是在案件被裁判期间），法院都可以尝试在争议的当事人之间达成一致，结果不仅使双方当事人满意，而且符合非洲宪章的规定。这就意味着，双方达成的一致并没有侵犯非洲宪章捍卫的权利。

非洲委员会的做法再次有助于理解这种权限的关键路径。当非政府组织或者个人因缔约国侵犯非洲宪章规定的权利而提交来文之后，非洲委员会有时会按照宪章的授权尽力找到一种友好的办法来协商解决争端。例如，在人权捍卫协会诉吉布提（Association for the Defense of Human Rights v. Djibouti）（来文号133/94）一案中，一位当事人提到，吉布提政府军在战区内同恢复统一民主阵线（Front for the Restoration of Unity Democracy, FRUD）对峙时严重侵犯阿法尔（Afar）族群成员的权利。一旦非洲委员会宣称可以受理来文，各方都会警告说，吉布提政府正在签署一份议定书，进而维护平民伤亡、难民和因冲突而流离失所者的诉求，而且，政府强烈鼓励这一进程。最后，一旦议定书被签署，原告会要求非洲委员会留意各方达成的一致意见。非洲委员会将基于当事人达成的和解而终止程序，并就案情本身作出决定。

欧洲人权法院（《欧洲人权公约》第38.1.b和第39条）和美洲人权法院（《法院规则》第53条）也采用这种友好解决冲突的程序。

3. 解释或修改判决

非洲法院可以解释判决的执行情况。在发布案件判决之日起12个月内，任何案件的相关当事人都可以请求法院进行解释（议定书第28.4条和《法院规则》第66条）。如果法院被请求作出解释，它会邀请案件的其他当事人提交他们的评论意见。而且，由审理本案的原有法官对当事人的申请进行评估。除非法院另有决定，否则的话，提出解释申请不得中止判决的执行。

如果发现案件判决时未能获知的证据，任何当事人都可以申请法院对判决重新审查。这种申请必须在当事人知道被发现的证据之时起6个月内提出（《法院规则》第67条）。案件的任何当事人都可以进行评论。除非法院另有决定，否则的话，申请修改判决不得中止判决的执行。

二　南非的人权司法保障

如果1994年之前的南非存在一种最重要的特征，毫无疑问，那就是对大多数人缺乏人权保护。通过政治、宪法和立法手段，种族隔离政府能够维持一个缺乏尊重人权的国家。就政治和立法而言，这一点主要通过确立种族隔离和歧视的法律和政策，以及通过剥夺大多数公民的权利来实现。就宪法层面而言，它通过早在1910年制定的国家宪法予以体现，直到1994年和新的宪法制度确立。在这84年期间通过和采纳的所有三部宪法存在两个共同的典型特征：第一，它们否认绝大多数南非人享有基本权利，尤其是选举权；第二，没有一部宪法包含权利法案。尽管如此，在1990年代早期，一系列的事态发展导致一种新的政治和宪法制度。这些发展最重要的宪法结果是颁布了1993年临时宪法和最终的1996年宪法，两部宪法都包含权利法案。

接下来将阐述南非过去20多年在保护和促进人权方面付出的巨大努力。这就意味着要充分理解南非宪法和宪法制度以及法院（尤其是宪法法院）的作用。所有这些背景都有助于促进对南非的进步进行有效评价，并识别成功维持1990年代早期宪法承诺确认的人权文化所面临的挑战和经验教训。

（一）宪法的作用

通过宪法保护人权之意图首先由1993年临时宪法的起草者们在20多年前提出，它不仅包括一份权利法案，而且在宪法序言中重申这一意图。宪法序言强调"建立如下新秩序的必要性：所有南非人都能够享有并行使自己基本的权利和自由"。在1996年《宪法》序言中，如下意图被再次重申："消除过去的分歧并基于民主价值、社会正义和基本人权建立一个新社会是宪法的目标之一。"[①] 1996年《宪法》第1条进一步强调上述意图，它将"人的尊严、实现平等以及促进人权与自由"列为南非共和国作为主权民主国家的价值。[②]

宪法的其他条款也反复提及这些价值，例如，《宪法》第7条第1款将权利法案描述为"南非民主的基础，它将本国所有人的权利奉为神圣并确认人的尊严、平等和自由的民主价值"；《宪法》第36条还规定，"权利法案中列举的权利只能受制于法律的普遍适用，而且这种限制在以人

---

① 参见Preamble to the Constitution of the Republic of South Africa (1996).
② 参见the Constitution of the Republic of South Africa (1996), Section I.

的尊严、平等和自由为基础的开放民主社会中具有合理性和正当性"。①《宪法》第 39 条第 1 款再次提到这些价值，它要求法院在解释权利法案时要"促进基于人的尊严、平等和自由的开放民主社会所依赖的那些价值"。在宪法的不同条款中反复提及这些价值说明它们在 1994 年之后新的民主秩序中具有中心地位并发挥着重要作用。更为重要的是，它确认了宪法所捍卫的新的民主秩序只能存在于一个保护和尊重人权的社会。

南非宪法的一个显著特征是它规定和保护经济和社会权利的程度。与之相反，很多其他宪法更加强调公民权利和政治权利，并往往忽视经济和社会权利。南非的权利法案不仅广泛保护这些所谓的经济和社会权利，而且它还规定这些权利具有可诉性。实际上，南非宪法法院在大量的重要案例中都判定，这些权利确实具有可诉性。②

基于上述讨论，我们可以看出，权利法案是南非宪法最为重要的特征之一。它不仅为人权保护提供了强大动力，而且也是实现人权的有力工具。然而，为了使这种人权保护具有可持续性，建立合理的执行机制是必要的，其中之一就是通过司法程序。

（二）法院的作用

南非法院在人权保护过程中发挥着至关重要的作用。它们采取的方式主要有以下三种：

第一，解释权利法案。《南非宪法》第 39 条规定："在解释权利法案时，法院或法庭：（1）必须促进基于人的尊严、平等和自由的开放民主社会所依赖的那些价值；（2）必须考虑国际法；（3）可以考虑外国法。"③

第二，行使立法权来解释立法并制定普通法规则。《宪法》第 39 条

---

① J. C. Mubangizi, "Building a Human Rights Culture in the Face of Cultural Diversity: Context and Conflict", 5 *African Journal of Legal Studies* 5, 2012, p.18.

② 具体参见 In re: Certification of the Constitution of the Republic of South Africa 1996 4 SA 744 (CC); Government of South Africa and Others v. Grootboom and Others 2000 (11) BCLR 1169 (CC); and Minister of Health and Others v. Treatment Action Campaign and Others 2002 (5) SA 703 (CC).

③ 参见 the Constitution of the Republic of South Africa (1996), Section 39(1).

第 2 款规定,"在解释任何立法以及发展普通法或习惯法时,每个法院或者法庭必须促进权利法案的精神、宗旨和目标"。这清楚地表明,法院的解释作用并不局限于宪法第 2 章的规定,而是延伸到任何立法。它还确认了法院在以促进权利法案的精神、宗旨和目标之方式来解释立法以及制定普通法或习惯法规则时应承担的宪法义务。换句话说,法院"被要求在立法和普通法中注入构成宪法基础的价值体系"。根据丹尼·布兰迪（Danie Brand）的意见,法院在宪法层面与现有法律相结合的这种权力是促进人权的一种极为重要的方式,尤其涉及普通法时更是如此。[①]

第三,行使审判权来解决旨在促进人权的国家措施所面临的挑战。通过行使审判权来解决旨在促进人权的国家措施所面临的挑战对社会和经济权利而言尤为明显。实际上,通过利用普通法和立法,南非宪法法院已经在大量开拓性的判决中积极并富有创造性地表明,社会和经济权利具有可执行性和可诉性。

南非宪法法院在保护人权中的作用和重要性无论怎么强调都不为过。作为最高法院,宪法法院排它性地处理所有的宪法问题,它是决定某个问题是否具有宪法性质的唯一法院。法院的作用极具重要性的一个方面体现在它对权利法案的解释、适用和执行。在发挥这种作用时,宪法法院是一个有助于促进人权的法律监督机构。自成立以来,宪法法院已经通过了大量具有创新性和里程碑意义的判决,它们与人权保护具有直接关联性。例如,在 S v. Makwanyane 一案中,[②] 宪法法院阐述到,宪法在过去和未来之间提供了一座历史性桥梁,过去是一个严重分裂的社会,它以斗争、冲突、不为人知的苦难和不公正为特征,而未来则建立在承认人权、民主与和平共处的基础之上。在本案中,宪法法院还强调宪法优先于公众舆论的重要性,并明确表示公众舆论不能替代法院解释

[①] D. Brand, "Introduction to Socio-economic Rights in the South African Constitution", in D. Brand and C. Heyns eds. *Socio-economic Rights in South Africa*, Pretoria University Law Press, 2005, p. 39.

[②] S v. Makwanyane, 1995 (3) SA 391 (CC).

宪法以及在没有恐惧或偏袒的情况下维护宪法条款的义务。① 在此，宪法法院指出，人权保护不能由国会（它的使命源自公众舆论和代表意见）来完成，相反，应该由法院通过宪法裁判来实现人权保护。在1995年Makwanyane一案中，宪法法院首次作出政治上极为重要但又备受公众争议的判决。法院判定，死刑与临时宪法捍卫人权的承诺不相一致，从而禁止政府对任何即将行刑的罪犯执行死刑。

在默罕默德诉南非共和国总统（Mohamed v. President of the Republic of South Africa）一案中，②宪法法院概括了一些与南非宪法规定的"权利法案的精神、宗旨和目标"之重要性以及它强加给国家"保护、促进和实现权利法案中的权利"之积极义务相一致的很多案例。③ 法院进一步指出，权利法案对所有国家机关都具有约束力，"确保宪法权利受到侵害的那些人获得适当救济"是法院应当承担的宪法义务。④ 本案的原告卡夫曼·默罕默德（Khalfan Mohamed）是一位坦桑尼亚国民，也是1998年美国驻达勒斯萨拉姆（Dar es Salaam）大使馆爆炸案中已经逃亡南非的基地组织嫌疑人。宪法法院判定，他不能被引渡到一个可能对其强加死刑的国家（美国），这与先前讨论的Makwanyane一案具有相关性。

在其他里程碑式的案例中，宪法法院也作出一些有关人权保护的重大声明，例如，南非共和国总统诉雨果（President of the Republic of South Africa v. Hugo）⑤、南非共和国政府诉格鲁特姆和其他人（Government of the Republic of South Africa v. Grootboom and Others）⑥、卫生部长等人诉治疗行动运动和其他人（Minister of Health and Others v. Treatment Action Campaign and Others）⑦、卡米歇尔诉安全保障部部长（Carmichele v.

---

① S v. Makwanyane, 1995 (3) SA 391 (CC), para. 88.
② Mohamed v. President of the Republic of South Africa, 2001 (3) SA 893 (CC).
③ Mohamed v. President of the Republic of South Africa, 2001 (3) SA 893 (CC). para. 59.
④ Mohamed v. President of the Republic of South Africa, 2001 (3) SA 893 (CC). para. 72.
⑤ President of the Republic of South Africa v. Hugo, 1997 (4) SA 1 (CC).
⑥ Government of the Republic of South Africa v. Grootboom and Others, 2001 (1) SA 46 (CC).
⑦ Minister of Health and Others v. Treatment Action Campaign and Others, 2002 (2) SA 721 (CC).

Minister of Safety and Security)[①]等。总而言之，自从成立以来，南非宪法法院已经作出成百上千起与人权保护具有特别关联性的判决。[②]而且，很多里程碑式的判决都涉及平等和社会经济权利。

（三）国际法的作用

在南非人权的国内保护中，国际法的作用至关重要，这一点得到宪法第39(1)(b)、第232和第233等条款的明确承认。根据第39条的规定，"在解释权利法案时，法院或者法庭必须考虑国际法"。[③]第232条规定，"国际习惯法在南非具有约束力，除非它与宪法或国会立法不相一致"。[④]而且，《宪法》第233条还规定，"在解释立法时，每个法院必须采取与国际法相一致的方式合理解释立法，而不是采取与国际法不一致的方式任意解释"。[⑤]显然，南非宪法已经充分规定了相关措施将国际法纳入国内法律体系。法院（尤其是宪法法院）将负责应对这一挑战。

在 S v. Makwanyane & Another 一案中，[⑥]宪法法院在废除死刑的同时多次参考国际人权文件和外国判例法。[⑦]南非共和国政府诉格鲁特姆和其他人是另一个宪法法院适用国际法的重要案例。在得出本案的结论时，宪法法院详细阐述了《经济、社会和文化权利国际公约》的相关规定。[⑧]它还考察了联合国经济、社会和文化权利委员会对住房权和"最低限度核心义务"之概念所展开的评论。[⑨]在 Bhe and Others v. Magistrate,

---

[①] Carmichele v. Minister of Safety and Security, 2001 (4) SA 938 (CC).

[②] 从1995年至今包含南非宪法法院有关判决的数据库，可以参见http://www.saflii.org.za/zalcases/ZACC/, available on 18 June, 2017.

[③] 参见the Constitution of the Republic of South Africa (1996), Section 39(1)(b).

[④] 参见the Constitution of the Republic of South Africa (1996), Section 232.

[⑤] 参见the Constitution of the Republic of South Africa (1996), Section 233.

[⑥] S v. Makwanyane & Another 1995 (3) SA 391 (CC); 1995 (2) SACRI.

[⑦] 例如，法院参考了《公民权利和政治权利国际公约》(para. 62) 以及美国联邦最高法院的判决Fuorman v. Georgia 408 U.S. 238, 1972, para. 40.

[⑧] Government of the Republic of South Africa v. Grootboom and Others, 2001 (1) SA 46 (CC), paras 27–29.

[⑨] Government of the Republic of South Africa v. Grootboom and Others, 2001 (1) SA 46 (CC), paras 29–33.

Khayelitsha and Others 一案中，① 宪法法院判定，《黑人管理法案》（*the Black Administration Act*）第 23 条和该法案实施细则（以及男性长子继承权规则，它规定非洲黑人妇女和儿童不能从其亲属中继承任何财产）违宪。在作出这样的判决时，宪法法院引用了《儿童权利国际公约》（1989年）第 2 条、《公民权利和政治权利国际公约》（1966 年）第 24(1) 条以及《非洲儿童权利与福利宪章》（1990 年）第 3 条的规定。就非婚生儿童而言，宪法法院参考了欧洲人权法院和美国联邦最高法院的判例。

法院适用国际人权法的其他案例还包括 S v. M，② 在该案中，宪法法院基于《儿童权利国际公约》的原则判定，每个司法官员在决定对儿童的主要监护人强加某种惩罚时需要考虑儿童的最佳利益。在霍夫曼诉南非航空公司（Hoffmann v. South African Airways）一案中，③ 宪法法院基于国际人权文件决定，拒绝录用携带艾滋病病毒的空乘人员是否合宪。而且，在 Mthembu v. The State 一案中，④ 宪法法院适当考虑《禁止酷刑公约》第 15 条的规定来解释《南非宪法》第 12 条具体规定的权利，并判定南非法律和国际法都明确禁止使用酷刑。

上述案例只是南非法院（尤其是宪法法院）适用国际人权法的一部分。因此，国际法在南非人权国内保护中的重要性再怎么强调也不为过。这种重要性必须放在南非令人不安的种族主义历史情境中予以考察，这段历史的特征就是严重侵犯人权。前述讨论已经表明，法院可以利用并且已经利用国际法和外国判例来作出重要的司法声明和里程碑式的法律判决。这种情形之所以具有可能性，那是因为南非宪法提供了充分的措施将国际法纳入南非国内法律体系。

由于人权具有普遍性，国际人权法对南非人权文化的发展发挥着至关重要的作用。因此，南非民主的到来不仅是因为结束了种族隔离，而且是因为提出了与国际人权法相一致的人权文化。国际人权法不仅被法

---

① Bhe and Others v. Magistrate, Khayelitsha and Others, 2005 (1) SA 580 (CC).
② S v. M, 2008 (3) SA 232 (CC).
③ Hoffmann v. South African Airways, 2001 (1) SA 1; 2000 (11) BCLR 1235.
④ Mthembu v. The State, 2012 (1) SACR 517 (SCA).

院采用，而且得到诸如国会、宪法机构和非政府组织的尊重。

（四）挑战与经验教训

有人争论到，贫困是最常见和最严重的人权侵犯。① 按照合乎逻辑的结论，这种争论意味着，贫困程度与人权侵犯程度具有直接的比例关系。尽管这是一种非常简单且并不必然准确的结论，但就南非的情形而言，它颇具有讽刺意味，因为南非比非洲大陆其他国家资源更为丰富，也可能更为富裕。这种情形通常被称为"因丰富而贫困"（poverty amidst plenty）。它体现为如下事实：尽管拥有丰富的资源和看似充满活力的经济，但南非具有世界上最不平等的收入分配，它的基尼系数（用于衡量不平等程度）在2011年达到了63.6%。② 根据2011年全国普查结果显示，白人家庭的收入平均而言是黑人家庭收入的六倍。③ 在这样一个社会中，不平等和歧视几乎不可避免，它造成的自然结果是侵犯社会经济权利以及拒绝公民自由。不幸的是，贫困问题（尤其在所谓的第三世界国家）还因其他因素变得更为复杂。这些因素包括：教育程度低，大量失业，糟糕的政治和经济政策，自然灾害，以及诸如艾滋病这样的流行病（这在南非尤为明显）。

南非人权保护的另一项挑战源自某些文化动力，这主要是考虑到在某些文化习俗和人权享有之间可能存在的冲突。在南非，以下惯例会侵犯或者可能侵犯人权：（1）女性割礼：或者被称为女性生殖器切割（FGM）；④（2）童贞测试：它涉及对一个女孩的生殖器进行物理检查，从

---

① 参见I. Friedman, "Poverty, Human Rights and Health", *South African Health Review*, 1999. p.2.

② 具体参见A. Hodgson, "South Africa - The Most Unequal Income Distribution in the World", *Euromonitor International*, 13 June 2012, available at: http://blog.euromonitor.com/2012/06/south-africa-the-most-unequal-income-distribution-in-the-world.html.

③ 具体参见Census 2011, http://www.statssa.gov.za/publications/P03014/PO30142011.pdf, available on 23 June, 2016.

④ 尽管女性生殖器切割礼原初并不是南非的一项风俗，它被认为是从其他非洲国家"引入"，但仍然有很多人相信，这种做法确实出现在南非的某些地方，它不再被认为是另一种外国风俗。

而确定她是否仍然还是一个处女;(3)"ukuthwala":它的字面意思是"带走",这是一种通过绑架来结婚的习俗,它涉及对一个女孩进行伏击或俘获,然后将其带回男孩家成婚;(4)婚前男方送给女方家的彩礼:它的意思是"新娘价格""新娘财富"或"嫁妆",通常由男方在结婚时交给女方的父母;(5)一夫多妻制:这是一项古老的习俗,意指一个男人可以同时拥有两个或更多的妻子;(6)长子继承权:它指的是由最年长的男性继承父母遗产的权利。

毫无疑问,这些文化习俗往往与宪法规定的人权规范相冲突。南非和其他非洲社会尤其如此,因为它们的文化和人权都享有重要的竞争性利益。在很多情况下,文化被用作一种借口或者替身来实施令人反感的传统习俗,结果导致对由此产生的相关人权侵犯行为表示默许。很多南非人认为,对这种人权侵犯行为的任何批评都是在抨击他们的文化。

在南非,人权保护的另一项挑战来自腐败。腐败和人权侵犯行为之间存在密切的关联性,有研究表明,在腐败盛行的国家,人权侵犯行为也非常猖獗。① 在这样的国家,任何有关人权保护的讨论都是毫无意义的。将国库中的钱占为己有、公共和私人部门中的贿赂、警察和其他执法机构的腐败、挪用公款以及政府权力在招投标或合同中的滥用等都是导致人权侵犯行为的很好例证。就南非的情形而言,尽管腐败程度不像很多其他非洲国家那么高,② 但仍然存在诸多引人注目的案例和事件表明,政府高层存在严重腐败行为。所有这些情形都对人权保护产生重大影响。尽管有人争论到,腐败本身并不侵犯人权,但不可否认的是,腐败鼓励歧视,剥夺弱势群体的收入,并阻止人们实现其政治、公民、社会、文化和经济权利。③

---

① J. T. Gathii, "Defining the Relationship between Corruption and Human Rights", *31 University of Pennsylvania Journal of International Law 125*, 2009, p. 136.

② 在2011年,南非的腐败印象指数(the Corruption Perceptions Index)在182个国家中位居第64位,具体参见Transparency International, http://cpi.transparency.org/cpi2011/results/, available on 18 June, 2016.

③ 参见International Council on Human Rights Policy, Corruption and Human Rights: Making the Connection (2009), http://www.ichrp.org/files/reports/40/131_web.pdf, available on 18 June, 2016.

与南非目前犯罪程度相关的消极后果也是一项挑战。人们通常认为，南非是世界上犯罪程度最高的国家之一。这种观点得到定期发布的犯罪统计的印证。例如，2012年4月的一份报告显示，在2011年3月至2012年4月期间，南非共发生15609起凶杀案件，这相当于每天有43起凶杀案件。与全球每10万人中有6.9起凶杀案的平均水平相比，南非的凶杀率是其4.5倍之多。① 毫无疑问，居高不下的犯罪率对南非公众的不安全情绪具有深远影响，这种情形显然与人权保护不相一致。可以这么说，考虑到目前南非刑事司法体制的现状，在可预见的未来，犯罪将继续是人权司法保护的重大挑战。

南非的经验给我们留下很多教训与启示。首先是宪法框架的重要意义以及权利法案的开创性本质。除了规定人们的权利并予以确认之外，权利法案还表达了这个国家所代表的核心价值。它持续提醒所有人，他们享有基本权利。它也是实现这些权利强有力的工具。正如前述，南非在过去20多年里已经合理地利用了这个工具。

另一个经验是将国际法纳入国内法律体系的重要性。正如前述，南非法院（尤其是宪法法院）在解释权利法案时已经融入国际人权法的原则与观点。当然，宪法法院在适用国际人权法的同时也承认南非历史的具体情境。②

毫无疑问，南非宪法法院在人权保护中发挥着至关重要的作用。宪法法院在利用自己的宪法权力时已经提出了很多引起世界关注的创新性判例，尤其是与社会经济权利相关的判例。宪法法院作出的许多重大决定对人们的生活产生了深远影响。我们无法回避的经验是，一个富有创造性、令人鼓舞和坚定的宪法法院对于人权保护至关重要。

---

① 参见South African Police Service Department of Police, Crime Statistics Overview, RSA 2011/2012, http://cdn.mg.co.za/contenUdocuments/2012/09/20/2012_Crime Statistics.pdf, available on 18 June 2016.

② 参见P. Andrew, "Incorporating International Human Rights Law in National Constitutions: The South African Experience", in R. Miller and M. Bratspies eds. *Progress in International Law*, Martinus Nijhoff, 2008, p.845.

总之，保护和促进人权是所有社会和所有国家都应该努力实现的目标。在国际层面，联合国已经建立了某些机制，并通过这些机制在全球范围内实现这项目标。就非洲地区而言，也制定了一些人权文件，如《非洲人权与民族权宪章》。在国内层面，南非拥有世界上最进步的宪法和权利法案。南非还拥有极富创造力的司法机构。显然，在过去20多年里，南非在促进和保护人权方面取得巨大成就。实际上，我们可以从南非的努力和成就中吸取很多经验。

当然，考虑所有这些因素之后，我们必须承认，为了充分实现人权，南非仍然存在和面临很多重大挑战。应对这些挑战需要所有南非公民、领袖和政治家、公民社会共同努力。在某种程度上说，它还需要人们关注如下问题：更为公平的社会和经济资源分配，减少犯罪和杜绝腐败，妥善解决文化权利与人权之间的相互作用，以及广泛的人权教育和公众意识。

或许，在南非和其他非洲国家，最为关键的问题在于，促进人权（尤其是社会经济权利）所面临的挑战特别具有相关性。诸如健康护理、食物、水、社会保障和教育等权利对于那些每天在贫困、无知和疾病中挣扎的人们来说意味着一切。所有这些权利在南非权利法案中都有规定。最值得称赞的成就就是充分实现这些权利。

第五节　日本国际人权司法保障

日本已经批准并加入由联合国主持通过的主要人权公约。一般来说，公约的缔约国可以自由地选择它们在国内履行公约义务的方式，选择直接接受公约的规定，还是通过立法、普通法或行政行为将公约规定转化成国内法由各个缔约国根据自己的宪法或惯例自行决定。

考察发达国家"作为缔约国报告组成部分的核心文件"表明，被批准的人权公约不会自动成为缔约国法律的一部分。在英国、加拿大和澳大利亚等普通法系国家，它们要求通过立法或行政措施将公约规定融入国内法；而在德国、法国与荷兰等大陆法系国家，公约规定被直接融入国内法，它们不需要转换成国内法规定。[1] 即使在那些大陆法系国家，也不是所有人权公约的条款而是自动生效的那些条款才可以在国内法院中直接适用。也就是说，那些非自动生效条款必须通过国内立法或行政措施来执行。在美国，正式批准的条约是本国最高的法律，与颁布的联邦立法具有同等效力，但是，美国在批准《公民权利和政治权利国际公约》时宣称，本公约第1—27条的规定不是自动生效条款，这就意味着，作为一个国内法问题，公约本身并没有创造在美国法院可以直接执行的权利。[2] 因此，为了能在国内执行被批准的人权公约，相关国家在必要的情况下最好也要采取适当的立法和行政措施。

尽管如此，除了诸如《消除一切形式种族歧视国际公约》（ICERD）第4(a)和第4(b)条款规定的某些义务之外，采取立法措施之义务并不具有强制性。根据大多数人权公约的规定，缔约国有义务采取"适当"或"必要"的措施。因此，日本断定，诸如《经济、社会和文化权利国际公约》《公民权利和政治权利国际公约》《儿童权利公约》（CRC）《消除一切形式种族歧视国际公约》和《禁止酷刑和其他残忍、不人道或有辱人格的待遇或处罚公约》（CAT）等人权公约没有要求采取任何立法措施。当然，这并不意味着，政府完全不愿意采取立法措施。如果政府觉得确有必要而且相应的政治和社会条件都已成熟，它通常会在批准或加入人权公约之后颁布或修改国内法律。例如，1999年修改《外国人登记法》（*the Alien Registration Law*）部分规定的法律最终废止了指纹识别系统。日本仅在批准人权公约之后才采取立法措施的主要原因在于，这些公约所保护的权利和自由很大程度上已经得到宪法或其他立法的充分保障。

---

[1] U.N. Docs. HRI/CORE/1/Add.5 (U.K.), para.132, HRI/CORE/1/Add.91 (Canada), paras. 137–138, HRI/CORE/l/Add.44 (Australia), paras. 175–177, HRI/CORE/1/Add.75 (Germany), para. 88, HRI/CORE/1/Add.17/Rev.1 (France), para. 93, HRI/CORE/1/Add.66 (Netherlands), para. 244.

[2] U.N. Docs. HRI/CORE/1/Add.49, paras. 134 and 138. CCPR/C/81/Add.4, para. 8. cf. Dubai Petroleum Co., et al. v. Kazi, 12 S.W. 3d 71 (2000 Tex.)

即使不存在国内执行人权公约规定的相关立法，有些人权公约仍然要求缔约国为公约承认的权利受到侵害的受害人提供有效的国内救济措施，理想的救济来自司法机构。例如，《公民权利和政治权利国际公约》第2(3)(a)和(b)条款要求各个缔约国"确保公约承认的权利和自由受到侵害的任何当事人都能获得有效救济"，而且要"确保主张这种救济的任何当事人之权利由胜任的司法、行政或立法权威来决定，并发展司法救济的可能性"。《消除一切形式种族歧视国际公约》第6条进一步规定，"缔约国应保证在其管辖范围内，人人均能经由国内主管法庭及其他国家机关对违反本公约侵害其人权及基本自由的任何种族歧视行为，获得有效保护与救济，并有权就因此种歧视而遭受的任何损失向此等法庭请求公允充分的赔偿或补偿"。

这些条款过去没有现在仍然没有要求缔约国只能通过独立的国内法院来确保有效救济，而是要求在获得有效类似救济的情况下优先考虑司法救济。① 尽管如此，就像《欧洲人权公约》第13条一样，这些条款至少要求，如果受害人提出一项合理指控（即这些公约所保障的权利受到侵害），他的主张应该由胜任的国内权威机构予以确定。② 而且，人权委员会第24号一般性意见认为，"如果缺乏相应的规定确保公约权利可以诉至国内法院，而且无法允许个人申诉依据第一任择议定书提交委员会，那么，公约保障的所有基本要素都被排除了"③。这就表明，在诸如日本这样一些尚未批准第一任择议定书的国家，确保公约权利在国内法院具有可诉性对于履行公约相关条款规定的义务至关重要。

考虑到国内法院对人权公约的解释与适用具有决定意义，接下来我们将分析国际人权公约规定的权利在日本国内实现的司法保障。

---

① M. Nowak, *U.N. Covenant on Civil and Political Rights CCPR Commentary*, N. P. Engel Publisher, 1993, pp. 58–59.

② F. van Dijk and C. van Hoof, *Theory and Practice of the European Convention on Human Rights* (2nd edn.), Deventer: Kluwer Law and Taxation Publisher, 1990, pp. 520–532.

③ Paragraph 12 of the Comment, Report of the Human Rights Committee: GAOR-Fiftieth Session Supplement No. 40 (U.N. Doc. A/50/40), p. 122.

一　人权公约作为诉讼理由在日本的法律效力和直接适用性

《日本宪法》第 98 条第 2 款规定，"日本缔结的条约及已确立的国际法规，必须诚实遵守之"。这条规定的含义被日本国内法院解释为，正式批准和颁布的条约应具有日本国内法的法律效力，无需任何额外的立法措施；但是，只有自动生效的条约条款才能在国内法院直接适用，非自动生效的条款需要立法或其他措施才能在国内适用。[①] 与美国不同的是，日本政府和国会都不曾宣称任何人权公约具有非自动生效性质。相反，有时政府在批准某项条约时，非常清楚地理解该条约可以在日本直接适用。[②] 然而，人权公约并不属于这类条约，因为就它们的规定而言，条款之间乃至公约之间都具有不同性质，例如，有些直接规定个人可诉讼的权利，而另一些则创设国家义务；有些要求对个人强加刑事处罚或行政制裁，而另一些则要求国家提供财政支持。因此，人权公约各项条款的直接适用必须由国内法院基于个案予以决定。

岩泽诚一郎（Iwasawa）指出，"国内法院适用的国际法规则本身必须精确和完整。国际法的直接适用还取决于它被援引的具体情境。在以下两种情形中：政府行为被宣称违法以及政府依赖国际法规则寻求积极行为，前者更容易采用直接适用。因此，同样的规则可能在此情形中可以直接适用，而在彼情形中则不然。规则的主体问题受国内法调控的程度也会影响直接适用的确定"。[③] 日本的核心文件（Core Document）在 2000 年阐述到，"是否直接适用条约的规定应该基于每个具体情境作出判断，同时考虑相关条款的目的、含义和措辞"。[④] 根据这些评论，即使对

[①] 具体参见 Yuji Iwasawa, *International Law, Human Rights, and Japanese Law: The Impact of International Law on Japanese Law*, Oxford: Clarendon Press, 1998, pp. 28–33, 44–49, 95–100; Hisashi Owada, "International Organization and National Law," *Proc. Am. Soc'y Int'l L.*, Vol. 89, 1995, pp. 255–257.

[②] Shotaro Yachi, "Implementation of International Agreements in Japan", *The Journal of International Law and Diplomacy*, Vol. 100, 2001, pp. 12–16.

[③] Yuji Iwasawa, *International Law, Human Rights, and Japanese Law: The Impact of International Law on Japanese Law*, Oxford: Clarendon Press, 1998, pp. 47–49.

[④] U.N. Doc., HRI/CORE/Add.111, para. 70.

人权公约同一条款的直接适用也可能截然不同，这取决于该条款被援引的具体情形。

（一）公约义务的渐进性质与直接适用性

就《经济、社会和文化权利国际公约》的直接适用性而言，日本政府似乎否认它的直接适用性。2001年，日本代表团在经社文权利委员会上阐述到，即使政府并不考虑直接适用公约的规定，它也会确保所作出的决定没有违反本国加入公约时作出的承诺，尽管拒绝直接适用的原因没有被解释。[①] 有时，日本法院会基于如下原因驳回根据《经济、社会和文化权利国际公约》提出的诉讼请求：公约规定的义务具有渐进性。[②] 但是，法院更多的是基于公约没有赋予个人任何可诉讼权利而拒绝他们的诉讼请求。例如，日本最高法院在汐见诉大阪县县长（Shiomi v. Governor of Osaka Prefecture）一案中判定，《经济、社会和文化权利国际公约》第9条并没有使《日本养老金法案》（National Pension Law）的国籍条款非法，也没有赋予公民任何具体的可诉讼权利，因为该条款宣称缔约国负有积极推动社会保障政策从而实现社会保障权的政治义务。[③]

然而，不是所有《经济、社会和文化权利国际公约》的规定都具有渐进性质或非自动生效性质，或者没有规定可诉讼的权利。根据权利的性质进行分类是必要的，而且，应该在具体的诉讼情境中考虑诉讼目的。例如，经社文权利委员会第3号一般性意见竭力主张，"除了第2(2)(a)条款之外，公约中还有很多其他条款似乎都能够被司法机构和其他机构在很多国内法律制度中直接适用。主张这些条款具有内在的非自动生效性

[①] U.N. Doc., E/C.12/2001/SR.42, para. 15.

[②] 具体参见Kan Bu Jung v. the State and the Minister of Health and Welfare, Osaka High Court, Judgment, 15 Oct. 1999, Hanrei jiho [Law Cases Reports], No. 1718, p. 42.

[③] 具体参见Supreme Court (the First Bench), Judgment, 2 March 1989, Shomu Geppo [Monthly Reports on Litigation], vol. 35, p. 1761. 也可参见Song Qing hua v. the Head of the Nakano Ward Welfare Office, Tokyo District Court, Judgment, 29 May 1996, Shomu Geppo [Monthly Reports on Litigation], Vol. 44, pp. 1949-1950 and Supreme Court (the Third Bench), Judgment, 25 Sept. 2001, Hanrei Taimuzu [Law Times Reports], No. 1080, p. 86.

质似乎很难持久"①。而且，第9号一般性意见进一步阐述到，"尽管政府不同部门的相关权限必须得到尊重，但根据定义对经社文权利进行严格分类从而使它们超越法院的管辖范围，这是非常武断的"②。除此之外，第3、第13、第14号一般性意见还提到，缔约国的核心义务在于确保至少满足公约所阐明的每项权利的最低基本水平，因此，以下情形都可能导致出现对公约的违反：缔约国的直接诉讼（不作为行为），或者缔约国未能采取公约所要求的措施（作为行为），尤其是采纳与其核心义务不相符的倒退措施。③基于这些评论，经社文权利委员会强烈要求日本审查其对待公约法定义务的立场并阐述到，"它的条款要被解释为在实践中具有直接适用性，至少涉及核心义务时是如此"④。

在日本，有关违反经济和社会权利之可诉性的争论源于对《宪法》第25条的违反，该条保障个人有权维持最低限度的健康且有文化的生活标准。这一条先前被认为是一种纯粹的政治和道德计划的表达，因此它没有创设任何可诉讼的权利。然而，如今盛行的观点是，虽然它没有为个人提供可以提出法律主张的可诉讼权利，但它仍然为人们提供了抽象的法定权利，以便他们在法律诉讼中坚持主张对该条款的违反，尽管国会在具体情形中确定国家所保障的适当生活标准时享有广泛的自由裁量权；而且，某项颁布的法律可能并不违宪，除非国会以一种极不合理或滥用的方式来行使自己的自由裁量权。2001年最高法院在汐见诉社保局局长（Shiomi v. Secretary of the Social Insurance Agency）一案的判决中确认了这一点，法院阐述到，为了具体实现《宪法》第25条的目标而决定采取何种立法措施在很大程度上属于国会的自由裁量权，因此，这是一个不受法院裁判审查和评价的问题，除非国会的决定极不合理并且被

---

① Paragraph 5 of the General Comment No.3, U.N. Doc., HRI/GEN/1/Rev.5, p. 19.
② Paragraph 10 of the General Comment No. 9, U.N. Doc., HRI/GEN/1/Rev.5, p. 60.
③ 具体参见Paragraph 10 of the General Comment No. 3, U.N. Doc., HRI/GEN/1/Rev.5, p. 20; paras. 46–48, 58–59 of the General Comment No. 13, U.N. Doc., HRI/GEN/1/Rev.5, pp. 84–86; paras. 30–33, 43, 46–49 of the General Comment No.14, U.N. Doc., HRI/GEN/1/Rev.5, pp. 97–98, 101, 102.
④ U.N. Doc., E/C.12/1/Add.67, para. 33.

认为是对国会自由裁量权的违反或滥用。根据这种判断，即使抽象的公约权利（它为缔约国强加了一项积极义务，也就是，在不授予个人具体利益直接请求权的情况下采取适当的立法或财政措施）仍然可以作为一种法律规范来判定国会或者行政部门是否在采取这些措施时滥用自由裁量权。

此外，《经济、社会和文化权利国际公约》中的某些权利被包含在免于国家干预的权利之中，它可以具有直接效力，而且强加缔约国承担不得侵犯的消极义务。因此，完全否认整个公约或者它的大部分条款作为诉讼理由的直接适用性或可得性是不正确的。实际上，在铃木等人诉横滨食品局局长（Suzuki et al. v. Head of the Yokohama Food Office）一案中，最高法院认为，至少《经济、社会和文化权利国际公约》第 8(1)(c) 条款具有可诉性，尽管它在驳回上诉人的上诉时主张，它不可能将该条款解释为保障罢工权。① 这就意味着，国内法院没有绝对拒绝适用《经济、社会和文化权利国际公约》规定的权利。

（二）公约的消极义务与直接适用性

日本法院普遍承认《公民权利和政治权利国际公约》的整体或大部分条款具有直接可适用性。早在1981年，日本代表团在人权委员会上答复到，"在没有相关国内立法的罕见情形中，法院将直接援引条约并基于条约规定作出裁决"②。尽管这份阐述提到日本法院将直接援引《公民权利和政治权利国际公约》这一事实，但它并没有表明如何确定该公约自动生效效力的测试方式。据报道，日本代表团于1993年在人权委员会上阐述到，"考虑到如下事实：个人不能纯粹基于公约的规定而对国家的渎职行为（例如，国家的不作为）提起诉讼，因此，日本政府在法院争辩道，公约的规定不具有自动生效的效力。日本政府认为这一点完全不同于如

---

① Supreme Court (the Second Bench), Judgment, 17 March 2000, Hanrei jiho [Law Cases Reports], No. 1710, p. 170.

② U.N. Doc. CCPR/C/SR.324, para. 5.

下问题：个人是否可以主张立法或者行政机构的处理是对公约的侵犯"[①]。

当一个因司法误判而遭受处罚的当事人应该直接基于公约第14(6)条款主张赔偿时，上述提及的"不作为/侵犯"测试就可能具有相关性。当然，在这种情况下，受害人不可能在没有国内法律授权时就直接基于公约的上述规定提出赔偿请求，但是，如果这样的诉讼得到民事或行政程序法的承认，他/她仍然可以在不同的司法程序中主张存在违反上述条款的行为，从而确认国家不作为行为的非法性。在1997年，日本最终确认，"是否直接援引条约的规定取决于每个具体的情形，同时考虑相关条款的目的、含义和措辞。这也适用于《公民权利和政治权利国际公约》"[②]。

尽管如此，在国内诉讼中，司法部门或地方政府部门倾向于缩小公约自动生效条款的范围。例如，在 Ueda v. the State 一案中，政府认为，《公民权利和政治权利国际公约》第2(2)条款允许每个缔约国在其自由裁量范围内采取必要的立法措施执行公约规定的权利，这样的话，公约第14(2)(b)（即与自己选择律师进行沟通的权利）并不具有自动生效的效力；根据该条款的规定，自由权的具体内容与范围显然应该取决于国内法。[③]诚然，国会能够也应该根据国内法律的规定确定与律师交流权的具体内容与范围，而法院能够也应该审查这些法律是否满足公约设定的标准，从而确保国内有效执行公约条款。

另一方面，日本高等法院和地区法院在很多判决中承认《公民权利和政治权利国际公约》或者它的某些条款具有自动生效的效力，尤其是所谓的权利在宪法中没有被明确规定的情况下更是如此。在 F. Luther 一案中，法院命令被告在案件宣判之后立即支付翻译的费用，但被告基于公约第14(2)(f)条款的规定（免费获得翻译帮助的权利）主张取消这项

[①] A statement at the 1278th meeting, The Japan Federation of Bar Association, ed., Record of the Human Rights Committee Meetings on the Third Periodic Report of Japan, 1995, pp. 79–80, para. 348.

[②] U.N. Doc. CCPR/C/115/Add.3, para. 9.

[③] Hanrei Taimuzu [Law Times Reports], No. 874, p. 154. See also the argument of the government in Ando et al. v. the State and Fukushina Prefecture, Shoma Geppo [Monthly Reports on Litigation], Vol. 40, pp. 951–952.

命令。东京高等法院在1993年判定,"免费获得翻译帮助的权利并不为日本国内法所知晓,它的法定基础来源于《公民权利和政治权利国际公约》的规定,该公约在日本具有自动生效的效力"①。在Yun Chang Ryul v. the State and Kyoto Prefecture 一案中,原告援引《公约》第7条(免于有辱人格待遇的自由)以及《日本宪法》第13条(基于隐私权受该条保护之前提)主张因强制夺取他的指纹而给予赔偿,这似乎是因为前者的自由是绝对的,而后者的权利受到"公共福利"的限制。大阪高等法院在1994年判定,作为规则的《公民权利和政治权利国际公约》因其内容而具有自动生效的效力,它在日本具有直接的可适用性。②

一般来说,这些判决在承认《公民权利和政治权利国际公约》自动生效的效力时几乎没有任何争论。在一宫等人诉大阪县(Ichinomiya et al. v. Osaka Prefecture)一案中,原告基于《公约》第17条(免于对私生活、家庭和住宅的任意干涉)宣称,法院应该对警察通过电视摄像镜头持续监控城镇社区居民的行为发出禁令并支持损害赔偿,对此,大阪地区法院认为该条具有自动生效的效力,因为同其他条款一样,它采取的立场是,个人受这些条款承认的权利保护,结果他们在无需采取任何立法措施的情况下就被直接赋予条约规定的权利。③同样,在Kitano et al. v. the State 一案中,原告基于如下假定援引《公约》第14条第1段的规定:它保证囚犯有权同律师进行面谈而不受监狱长的任何不当限制,以便准备因在监狱中受到所谓的虐待而起诉国家,对此,德岛(Tokushima)地区法院在1996年判定、并由高松(Takamatsu)高等法院在1997年确认,《公民权利和政治权利国际公约》在日本具有可直接适用的效力,因为它基于人人应该享有权利的基本理念来规定自由权,采纳确保个人作为法律主体而享有这些权利的准则,同时以一种既不抽象又不普遍的方式规定

---

① Tokyo High Court, Judgment, 3 Feb. 1993, Tokokei jiho No. 11, p. 11.

② Osaka High Court, Judgment, 28 Oct. 1994, Hanrei jiho [Law Cases Reports], No. 1513, p. 86, JAIL, Vol. 38, p. 118.

③ Osaka District Court, Judgment, 27 June 1994, Hanrei jiho [Law Cases Reports], No. 1515, p. 137.

这些权利。① 根据上述判决，承认《公民权利和政治权利国际公约》在日本具有自动生效之效力的主要原因在于，它规定个人的内在权利免受公共权力的不当干预，它的规定是如此明确，以至于使个人服从这些权利并使这些规定具有直接适用的效力。因此，如果公约承认的权利受到国家行为的侵犯，日本各级法院开始明确承认公约条款具有自动生效的效力。

二 基于程序法或三权分立的司法自我约束

由于在国际层面条约通常存在并行关系（parallelism），而且当下国际法律义务的范围受益于一种增加和累积过程，因此，被批准的条约和宪法之间也存在一种"并行关系"，人权也可能在国内层面受益于宪法和人权公约之间的增加和累积过程，只要人权公约被采纳后融入日本法律体系。有时，这可能导致国内法律与人权公约之间的紧张关系。但是，日本宪法规定，宪法具有优先地位。例如，《日本宪法》第98(1)条款规定，"本宪法为国家最高法规，凡与本宪法条款相违反的法律、命令、诏敕以及有关国务的其他行为之全部或一部，一律无效"。尽管宪法没有明确规定被正式批准或颁布的条约在日本法律体系中的位阶，但大多数政府声明和法院判决都承认，这些条约优先于国会颁布的立法。因此，人们认为，如果国内法的规定与人权公约相反，它们是无效的，应该被废止。

除此之外，《宪法》第81条规定，"最高法院为有权决定一切法律、命令、规则以及处分是否符合宪法的终审法院"。这表明，所有下级法院也有权决定任何法律的合宪性。据此类推，所有法院都可以判断任何低位阶的法律与人权公约的相容性。尽管如此，日本法院（尤其是最高法院）通常只是根据宪法或者相关立法作出决定，而对人权公约则是敬而远之，即使它们认为人权公约具有可适用性。法院对人权公约的这种被动性在某种程度上源自国家司法机关受到不同程序和管辖权的限制。

---

① Tokushima District Court, Judgment, 15 March 1996, Hanrei Taimuzu [Law Times Reports], No. 977, p. 80, JAIL, No. 40, p. 118 et seq.; Takamatsu High Court, Judgment, 25 Nov. 1997, Hanrei Taimuzu [Law Times Reports], No. 977, p. 69, JAIL, Vol. 41, p. 87 et seq.

（一）向最高法院提起上诉的程序限制

自从1998年1月1日《民事程序法典》修正生效以来，向最高法院提起上诉的强制性理由被局限为下级法院的判决中"存在对宪法的解释错误或者其他任何违反宪法的情形"。尽管最高法院可以受理某个"被认为包含有关法律法规解释之重要问题"的案例，但这种受理是非强制的。对上诉理由的这种限制并没有违反《宪法》第32条的规定（不得剥夺任何人在法院接受审判的权利），因为上诉理由是一个由国会自行决定的问题。① 同样，某种特别上诉（例如，因反对法官的判决而提起上诉）的理由也受到同样的限制。《刑事程序法典》也具有同样的条款规定。

无论在民事程序法还是刑事程序法中，违反人权公约并不是提起上诉的强制性理由，因为条约在这种情况下已经被视为普通的法律法规。即使有律师援引《宪法》第98(2)条款的规定作为上诉理由，最高法院在评估上诉人的真实意图之后仍然可以驳回这样的上诉。实际上，最高法院通常在没有任何争论的情况下驳回基于人权公约和《宪法》第98(2)条款提出的上诉，或者基于如下理由驳回上诉：上诉人主张的理由实质上只是违反法律法规，即使他们将违宪视为形式问题，因此，那些理由并没有构成上诉理由。在 Kitano et al. v. the State 一案中，最高法院在承认国家提出的上诉时推翻了高松高等法院的判决，后者基于如下理由来认定对《公民权利和政治权利国际公约》第14 (1) 条款的违反：在本案中，根据《监狱法实施条例》的规定，监狱长对律师会见囚犯进行限制并没有超越可允许的自由裁量权边际，而且，该法院还判定，剩下的法律问题（包括《公约》第14条的可适用性）无需予以考虑。②

日本最高法院前大法官园部（Sonobe）指出，从实践的观点来看，《公民权利和政治权利国际公约》对日本最高法院的影响不大，因为该公

---

① X v. the Mayor of the Toyohashi City, Supreme Court (the Third Bench), Judgment, 13 Feb. 2001, Hanrei jiho [Law Cases Reports], No. 1745, p. 96.

② Kitano et al. v. the State, Shomu Geppo [Monthly Reports on Litigation], Vol. 47, pp. 343–44, 345, 347.

约在国内没有被赋予同宪法一样的效力；同样是该法院的前大法官伊托（Ito）在1990年就建议，诸如人权公约这样的条约应该被赋予同宪法一样的国内效力。[①] 有些学者仍然坚持如下理念：人权公约应该比其他条约具有更高的地位，因为它们保障的是人的基本权利。尽管如此，作为一个实在法问题，这种理念会面临很多困难，如果它被采用的话。既然人权公约同其他条约一样受制于同样的批准和修改程序，我们很难区分它们在国内具有的法律效力。缔结条约要比制定或修改宪法容易得多，因此条约不能改变宪法的内容。由于宪法规定自己是本国的最高法律，而条约被习惯性地认为比宪法地位低，因此，在日本宪政法律秩序中很难将人权公约与宪法同等对待。

尽管如此，这里的问题不是人权公约本身的地位，而是上诉的理由。例如，既然公约的缔约国有义务对违反公约行为的受害人在国内法院提供有效救济（如果没有其他有效救济的话），而且，最高法院是日本审理受害人争论的最终法院，那么，它将至少基于公约的规定对上诉进行实质审查。例如，如果日本批准了《公民权利和政治权利国际公约》第一任择议定书，最高法院提供救济的有效性将肯定会根据法院的程序性先例作出评估。因此，为了满足《公民权利和政治权利国际公约》第2(3)条款的要求，日本最高法院更加积极和灵活适用《宪法》第98(2)条款的规定是可欲的。

（二）公约权利与宪法权利重叠以及宪法条款的优先性

最高法院已在某些案例中判定不存在对相关人权公约的违反行为，这些判决存在三种主要模式：首先，最高法院只是没有任何争论地确认高等法院的判决。例如，Morikawa-Catherine v. the Minister of Justice et al. 以及 Choi Seon Ae v. the Minister of Justice (reparations) 两起案例都涉及政府拒绝允许一

[①] Itsuo Sonobe, "The recent situation with respect to the application of international human rights in the Supreme Court", *Human Rights International*, No. 11, 2000, p. 4; Masami Ito, "International Human Rights Law and the Court," *Human Rights International*, No. 1, 1990, p. 11.

位外国居民再次进入日本,因为他拒绝进行指纹识别,而这又是当时《外国人登记法》的明确要求,对此,最高法院只是确认高等法院的判决,大意是说,《公民权利和政治权利国际公约》第12(2)条款中的术语"其本国"意指当事人属于其国民的国家,最高法院还阐述到,高等法院对上诉人提出的争议事项作出的判决具有正当性,因此,高等法院的判决不存在非法之处。[1]

其次,最高法院在没有任何讨论的情况下只提及结论。在连续三起涉及《公职选举法案》(Public Office Election Law)的案例中,上诉人主张,《公职选举法案》全面禁止挨家挨户的选举运动违反了《公民权利和政治权利国际公约》第19条和第25条所保护的表达自由以及在保护选民意志表达自由的真正选举中享有的投票权和被选举权,对此,最高法院只是判定,《公职选举法案》的相关条款不能被解释为违反《公民权利和政治权利国际公约》的那些条款。[2] 最后,最高法院认为,既然不存在违反宪法的情形,也就不存在违反人权公约。例如,在 Ienaga v. the State 一案中,最高法院判定,对学校教科书的日本汉字能力检定制度(Kentei)并没有违反《宪法》第21条的规定,因此,也就不存在对《公民权利和政治权利国际公约》第19条的违反。[3] 同样,在 Cheong Keong Yong v. the Minister of Justice and the State 一案中,最高法院认为,《外国人登记法》第14条规定的指纹识别系统不能被认为违反《宪法》第13和第14条,因此,《外国人登记法》第14条不能被理解为违反《公民权利和政治权利国际公约》第7条和第26条的规定。[4] 这些

---

[1] Morikawa-Catherine v. the Minister of Justice, Supreme Court (the First Bench), Judgment, 16 Nov. 1992, Minji Saibanshu [Supreme Court Reports (civil cases)], No. 166, p. 578; Choi Seon Ae v. the Minister of Justice (reparation), Supreme Court (the Second Bench), Judgment, 10 April 1988, Shomu Geppo [Monthly Reports on Litigation], Vol. 45, p. 1016.

[2] Supreme Court (the Second Bench), Judgment, 5 July 2002, slip op. p. 2; Supreme Court (the First Bench), Judgment, 9 Sept. 2002, Hanrei Taimuzu [Law Times Reports], No. 1104, p. 146; Supreme Court (the Third Bench), Judgment, 10 Sept. 2002, Hanrei Taimuzu [Law Times Reports], No. 1104, p. 147.

[3] Supreme Court (the Third Bench), Judgment, 29 Aug. 1997, Hanrei jiho [Law Cases Reports], No. 1623, pp. 55–56.

[4] Supreme Court (the First Bench), Judgment, 22 Feb. 1996, Hanrei Taimuzu [Law Times Reports], No. 905, p. 97.

案例面临的问题在于如下思维方式：违宪的立法或行政法案与人权公约并不冲突。

正如伊托正确指出的那样，如下假定应该受到质疑：即宪法与《公民权利和政治权利国际公约》规定的权利总是具有同样的范围与含义。① 例如，尽管《公民权利和政治权利国际公约》承认的权利在宪法中有规定，但在很多案例中出现的情形是，公约规定了未被宪法保护的权利或者公约对同样权利规定的保护标准更为详细或更高。这样导致的可能结果是，即使没有违反宪法权利，但也可能违反了公约规定的权利。在这种情况下，阿士本（Ashibe）在解释《宪法》第13条的规定（全体国民都作为个人而受到尊重）时坚持遵从《公民权利和政治权利国际公约》的规定，西户（Saito）进一步争辩到，宪法在第98(2)条款和序言中确立的善意履行国际法义务之原则（Vörkerrechtsfreundlichkeit）迫使日本法院在解释宪法条款时要与人权公约义务保持一致；另一方面，横田（Yokota）则认为，在适当的案例中，法院应该直接适用《公民权利和政治权利国际公约》承认的权利，无需寻求对《宪法》第13条规定的权利进行革命性或者扩充解释，即使它们可以这么做。② 与此同时，正如园部大法官指出的那样，从实践的观点来看，为了维持国内法律秩序的稳定性，迫切需要在具体的案例中为侵犯人权行为的受害人提供某种救济，对此，法院应该首先在与宪法规定保持一致的情况下通过解释相关立法来提供救济；如果这一点无法做到，法院可以直接适用宪法的规定；如果这种方法还是不可能，法院应该尽力与《公民权利和政治权利国际公约》保持一致来解释相关宪法条款，并最终寻求直接适用公约的相关规定。③

实际上，最高法院似乎已经采纳了这种工作方法路径。典型例证来

---

① Masami Ito, "International Human Rights Law and the Court", *Human Rights International*, No. 1, 1990, p. 11.

② Nobuyoshi Ashibe, "Universality of Human Rights and the Constitution", *The Seminar on Jurisprudence*, No. 437, 1991, pp. 23–25; Koichi Yokota, "International Protection of Human Rights and Internal Protection of International Human Rights", *Jurist*, No. 1022, 1993, p. 26.

③ Itsuo Sonobe, "The recent situation with respect to the application of international human rights in the Supreme Court", *Human Rights International*, No. 11, 2000, p. 4.

自 X 诉奈良县县长（X v. the Governor of Nara Prefecture）和 M 诉京都县县长（M. v. the Governor of Kyoto Prefecture）这两起案例的判决都支持上诉人的请求，在这两个案例中，上诉人主张，地方政府在将《儿童津贴法实施条例》（Implementing Order of the Child Allowance Law）的限制性条款适用于受害人时违反了宪法、《公民权利和政治权利国际公约》以及《儿童权利公约》承认的权利（其中包括非歧视权利），这些条款明确拒绝非婚母亲所生、但在法律上得到父亲承认的孩子成为合法的儿童津贴受益人，即使父亲并不抚养孩子。最高法院的判决支持上诉人。然而，在这样做时，法院并未判定，上述限制性条款违宪或者与《公民权利和政治权利国际公约》不相一致。在根本不提及宪法或《公民权利和政治权利国际公约》的情况下，最高法院判定，《儿童津贴法》的目的和宗旨在于将法律规定的利益提供给那些无法预期得到父亲抚养的孩子，因此，实施条例中规定的上述限制性条款因超越《儿童津贴法》所允许的行政裁量权边界而具有非法性和无效性，因为它们忽视了一个被父亲承认但又不予抚养的孩子具有的潜力以及明确拒绝这样的孩子享受法律利益。①

下级法院对最高法院的这种工作方法作出积极回应。例如，在茅野等人诉北海道征用委员会（Kayano et al. v. the Hokkaido Expropriation Committee）一案中，作为原告的阿伊努（Ainu）少数民族成员挑战建设部决定[它允许在阿伊努少数民族的神圣区域建造尼布达尼（Nibudani）大坝]以及被告在本地区征用原告土地行为的合宪性及其与《公民权利和政治权利国际公约》第 27 条规定的相容性。札幌（Sapporo）地区法院在推理中认为，鉴于原告享有本族文化的权利受《公约》第 27 条保护，对此，日本有义务诚实遵守之；就少数民族有权维持其身份地位从而避免来自多数同化之压力的重要性而言，鉴于上述权利必须被认为受《宪法》第 13 条保护；鉴于这项权利受到公共福利的限制，但考虑到它的重要性

---

① X v. the Governor of Nara Prefecture, Supreme Court (the First Bench), Judgment, 31 Jan. 2002, Law Times Reports, No. 1085, pp. 171–72; M v. the Governor of Kyoto Prefecture, Supreme Court (the Second Bench), Judgment, 22 Feb. 2002, Law Times Reports, No. 1089, p. 132.

而应该在最低程度上进行具体限制；然而，作出上述决定时并没有对保留阿伊努少数民族文化进行必要研究或周密思考。基于这些原因，法院本来可以判定（如果它希望这样做的话），相关决定不仅违反宪法，而且违反《公民权利和政治权利国际公约》，但是，它最终认为，承认大坝建设计划的决定超越了建设部可允许的行政裁量权范围，并因此违反了《土地征用法》(*Land Expropriation Law*)。①

上述两份判决备受关注，因为它们在充分考虑宪法和人权公约列举的人权后宣称法律实施条例限制性条款的无效性或者相关行政部门所作决定的非法性。只要这些裁判满足人权公约的要求，对所谓的人权公约权利侵犯行为的受害人提供有效救济之义务就会被履行，而不管法院是否发现确实存在人权侵犯行为。到目前为止，无论采取哪种方式或工作方法，都不会出现问题。尽管如此，《宪法》第13条并非总是无所不能地创建与人权公约标准相一致的新的人权。在某些案例中，首先尝试国内法、最后适用人权公约这种方法将会影响人权公约的有效执行。正如园部大法官指出的那样，最高法院往往援引相当古老的司法判例从而保持它们本身的稳定性，而不是寻求理论上的一致性；有时，法院采取相当谨慎的方法来行使自己的权力，并基于对高度政治化的内阁决定、国会的自由裁量权或者自治社会的内部问题采取诸如司法不干预等原则来决定法律、命令、条例或官方行为的合宪性，设计这些原则的目的是维持司法机构和立法或行政机关或者其他实体之间的权力平衡。在这些案例中，情形似乎是，一旦法院根据最高法院既定的司法判例或者任何其他确定的原则来确认当下实施条例或行政法案的合法性或者相关法律的合宪性，它就不能断定相关人权公约的要求也被满足。因此，法院在审查这些立法或行政法案的合宪性之前，至少应该尽可能独立审查它们与相关人权公约的相容性。尽管有宪法学者明确争辩到，不是所有违反人权公约的行为都会自动导致对《宪法》第98(2)条款的违反，或者说，所有人权公约的规定并不必然与宪法规定

---

① Sapporo District Court, Judgment, 27 March 1997, Monthly Reports on Litigation, Vol. 44, pp. 1835–1837, 1844–1848, JAIL, No. 41, p. 92 et seq.

一样具有根本性质,①但是,这里的真正问题不在于人权公约的位阶,而在于日本已经承诺的公约规定在国内的执行状况。日本法院应该根据自己缔结的人权公约最大程度地审查它们基于先例的司法实践是否正在过时。在很多案例中,宪法权利和人权公约权利之间并不存在事实上的冲突,但是,宪法权利存在某种缺漏。这种缺漏应该也能够直接或间接通过人权公约的规定或其解释予以填补。当然,可能在某些案例中,这两种规范碰巧彼此产生冲突。例如,横田(Yokota)争辩到,在极为罕见的情况下,《公民权利和政治权利国际公约》第20条可能与《宪法》第21条保护的权利相冲突,此时,公约的规定必须被认定为无效。②在这种情况下,日本能够、也应该保留受到讨论的人权公约规定或者改变对宪法的解释。

(三)国会不作为与司法机构的自我约束

基于政府三个部门(立法、行政和司法)相对独立之原则,日本法院在某种程度上将自己局限在不干预国会的自由裁量权,甚至在人权保障领域也是如此。例如,在 Kanai et al. v. the State 一案中,原告争辩到,《公职选举法案》对定居国外的日本人没有提供选举权违反了《宪法》第14(1)条等条款的规定,也违反了《公民权利和政治权利国际公约》第25条的规定。东京地区法院判定,考虑到只有在宪法明确规定国会的具体行为、而且没有授予国会自由裁量权的情况下,针对国会不作为提起的上诉才可以被受理;考虑到国会对实施公职选举的相关措施享有广泛的自由裁量权,而且宪法与《公民权利和政治权利国际公约》的相关规定都没有要求国会颁布法律为定居国外的日本人提供选举国会议员的选举权;因此,本案的上诉并不符合相应的前提条件。③所以,在日本,要

---

① Masayuki Uchino, "A Memorandum on the Relation between International Law and Domestic Law", *Human Rights Journal*, No. 11, 2000, p. 6.

② Koichi Yokota, "International Protection of Human Rights and Internal Protection of International Human Rights", *Jurist*, No. 1022, 1993, p. 27.

③ Kanai et al. v. the State, the Tokyo District Court, Judgment, 28 Oct. 1999, Law Cases Reports, No. 1705, p. 58.

求国会颁布或者废止某项具体法律而提起的行政诉讼是不可接受的，除非相关人权公约至少以明确的方式为立法机构设定采取这种行为的义务。同样，根据最高法院的司法判例，作为一项规则，国会的立法作为或不作为本身按照《国家赔偿责任法》的规定不能被视为一种不合法的国家行为，除非出现以下极端情形：国会故意颁布一项与宪法明确阐述的意图相冲突的法律，因为国会的立法决定是一项不受法律调控的主权和政治行为。① 广岛（Hiroshima）高等法院在康普慰安妇（Kampu comfort women）案件中判定，在第二次世界大战期间，缺乏立法为被迫性奴役的受害者提供补偿并不能被视为非法，因为宪法的任何条款（如第13条和第14条）都不能被解释为明确要求这样的立法。②

这种情形可能回避了如下问题的实质：对国会不作为是否缺乏有效救济与缔约国有义务根据相关人权公约提供有效救济相冲突。尽管如此，根据欧洲人权法院对Leander案的判决，即使《欧洲人权公约》第13条[它以与《公民权利和政治权利国际公约》第2(3)条款同样的措辞为人们提供独立的权利在国内权威机构获得有效救济]"也没有确保某种救济，从而允许缔约国的法律本身因违反公约或类似国内规范"而在国内权威机构受到挑战。③ 因此，缺乏要求国会颁布或废止某项具体法律的特别司法程序本身并没有违反《公民权利和政治权利国际公约》第2(3)条款的规定。但是，这并不意味着国内法院可以在具体案例中决定某项具体法律与人权公约规定的要求相冲突。

三 日本国际人权司法保障面临的法律问题

对人权公约受害人提供有效救济之义务的国内履行在很大程度上取决于对相关人权公约条款所作的解释。日本法院强烈倾向于首先解释相关的宪法或其他国内法规定，然后再解释相关人权公约的规定，以期与

---

① Supreme Court (the First Chamber), Judgment, 21 Nov. 1985, Supreme Court Reports (civil cases) Vol. 39, pp. 1516–1517.

② Hiroshima High Court, Judgment, 29 March 2001, Law Cases Reports, No. 1759, p. 54.

③ Pub. ECHR, Ser. A, Vol. 116 (1987), p. 30, para. 77.

考察宪法和其他国内法已经得出的解释性结论保持一致。因此，法院有时在对宪法或其他国内法的规定进行漫长审查之后，偶尔只会对人权公约的相关规定走马观花，而且仅通过对其措辞的文义解释来推断它的含义。例如，浦和（Urawa）地区法院在 X 案（本案涉及支付翻译人员费用的法院命令）中首先确认《刑事程序法典》第 181 条的规定，然后判定，《公民权利和政治权利国际公约》第 14(3)(f) 条款应该被解读如下：在刑事案件中，翻译人员的免费援助仅限于确定对被告提起刑事指控阶段提供，在判决之后命令罪犯支付翻译人员的费用并不被禁止。① 这种基于国内法导向对人权公约进行解释导致公约的国内执行存在诸多问题。

人权公约的规定有其自身含义，它们应该根据体现在《维也纳条约法公约》（*Vienna Convention on the Law of Treaties*）第 31—33 条中的条约解释习惯规则予以解释。诺瓦克（Nowak）阐述到，"国际法律术语将被自主解释，例如，要独立于它们在相关国内法律制度中的具体含义"，② 而且，人权委员会在 van Duzen v. Canada 一案中也认定，公约的术语和概念独立于任何具体的国内法制度和所有的字典式定义。③ 人权委员会在很多案例中（如 J. B. et al. v. Canada 和 S. Broeks v. the Netherlands）都承认，《维也纳条约法公约》规定的条约解释规则适用于对公约的解释。④ 如今，日本法院也承认，作为一项普遍规则，必须根据《维也纳条约法公约》确立的标准来解释人权公约。例如，大阪高等法院在 Yun Chang Ryul 一案中判定，"尽管《维也纳条约法公约》在 1980 年 1 月 20 日生效并不具有溯及力，因而它不能正式适用于《公民权利和政治权利国际公约》，但是，它可以成为公约解释的指南，因为它的内容体现了国际习惯法规则"，因此，"当日本法院在解释公约时，很有必要根据《维也纳条约法

---

① Urawa District Court, Judgment, 1 Sept. 1994, Law Times Reports, No. 867, p. 300.

② M. Nowak, *U.N. Covenant on Civil and Political Rights CCPR Commentary*, N. P. Engel Publisher, 1993, p. xxiv.

③ Communication No.50/1979, views adopted on 7 Apr. 1982, U. N. Human Rights Committee, Selected Decisions under the Optional Protocol: Second to Sixteenth Session, 1985, p. 121, para. 10.2.

④ Decision of 10 Apr. 1984 in Com. No.117/1981, Selected Decisions Vol. 2, pp. 37–38, para. 6.3; Views adopted 9 Apr. 1987 in Com. No.172/1984, pp. 200-01, paras. 12.2–12.3.

公约》的解释规则确立公约权利的范围"。①

然而,《维也纳条约法公约》解释规则的适用并不总能解决解释问题,因为人权公约的文本通常包含抽象和模糊的规定。例如,《公民权利和政治权利国际公约》第 7 条规定的术语 "侮辱性"(degrading)就非常不明确。并不令人感到奇怪的是,不同法院对该术语的解释各不相同。大阪地区法院在麦金托什诉司法部长(Mackintosh v. the Minister of Justice)一案中判定,"第 7 条规定的术语 '侮辱性待遇' 意指对身心造成痛苦的待遇,例如,与酷刑或残忍对待相关的待遇",而且,与之相比,"指纹识别除了可能存在精神痛苦(也就是说,她会受到羞辱,就好像自己是个罪犯一样)之外,几乎不会产生任何身体痛苦或残忍对待,它不是从身体上、而是间接地通过惩罚相威胁强加在某个人身上",因此,"根据第 7 条的含义,它不能被认为是侮辱性对待。"② 与之相比,大阪高等法院在 Yun Chang Ryul 一案中判定,"侮辱性对待意指任何产生(身体或精神)痛苦的行为,只要那种痛苦达到了某种显著程度,即使没有达到酷刑或残忍对待的程度",该法院还认为,在确定是否达到显著程度时应该考虑被对待的所有因素和情形以及每个案件所涉权利的性质。尽管最高法院没有得出违反第 7 条的结论,但它注意到,指纹识别系统适用于因 1951 年《日本和平条约》(the Treaty of Peace with Japan)而自动丧失日本国籍的朝鲜籍永久居民可能对这些朝鲜籍居民造成显著程度的痛苦。③

同样,国内法院与监督机关之间对相同用语作出的解释也会截然不同。例如,福冈(Fukuoka)高等法院在 Choi Seon Ae v. the Minister of Justice and the State 一案中判定,考虑到《公民权利和政治权利国际公约》第 12(4) 条款规定的术语 "其本国" 的含义按照条约术语具有的普通含义来解释的话自然是指 "其国籍所属国",就像第 12(2) 条款规定的 "……任何国家,包括其本国在内" 明确意指 "……任何国家,包括其国籍所

---

① Osaka High Court, Judgment, 28 Oct. 1994, Law Cases Reports, No. 1513, p. 86, JAIL, Vol. 38, p. 118 et seq.
② Osaka District Court, Judgment, 29 Mar. 1994, Monthly Reports on Litigation, Vol. 41, p. 783.
③ Osaka High Court, Judgment, 28 Oct. 1994, Law Cases Reports, No. 1513, p. 87.

属国"；考虑到如果术语"其本国"包括"某个永久居住的国家"，该术语应该被赋予一种特殊含义，而且，只有在确定当事人的意图时才能赋予这种特殊含义；在联合国的准备工作中，没有任何证据明确表明当事人的意图。① 与之相反，1999 年，人权委员会在第 27 号一般性意见中指出，"其本国"的范围要比"其国籍所属国"概念更为广泛；它至少包括如下情形：与特定国家具有某种特殊联系或者诉求的任何人都不能被认为是一个纯粹的外国人；而且，第 12 条第 4 段的用语（任何人进入其本国的权利，不得任意加以剥夺）允许一种更广泛的解释，从而可能包括其他类型的长期居民，包括但不限于那些被任意剥夺获得居住国国籍权利的那些无国籍人。

第六节 余论：人权保障与司法全球化

人权与很多主体、因素和机制相关并受其影响。最重要的主体之一是法院。所有不同层面的法院，不管是国际/超国家宪法法院还是国内宪法法院（包括具有宪法管辖权的最高法院）都会涉及人权，并对人权解释、有关人权的争议解决方案和人权限制享有最终发言权。有过两次美国最高法院大法官经历的查尔斯·埃文斯·休斯（Charles Evans Hughes）很精彩地说到："我们在宪法之下，但宪法是什么由法官说了算。"②

在新的全球化时代，尤其是在 1990 年代早期冷战结束之后，法院不再是影响和发展人权的单一主体。它们也是全球法院网络的一部分，并总体上在国内、超国家、跨国和国际层面影响人权。这一过程被称为司法全球化，它是全球范围内人权发展最重要的机制之一。

---

① Fukuoka High Court, Judgment, 13 May 1994, Administrative Law Cases Reports, Vol. 45, pp. 1222–1223.

② Speech before the Chamber of Commerce, Elmira, New York (3 May 1907), published in *Addresses and Papers of Charles Evans Hughes, Governor of New York, 1906—1908*, Kessinger Publishing, 1908, p. 139.

在我们看来，国内、跨国和国际层面的人权法发展与司法全球化进程之间存在着密切联系。其中，最显而易见的联系是如下事实：与其他全球化形式相类似的是，司法全球化进程在国内、跨国和国际层面推动和促进人权事业。另一方面，这不是一种单向关系，人权对司法全球化进程也具有重要影响。它们似乎不仅是司法全球化进程的主要原则之一，而且是司法全球化的精神和动力。

按照联合国大会对全球化的界定［一种"复杂的结构转型过程，它涉及大量的跨学科领域，并影响公民权利、政治权利、经济权利、社会权利和文化权利（包括发展权）的享有"］，[①]司法全球化作为全球化的组成部分有自己影响人权的机制。为了展现这些机制，接下来简要考察不同的司法全球化形式，并解释每种形式是如何变成一种不同层面的人权发展机制。

一 宪法对人权的交叉影响

由于缺乏学者们的更好界定，我们将"宪法对人权的交叉影响"机制界定为国内宪法法院（有时甚至包括国际/超国家法院）为了达到说服目的而自愿适用其他国内法院或者国际/超国家法院的外国判例法。换句话说，这是人权判例法在全球范围内从一个法院转移到另一个法院。一般来说，判例法在不同国家宪法法院之间横向流动，它们彼此相互援引，这不是因为它们被迫这样做，而是因为它们自愿选择利用这些判例作为有说服力的权威。即使当宪法法院（如美国联邦最高法院或者加拿大最高法院）选择利用来自国际/超国家法院（如欧洲人权法院或者欧盟法院）的外国判例法，它仍然是一种横向机制。宪法法院之所以这样做，不是因为它们对被选择的判例具有管辖权，而是因为它们为了更具有说服力而自愿作出选择。

---

① Res No. 63/176, 20 March 2009, of The General Assembly of the UN about Globalization and its impact on full enjoyment of all human rights, http://www.worldlii.org/int/other/UNGARsn/2008/199.pdf>.

第二章　国际人权司法保障的新发展

这种形式的司法全球化是推动全球范围内人权从一个国家转向另一个国家最为重要的机制之一。确切地说，这一过程被加拿大最高法院大法官克莱尔·勒罗·杜比（Claire L'Heureux-Dubé）称为一场全球有关人权的"司法对话"。根据她的观点：

> 由于全球范围内的法院都寻求权威资源，因此，国际影响的进程已经从接受转向对话。法官们不再是仅仅接受其他管辖权的案例，然后予以直接适用或者进行修改后在自己的管辖范围内适用。相反，不同管辖权之间的交叉影响和对话正在日益增多。①

尽管不是所有人都同意她的观点，但人权案例不断从一个法院转向另一个法院却是事实。虽然在全球范围内从经验层面就有关适用外国判例法的定量和/或定性研究仍然是个空白，但对该问题的个别或比较研究确实体现了这样一种趋势。即使这种日益增加的人权转移趋势不存在，但从人权的观点来看，这仍然可以被认为是一种新的现象。② 在人权和全球化时代，转移更多的是人权理念和判例法。正如挪威最高法院首席大法官所言：

> 最高法院越来越积极参与各国法院之间的国际合作。显然，只要我们有能力，我们就应该参与欧洲和国际辩论以及相互交流。我们尤其应该对如下争论作出贡献：法院在国际人权中的地位。国内法院（尤其是小国的最高法院）有义务从外面的世界引入新的法律理念用于国内法律判决。③

---

① The Honourable Claire L'Heureux-Dubé, see Kenneth I. Kersch, "The New Legal Transnationalism, the Globalized Judiciary, and the Rule of Law", *4 Wash. U. Glob. Stud. L. REV. 345*, 2005, p. 17.

② Anne-Marie Slaughter, *A Brave New Judicial World in Michael Ignatieff, American Exceptionalism and Human Rights*, Princeton: Princeton University Press, 2005, p. 280.

③ Carsten Smith, *The Supreme Court in Present-Day Society*, Oslo: H. Aschenhoug & Co., 1988, pp. 134–135.

人权原则如何在全球范围内不同国家法院之间流动并产生跨国司法对话的例证举不胜举。国内法院在处理人权案件时如何求助于其他国家的判例法，就此出现的经典例证包括死刑[1]、宗教和言论自由[2]、鸡奸的刑事禁令[3]、同性婚姻[4]、比例原则[5]以及最近有关关塔那摩湾囚犯的案件[6]等。

二 国际法院与国内法院之间的关系

国际/超国家法院与国内法院之间的关系是司法全球化另一项非常强大的机制，该机制有助于促进和加强基本人权和原则的适用。它由国内法院通过强制或者有时自愿适用国际/超国家人权判例法来实施。迄今为止，还没有一个在全球范围内对所有国内法院享有权威的世界人权法院，尽管几乎每个大陆所在的地区层面存在这样的法院。[7]

这种观点的最佳例证出现在欧洲。欧洲人权法院与各国法院之间的相互作用以及各国法院与欧盟法院之间的关系主要是建立在人权传播的

---

[1] Knight v. Florida, 528 US 990 (1990); Atkins v. Virginia, 536 US 304 (002); Foster v. Florida, 537 US 990 (2002); Ropper v. Simmons, 543 US 551 (2005); State v. Makwanyane, CCT 3/94 (South African Constitutional Court).

[2] ECtHR, Kokkinakis v. Greece (14307/88), 25 May 1993; ECtHR, Dahlab v. Switzerland (42393/98), 15 Feb. 2001; ECtHR, Leyla Sahin v. Turkey (44774/98), 29 Jun. 2004; [Grand Chamber] 10 Nov. 2005; ECtHR, Alexandridis v. Greece (19516/06), 21 Feb. 2008.

[3] Lawrence v. Texas, 539 US 558 (2003).

[4] Halpern v. Canada (2002) 28 RFL (5th) 41; EGALE Canada Inc. v. Canada (2003) 225 DLR (4th) 472; Goodbridge v. Department of Public Health, 798 NE 2d 941 (2004).

[5] BVerfGE 3, 383, 399 (1954); R (Seymour-Smith) v. Secretary of State for Employment [2000] UKHL 12.

[6] Hamdi v. Rumsfeld, 542 US 466 (2004); Rasul v. Bush, 542 US 466 (2004); Abbasi v. Secretary of State for Foreign and Commonwealth Affairs, (2002) EWCA Civ 1589; Kaunda v. President of South Africa, CCT 23/04; Hicks v. Ruddock, (2007) FCA 299; Khadr v. Canada (Prime Minister), 2009 FCA 246, (2009) FCJ No 462.

[7] Laurence Burgorgue-Larsen & Amaya Ubeda de Torres, *The Inter-American Court of Human Rights: Case Law and Commentary*, Oxford: Oxford University Press, 2011, p.132; Ludovic Hennebel, "The Inter-American Court of Human Rights: The Ambassador of Universalism," *Quebec J. Int'l L 57*, 2011, pp.13–15.

基础之上，尤其是在《里斯本条约》之后。① 每一个欧洲人都有权在尝试国内救济之后并在有效的时间范围内以某个欧洲国家为被告向欧洲人权法院提起诉讼，理由是该国没有考虑基本人权和原则。而且，各国法院在处理国内人权案例时有义务考虑欧洲人权法院的判例法。这是最好的例证来说明人权理念和原则如何正在变得泛欧洲化，而且正在通过国际／超国家法院和国内法院的共同理解与解释在欧洲委员会和欧洲联盟内的各个国家之间进行传播。在各国法院的帮助下，欧洲人权法院成功地建立了所谓的人权"欧洲法律秩序"，有时它们甚至超越欧洲范围之外，有些学者还将之称为一种"世界人权法院"。②

诚然，通过国际／超国家法院与国内法院之间的关系来推动人权发展并不仅仅出现在欧洲。尽管不具有像在欧洲那样的影响力，但同样的现象也发生在美洲和非洲。根据美洲国家组织的规定，美洲人权法院和美洲人权委员会构成了美洲人权保障体系。③ 与欧洲人权体系相比，在美洲国家组织中，案例不能由公民个人提交法院，而是必须由美洲人权委员会或者作为当事人的国家提交法院。在非洲，国际层面的人权保护由非洲人权和民族权法院负责实施，它是由非洲联盟成员国建立的一个洲际法院，旨在保护人权和民族权利。尽管如此，作为一项规则，公民个人不能直接申请反对成员国。④ 亚洲和大洋洲目前还没有这样的地区人权法院，这很可能是因为亚洲国家的人权方法存在很大差异；在大洋洲，大多数国家都有良好的人权纪录。⑤

---

① Anne-Marie Slaughter, "Judicial Globalization," *40 Va J Int'l L 1103*, 1999, p.1105.

② Anne-Marie Slaughter, "Judicial Globalization," *40 Va J Int'l L 1103*, 1999, p.1110.

③ Organization of American States, http://www.oas.org/en/default.asp>; The Honourable Sandra Day O'Connor, "Keynote Address", *96 Am Soc of Int'l L 348*, 2002, p.359.

④ Philip Alston & Ryan Goodman, *International Human Rights*, Oxford: Oxford University Press, 2013, p. 56; Mutua Makau, "The Banjul Charter and the African Cultural Fingerprint: An Evaluation of the Language of Duties", *35 Va J Int'l L*, 1995, p.339; Nsongurua J. Udombana, "An African Human Rights Court and an African Union Court: A Needful Duality or a Needless Duplication?" *28 Brook J Int'l L 811*, 2003, p. 824.

⑤ 参见online: http://www.ohchr.org/EN/UDHR/pages/WorldRecord.aspx>, United Nation, Office of the High Commissioner for Human Rights.

三 建立全球化或地区性的法官组织

另一种司法全球化形式是正式建立的全球化和地区性法官组织,这是一种强大的机制并对全球范围内推动人权事业发展发挥着至关重要的作用;换句话说,就是建立各种国内、地区和全球的法官协会。当然,这种机制的复杂性以及它在人权和司法全球化进程中发挥的作用需要更为彻底的分析。令人奇怪的是,学界并没有对此表示足够的关注。尽管如此,出于论证的需要,我们将提供一些例证来阐释这些网络以及它们在全球范围内人权发展中的作用。

最有影响力的例证是国际法官协会(IAJ),它在1953年创建于奥地利的萨尔斯堡(Salzburg)。"这是一个专业的、非政治的国际组织,它将各国法官协会、而不是法官个人聚集在一起。"[1] 换句话说,它是一个由世界各地法官协会组成的网络。除了捍卫司法机构独立之外,国际法官协会的主要目标是帮助保障人权和自由。目前,国际法官协会包括81个国内法官协会或者来自五大洲的法官代表团体。国际法官协会有四个地区分会:①欧洲法官协会(44个国家);②伊比利亚—美洲集团(18个国家);③非洲集团(14个国家);④亚洲、北美洲和大洋洲集团(10个国家)。目前,国际法官协会在联合国和欧洲委员会只具有咨询地位。

另一个重要的法官协会是国际女法官协会(IAWJ),它由来自全球近100个国家的大约4000名成员组成。[2] 该协会作为一个非营利性的非政府组织成立于1991年,它的成员代表世界范围内不同层面的司法机构,共同致力于平等正义和法治。国际女法官协会最重要的目标之一是,与世界范围内的协会成员一道努力"促进人权,彻底根除司法系统中的性别偏见,以及推动妇女进入法院"[3]。它的目标还在"发展一个女法官全球网络,并通过国际会议、培训、国际女法官协会简报、网站和在线社区来

---

[1] 参见Online: International Association of Judges <http://www.iaj-uim.org/history/>.
[2] 参见Online: International Association of Women Judges <http://www.iawj.org/index.html>.
[3] 参见Online: International Association of Women Judges <http://www.iawj.org/index.html>.

创造司法交流的机会",支持和促进司法独立以及平等获得司法公正。①

另一个同样推动人权发展的地区性正式法官网络是美洲最高法院组织（the Organization of Supreme Courts of the Americas）。它由来自西半球25个国家的最高法院组成，创建于1995年10月。根据美洲最高法院组织的章程，它的目标不仅在于促进人权，而且在于"推动和加强成员法院的司法独立和法治，以及在宪法上适当对待作为国家基本部门的司法机构"②。

推动人权发展的其他组织还包括具有国内和地区管辖权的法官协会，或者具有特定关注对象的国际协会，如国际难民法法官协会③或国际女同性恋、男同性恋、双性恋和变性人法官协会。④

四 建立电子网络和系统

我们生活在因特网和科技时代。同其他任何人一样，法官也不例外。他们出于个人原因和司法全球化相关目的而使用电子网络和系统。与上述司法全球化机制一样，建立和使用电子网络和系统是法官促进人权发展和世界范围内的更好理解而采用的方法。

有关电子系统和网络的最佳例证之一是"全球法院"（GlobalCourts）研究项目。⑤该项目不仅被法官们使用，而且由挪威莫斯地区法院首席大法官斯坦·施尤伯格（Stein Schjolberg）进行构思和修改。他是这一国际项目的奠基人，该项目链接了世界上129个最高法院的网站。这个项目的目标在于拉近全球范围内宪法法院/最高法院之间的距离，并推动有关人权判例的世界交流。这是挪威法官的远见卓识和重大贡献。同样的例证来自印度，卡纳塔克（Karnataka）高等法院法官巴鲁卡（G. C.

---

① 参见Online: International Association of Women Judges <http://www.iawj.org/index.html>.
② Anne-Marie Slaughter, "Judicial Globalization", *40 Va J Int'l L 1103*, 1999, p.1120.
③ 参见International Association of Refugee Law Judges <http://www.iarlj.org/general/iarlj-the-association>.
④ 参见Online: International Association of Lesbian, Gay, Bisexual and Transgender Judges <http://ialgbtj.org/>.
⑤ 参见Online: GlobalCourts <www.globalcourts.com>.

Bharuka)努力通过建立"世界司法机构"(Worldjudiciary)这样的电子系统从而将信息技术引入印度司法系统,这一工作目前正在进行中。①

国际法学家委员会(ICJ)是由资深法官、律师和学者共同建立的最为重要的电子系统之一,他们致力于确保通过法律尊重国际人权标准。②国际法学家委员会由60位来自世界各地的资深法官、律师和学者组成。它的全球和地区报告、简报和人权杂志以及它所建立的一个世界范围内不同管辖权下与司法机构独立和人权相关的决策数据库都为我们在一定程度上提供了这个项目的全部内容。它已经赢得了联合国人权奖、欧洲人权奖、伊拉兹马斯奖(Erasmus Prize)和沃特勒和平奖(Wateler Peace Prize),这充分表明了它在世界范围内促进人权的作用。

其他重要的电子系统并不必然由法官们来建立,但却被广泛使用,尤其涉及人权案件时更是如此,它们是CODICES③和Worldlii④。CODICES是由基于法律的欧洲民主委员会(又称"威尼斯委员会")创立和运行的一套系统,它负责收集和消化来自全球范围内50多个宪法法院(或者具有同等管辖权的法院)的判决。该系统有24种工作语言,整个数据库可以利用关键词或短语进行检索,从而允许法官和其他研究人员迅速找到有关特定人权问题的信息。世界法律信息研究所(World Legal Information Institute,简称Worldlii)是一个全球系统,由来自123个国家1252个数据库组成,在处理人权案件时,法官也会使用这个系统。⑤在21世纪,通过各种电子系统获取外国资源不断扩大。目前,法官广泛用来研究外国和国际判例法的两个最为重要的电子数据库是LexisNexis和Westlaw,其中包括来自澳大利亚、加拿大、中国香港、俄罗斯、墨西哥、爱尔兰、新西兰、新加坡、欧盟和英国的立法和法院判决。⑥

---

① 参见Online: Worldjudiciary <http://worldjudiciary.org/>.
② 参见Online: International Commission of Jurists <http://www.icj.org/>.
③ 参见Online: European Commission for Democracy through Law <http://codices.coe.int3>.
④ 参见Online: World Legal Information Institute <www.worldlii.org>.
⑤ 参见Online: World Legal Information Institute <www.worldlii.org>.
⑥ 参见Online: LexisNexis <https://www.lexisnexis.com/ca/legal/auth/bridge.do?rand=0.842803910859736>; 参见Online: Westlaw <http://westlawinternational.com/>.

五 全球司法教育和培训机构

无论从一般意义上说,还是从更为具体的人权问题而言,全球司法教育和培训机构都是另一种不同形式的司法全球化过程。它们还表明司法全球化是如何影响全球人权的。正如斯劳特(Slaughter)正确注意到的那样,世界范围内的法官不断支持全球司法教育是司法全球化进程中另一项有趣的意识和心理指标。法官不仅参加司法培训机构、而且构想并建立这些机构的最好例证是国际司法培训组织(the International Organization for Judicial Training,简称IOJT)。[①] 来自全球24个国家的法官们在耶路撒冷举行的一次会议上成立了该组织,目的是"支持全球司法教育机构的工作从而促进法治"。[②] 它的使命将通过"国际和地区会议以及其他的交流项目"予以实现,截至2014年2月,国际司法培训组织包括来自世界各地117个国家的成员机构。

国际司法学会(The International Judicial Academy,简称IJA)是另一个法官教育机构,尽管它不是由法官专门设立。它寻求"为世界各国的法官、法院管理人员、司法部官员和其他法律专业人士提供最高质量的教育项目"。[③] 国际司法学会在1999年10月成立于美国,"自成立以来,它已经接待了来自中东欧、南美、东南亚和中国的项目参与者"[④]。它的中心任务通过论坛、会议和交流项目予以实现,旨在提供有关法官和法庭工作人员应该如何在一个现代化、公平、有效、透明的法院系统中发挥作用的具体说明。在他们的项目和出版物中,关注法治和人权似乎成了最核心的问题。[⑤]

建立具有全球管辖权的司法教育组织(例如,国际司法培训组织和国际司法学会)是全球各地法官亲密接触的另一项重要指标。当涉及法

---

① 参见Online: International Organization for Judicial Training <http://www.iojt.org/>.
② 参见Online: International Organization for Judicial Training <http://www.iojt.org/>.
③ 参见Online: International Judicial Academy <http://www.ijaworld.org/>.
④ 参见Online: International Judicial Academy <http://www.ijaworld.org/>.
⑤ Clifford Wallace, "Globalization of Judicial Education", *28 Yale J Int'l L 355*, 2003, p.360.

治、司法独立和人权时,法官似乎通过全球司法培训和教育来相互帮助并推动彼此实现对这些概念的普遍与和谐理解。①

---

① Richard Price, "Transnational Civil Society and Advocacy in World Politics", *55 World Pol 579*, 2003, p. 579; Tamir Moustafa, "Law Versus the State: The Judicialization of Politics in Egypt", *28 Law & Soc Inquiry 883*, 2003, p. 883.

第 三 章

当代中国人权司法保障存在的问题及其原因

从顶层设计的角度来看,人权司法保障在我国已经形成共识。党的十八届三中全会通过的《中共中央关于全面深化改革若干重大问题的决定》专设一条(第三十四条)部署完善人权司法保障制度。这是中国共产党首次明确提出这一改革任务,标志着我国人权的司法保障将步入新的历史阶段。党的十八届四中全会通过的《中共中央关于全面推进依法治国若干重大问题的决定》进一步强调"加强人权司法保障"。为落实"尊重和保障人权"的宪法规定,坚持惩罚犯罪和保障人权并重,强化刑事司法对人身权利、财产权利和诉讼权利的保障机制,根据十八届三中全会和四中全会的决定,政法各部门形成了更为具体的人权司法保障制度性规定,比如《中央政法委关于切实防止冤假错案的规定》《最高人民法院关于建立健全防范刑事冤假错案工作机制的意见》《最高人民法院、公安部关于刑事被告人或上诉人出庭受审时着装问题的通知》等,最高人民法院发布的《最高人民法院关于全面深化人民法院改革的意见》(以下简称《四五改革纲要》)专门提出要强化人权司法保障机制。① 毋庸置

---

① 《四五改革纲要》关于强化人权司法保障机制的规定可概括为以下改革措施:第一,关于刑事被告人出庭受审应该穿着文明整洁的便装或正装;第二,关于依法保障当事人及其诉讼代理人的诉讼权利;第三,关于完善对限制人身自由司法措施和侦查手段的司法监督。参见最高人民法院司法改革领导小组办公室编写《〈最高人民法院关于全面深化人民法院改革的意见〉读本》,人民法院出版社2015年版,第72—74页。

疑的是，中央决定和最高人民法院的改革措施在推动人权司法保障的进程中发挥着极为重要的作用，也取得了不小的成就。①然而，从顶层设计的制度层面落实到具体的司法实践操作层面，受法律规定、司法程序、司法理念、司法人员素质等因素的影响，人权司法保障在实践中仍存在不少问题。本章认同人权司法保障包含以下两层含义：第一层含义是"司法中的人权保障"，主要是指在行使刑事司法权（包括追诉权）、展开刑事诉讼程序的过程中，除了保护受害人的权益之外，还要保护犯罪嫌疑人、被告人和服刑人的基本人权，核心在于通过制约司法程序中的国家权力来防止侵犯被追诉人的基本人权；第二层含义是"运用司法权来保障人权"，即人权的司法救济。人权的司法保障这个命题，首先是但不限于政治权利的司法保障，它还包括经济、社会、文化权利以及集会权利等的司法保障。②遵循上述线索，本章首先梳理归纳程序机制和具体人权司法保障中存在的问题，在此基础上总结当前我国人权司法保障不力的具体原因。

第一节　人权司法保障程序中存在的问题

一　立案中存在的问题

立案是公民通过司法渠道保障人权的门槛，是保障当事人行使诉讼权利的第一环节。近年来，针对群众打官司"立案难"等诉讼门槛太高的问题，党的十八届四中全会提出，改革法院案件受理制度，变立案审查制为立案登记制，对人民法院依法应该受理的案件，做到有案必立、有诉必理，保障当事人诉权。但通过分析司法实践调研报告，立案登记制改革后，立案中保障当事人诉权依然出现了新问题。

---

① 比如国务院新闻办公室2016年9月发布的《中国司法领域人权保障的新进展》从不断健全人权司法保障机制、进一步完善人权司法保障程序、努力提高人权司法保障执行力、切实保障被羁押人合法权利等方面展示我国人权司法保障的制度性成果。参见中华人民共和国国务院新闻办公室《中国司法领域人权保障的新进展》，人民出版社2016年版。

② 江必新：《关于完善人权司法保障的若干思考》，《中国法律评论》2014年第2期。

(一) "立案难"问题影响当事人诉权的行使

1. 由于"案多人少"的压力,对符合受理条件的案件不立案、拖延立案。"案多人少"的问题虽然不是全国法院面临的普遍问题,但在部分地区尤其是东部地区、特大城市相对突出,具体表现为部分法院为了集中精力清理积案,应对法院内部均衡结案率的考核指标,基本形成了在年终岁末不立案的惯例,这一现象已经受到了舆论和人民群众的广泛诟病。

2. 部分法院对单靠法院裁判难以化解的案件不立案。一些法院由于受到地方党委政府的干预,对地方重点建设项目、招商引资、企业破产改制、征地拆迁等问题引发的纠纷,往往既不受理,也不下达不予受理裁定书。有的地方党委、政府还与法院联合出台了相关内部文件,规定某些类型的案件不予立案,这种情形在行政诉讼中表现尤其突出。[①] 有些类型的案件因牵涉利益广泛,一纸判决往往难以真正将维权者利益落到实处,一些法院倾向于通过非诉讼方式化解,致使当事人丧失了通过诉讼方式化解纠纷的诉权。

3. 部分法院对法律不明确或难以送达的案件不立案。近年来网络侵权、虚拟财产等新类型案件层出不穷,而立法的滞后性决定了对某些新类型案件缺乏相应法律予以规制,或新法律法规已施行,但司法解释和操作细则没有及时出台,导致立案法官对立案标准缺乏统一把握,或顾虑到审判法官难以确定实体裁判标准,因而不立案、拖延立案。还有一些法院出于便于送达、便于联络当事人、防止虚假诉讼等方面的考虑,自行增设案件受理条件,主要是要求原告提供比法律规定更为详尽的被告资料,如被告居住地村(居)委会出具的被告居住证明、可以打通的被告联系电话等。

4. 出于法院自身原因导致的"立案难"问题。一是立案审查范围扩

[①] 最高人民法院编写组:《公正司法的理论与实践探索》,人民法院出版社2015年版,第316—317页。

大化造成的"立案难"。部分法院和法官在立案环节中，超越程序审查范畴，对原告资格和被告是否适格等问题进行过度审查，要求当事人提供全面翔实的证据，并对证据的证明力进行判断，对诉讼请求显然不能支持的不予立案。这种在立案环节将原告能否胜诉一并考虑的做法，混淆了诉权与胜诉权的关系，没有充分尊重当事人的诉权和意思自治。还有部分法院的立案窗口法官工作效率低、态度不热情，给当事人造成"立案难"的不良印象。对于起诉材料欠缺或需要补正的，未能一次性告知，致使原告多次往返于法院。对不属于法官主管或受诉法院管辖的案件，未能充分释明原因，引导当事人通过正确途径解决问题，而是简单拒绝，让当事人认为法院冷硬横推。

（二）立案登记制改革后出现的新问题

1. 改革导致"案多人少"的矛盾更加凸显。推行立案登记制后，导致法院受案量井喷。2016年，人民法院受理案件数量为2305.6万件，同比上升18.1%。尤其是"民告官"的行政诉讼案件，"不设门槛"的登记立案，使得大量案件涌入法院，很多省份超过100%，增加了行政审判的工作压力。立案人员在逐案审查的基础上对不符合受理、立案条件的行政案件出具书面裁定，此外为引导当事人合理诉讼还增加了大量释明工作。另一方面，登记立案后不少法院的一审行政案件平均审理天数大幅增加，例如，广东某中院由2014年的68天变为2016年的135天。平均审限的延长不仅对行政审判效率造成较大影响，更是对审判人员、当事人时间精力的无形损耗。[①] 立案登记制改革后，刑事自诉案件同比、环比均出现翻倍增长的情况。民事案件增长幅度也比较明显。案件数量的增长，既是人民法院严格落实立案登记制改革要求的结果，又是社会经济形势变化、修订后行政诉讼法施行等客观因素作用的结果。

2. 改革导致滥用诉权问题凸显。保障当事人诉权与防止滥诉是一个

---

① 《严格落实立案登记制，切实加强行政诉权保障——天津二中院关于行政诉讼案件立案登记制实施情况的调研报告》，《人民法院报》2017年12月14日第8版。

问题的两个方面，任何权利都有其行使的边界，超过该边界，则可能构成违法甚至犯罪。近年来，虽然我国法律制度日趋完善，普法宣传范围更广，力度更大，使得一些当事人的维权意识有所提高，但法律知识水平仍然较低，不懂法院基本诉讼程序，不会收集关联的证据材料，一有纠纷就起诉到法院，要求法院无条件受理，例如，"一元钱官司""判决履行夫妻同房义务""青春损失费""断绝父子关系"等稀奇古怪的诉讼不在少数。立案登记制度更容易导致"琐碎之事"诉诸法院，造成滥诉，从而不合比例地耗费司法资源。立案登记制改革降低了诉讼门槛，减少诉讼成本，但也为一些恶意当事人和不良律师提供了可乘之机，出现滥用诉权、虚假诉讼、恶意诉讼、人为操作等问题。例如，当事人向浦东新区法院起诉演员赵薇要求其赔偿精神损失费，理由是认为赵薇在电视中一直瞪他；还有律师起诉其他法院法官要求赔偿医药费及精神损失费，理由是该法官开庭过程中未休庭导致其健康出现问题等。此外，少数职业道德不高的律师、法律工作者为获取案源收取代理费，怂恿、鼓动甚至是代替当事人滥用诉权，自行签署授权委托书进行诉讼，随意增加诉讼请求，规避管辖条款而"拖管辖"等行为。提供虚假证据、捏造事实，虚构民事法律关系，指使他人提供虚假物证、书证、证言，随意进行财产保全和证据保全申请等现象大量存在。

3. 疑难敏感、新类型案件大量涌入法院，造成案件审理难度加大。立案登记制实施以来，各地陆续出现"失独"家庭起诉卫计委、复转军人起诉人力资源和社会保障部等敏感型、涉众型案件，以及针对国家领导人和中央纪委、中央政法委等特殊党政单位的起诉等。人民法院以往处理此类案件起诉，主要依靠相关政策或内部的规范性文件，但是，立案登记制改革之后，这些案件并未排除在登记立案案件范围之外，当事人对此类案件的立案诉求更加强烈，予以妥善处理的难度加大。[①] 涉及城建、公安、社会保障等传统行政管理领域的疑难敏感案件数量迅速增长，信息电信、金融等新类型行政案件不断涌现，导致行政审判难度不断增

---

① 黄永维主编：《司法前沿问题十二讲》，人民法院出版社2017年版，第177页。

加。反映在审判实践中,表现为虽然整体行政审判质效指标呈现向好趋势,但申诉率高、服判息诉率低等老问题仍未得到彻底解决。

4. 涉诉信访压力加大。立案登记后,诉前过滤功能减弱,进入诉讼程序的案件增多,会有大量案件在登记立案后因不符合法定条件被裁定驳回起诉或不予受理,这些裁定还会形成上诉、申请再审和申诉,直至申诉信访。不少多年信访案件受理后进入诉讼程序,部分当事人通过冲击法庭秩序、无理缠诉闹访等方式施压,"边诉边访"问题更加突出。[①] 尤其是行政诉讼案件,起诉后不予立案和驳回起诉、驳回诉讼请求案件数量大幅提升,加大了人民法院依法处理涉诉信访问题的压力。

5. 诉讼服务保障没有及时跟进,便民利民举措有待进一步完善。[②] 一是立案服务水平有待提升。立案登记制实施后,人民群众维权意识高涨,但普遍诉讼能力较差,而全国法院立案服务水平参差不齐,有的法院没有设立诉服咨询平台,有的诉讼指导不够规范系统,给当事人造成诉累。二是法律释明工作需要加强。大量裁定不予立案、驳回起诉案件,是由于当事人不理解行政案件的起诉条件、受案范围而盲目诉讼造成的,法律释明工作还需不断强化。三是立案效率问题需要引起重视。立案登记制实施后,很多法院立案窗口出现排长队的现象,个别法院采取"领号""叫号"等措施,但并未从根本上解决立案效率问题。

二 审判中存在的问题

(一)审判程序构造失衡

控辩力量对比不均衡是我国现行刑事程序结构的主要特征,目前刑事审判程序构造仍存在下列问题。一是裁判者中立尚未完全实现。裁判者中立已经作为一项现代刑事诉讼构造理念和基本要求为国际社会普遍

[①] 《严格落实立案登记制,切实加强行政诉权保障——天津二中院关于行政诉讼案件立案登记制实施情况的调研报告》,《人民法院报》2017年12月14日第8版。

[②] 《严格落实立案登记制,切实加强行政诉权保障——天津二中院关于行政诉讼案件立案登记制实施情况的调研报告》,《人民法院报》2017年12月14日第8版。

承认,裁判者中立是司法公正的前提,因此,构建现代刑事诉讼制度必须首先从观念和制度上保障裁判者中立地位,确立法官独立审判的裁决形成机制,并完善法院内部机制,贯彻直接言词原则。二是控辩双方难以形成实质性的平等对抗。由于检察机关身兼公诉职能与法律监督职能,拥有强大控诉力量以及充足国家资源,而被告人与其辩护律师的辩护权却受到许多限制,控辩双方在实力上的不平衡导致双方难以形成有效的平等对抗。建立控辩平等对抗机制是建构现代诉讼构造的必由之路,若追诉机关一方的地位明显优于辩方,程序公正就无从谈起,实体公正也会受到牵累。

(二)控审构造不合理

现代刑事控审构造按照案卷移送方式可以分为起诉状一本主义与卷宗移送主义。前者是指检察机关在提起公诉时只向法院移送起诉书,控审职能得以完全分离的一种程序结构;后者是指检察机关在提起公诉时将起诉书、证据材料等全部卷宗移送法院,法官在对案卷材料进行审查的基础上开庭审判,控诉职能与审判职能部分重叠的一种程序结构。我国 1996 年刑事诉讼法为了克服后者存在的弊端,在起诉状一本主义与案卷移送主义之间选择了一种折中方式,即检察机关在起诉时连同起诉书一起移送证据目录、证人名单和主要证据复印件或者照片。但这种"有限卷宗移送"的控审关系不能有效防止法官从起诉材料中形成预断,此外,检察机关仅移送起诉书与主要证据复印件或照片,律师无法从法院查阅所有证据材料,从而使律师辩护权受到限制。

(三)有效辩护原则亟待完善

有效辩护原则已为各国宪法和刑事诉讼法所普遍确认,并为联合国刑事司法准则所承认,因而成为刑事诉讼中当然的原则。有效辩护原则至少包含了三层含义:(1)犯罪嫌疑人、被告人在诉讼过程中应当享有充分的辩护权;(2)犯罪嫌疑人、被告人可以委托、聘请辩护人为其辩护;(3)国家应当保障犯罪嫌疑人、被告人的辩护权,对无力聘请律师的当事人提供法律援助。从价值层面来看，有效辩护丰富了对犯罪嫌疑人、被告人的人权保障理念，有利于实现实体公正和程序公正，确保司法裁判的正确性和可接受性。同时，有效辩护原则也有助于强化辩护职能，实现诉讼结构在实质上的控辩平等。此外，有效辩护原则还有利于减少诉讼成本，提高诉讼效率。

我国刑事诉讼法对辩护制度进行了完善，不仅扩大了律师的辩护权，而且拓宽了指定辩护的范围，建立了相对完善的法律援助制度，这些措施充分体现了有效辩护原则在我国刑事诉讼程序中得到具体化和落实。但是，我国的有效辩护原则在贯彻落实中还存在某些问题：首先，司法实践中获得律师帮助的犯罪嫌疑人或被告人比例较小。尽管立法上赋予了当事人有聘请律师的权利，但实践中当事人往往因为经济上困难，或者对律师的不信任，聘请律师为其辩护的人数却很少，律师辩护率不高。其次，律师帮助权、辩护权受到制度与观念等因素的限制。调查取证难、会见难、阅卷难等问题已经成为侦查程序中突出的问题。现在又出现了刑事诉讼的"新三难"，所谓"新三难"主要是指庭审之中的律师权利得不到落实，发问难，质证难以及辩论难，这些确实不能让人满意。因此，尽管我国已经确立了有效辩护的基本规范，在制度完善和落实这一原则方面仍然需要经历长期努力和改革。

（四）审前程序构造不合理

审前程序构造完善的重点是侦查程序，我国现行侦查程序的构造仍具有较强的职权主义色彩，侦查机关享有广泛、多样的侦查手段且很少受限制，除了逮捕受到较为严格的实体条件和审批程序的限制外，其他侦查手段一般都可以自行决定且不受其他机关的制约。而犯罪嫌疑人却处于弱势地位，负有如实陈述的义务，辩护权亦受到种种限制，难以与侦查机关形成实质性对抗。改革我国当前的侦查构造需要对侦查权予以适当限制，提升犯罪嫌疑人在侦查程序中的法律地位，确立讯问时律师在场权，完善和保障律师帮助权。此外，侦查构造的完善还需要转变传统诉讼观念以及诸多相关保障，逐步确立司法权威。

（五）当事人或其他诉讼参与人参与审判活动的权利未能得到充分保障

众所周知，刑事庭审质证在许多场合存在形式化、走过场、质证不充分的现象。在刑事审判活动中，证人出庭作证，接受当事人及其辩护人或诉讼代理人的质询，是当事人参与诉讼的重要权利，但证人不出庭作证的问题仍未得到很好的解决；受案多人少压力影响，法庭审理过于重视效率，对法庭辩论的权利存在不当限制的现象。在相当多的案件中，虽然当事人和其他诉讼参与人在形式上参与了诉讼，在审判活动中也行使了诉讼权利，但由于法院诸多法定程序外的"审判"行为或者案外因素，致其参与诉讼的行为很难对法院裁判产生应有的影响。例如，庭审前或庭审后法院与侦查机关、公诉机关之间就个案存在的沟通、讨论、协调现象，审判管理中对个案的行政化把关、决策机制等，都不属于法定程序内容且都与程序法定原则相冲突，但却都可能对法院裁判的做出产生实质性影响，以致当事人和其他诉讼参与人参与审判活动仅留下形式意义，对于裁判形成的影响严重弱化和虚化。

（六）审判委员会的运行限制了当事人的知情权

审判委员会制度最早产生于中华苏维埃共和国时期，历经曲折发展和不断完善，已成为中国特色社会主义司法制度的重要组成部分。审判委员会制度既不是法律移植的结果，也不是理论创造的结果，它与中国社会的政治体制、司法制度、文化传统、现实需要之间具有高度的契合性和关联性。随着全面依法治国步伐的加快推进，审判委员会制度不能满足法治建设现实需要的问题也愈加突出，在主体要素方面，审判委员会的专业化及民主化程度有待进一步提高；在权力要素方面，审判委员会的职权范围过于宽泛，并且基本上属于行政权的运行模式；在规则要素方面，一方面关于民主集中制的规定过于原则和抽象，不利于民主集中制的具体落实，另一方面现行审判委员会制度缺少关于审理制的基本要素，不能满足审判权的规律要求。长期以来，审判委员会讨论决定疑难、复杂、重大案件主要通过听取合议庭汇报的方式进行，而不是通过开庭、谈话、阅卷等审理方式进行，违背了直接审理原则。①审判委员会讨论案件时不区分事实和法律问题，对于存疑事实，在不接触诉讼当事人的情况下，径直行使了事实认定权，违背了言词审理原则；审判委员会通过闭门会议的方式讨论案件，限制了诉讼当事人的知情权，违背了司法公开原则。

（七）领导干部干预司法影响当事人获得依法独立公正审判的权利

依法独立公正行使司法权是人权司法保障的前提条件。我国《宪法》第一百三十一条规定，人民法院依照法律规定独立行使审判权，不受行政机关、社会团体和个人的干涉。这是宪法为保障审判权正确公正行使的原则规定。依法独立行使司法权不仅是一项重要的宪法法律原则，而且是一项重要的诉讼原则，还是人民法院一项重要的组织原则。但现实生活中，为了局部、地方或者部门甚至个人利益，有的假借各种名义非法干预司法、代替司法机关对具体案件进行定性和处理，严重影响依法独立公正行使司法权。2015年11月中央政法委首次通报了5起干预司法的典型案例，②例如，北京市高级人民法院民二庭原庭长陈海鸥过问案件案。2015年3月，北京市高级人民法院民二庭原庭长陈海鸥违反规定，就请托人的请托事项，向不属于自己职权范围的相关办案人员打招呼。目前，陈海鸥已受到行政警告处分，并调离审判岗位。2016年2月，中央政法委又公布了7起干预司法的典型案例。7起典型案件涉案人员20人，其中，市委书记1人，律师2人，法院系统5人，检察院系统3人，公安系统9人。例如，最高法审判员"说情打招呼"，左红干预过问案件案。2014年1月至10月，最高人民法院审判监督庭原正处级审判员左红多次私下接触案件当事人及请托人，多次接受案件当事人及请托人的宴请和所送财物，利用职务影响向下级法院审判执行人员介绍贿赂、为案件当事人说情打招呼，并将其他

---

① 四川省高级人民法院、四川大学联合课题组：《审判委员会制度改革研究》（2014年最高人民法院审判理论重大课题），第146页。

② 《中央政法委首次通报五起干预司法典型案例》，《人民日报》2015年11月7日第5版。

法官退回的贿赂款用于个人理财。目前，左红已被开除党籍、开除公职。中央政法委公布的干预司法的典型案例虽然只有12个，却反映了干预司法存在各种情形，存在于司法的每一个具体环节中，严重影响依法独立公正行使司法权，影响人权司法保障机制的有效运行。

三 执行中存在的问题

执行工作是公平正义得以实现的最后一个环节，是当事人胜诉权得以实现的最后一公里。但是在司法实践中却长期存在着"执行难"的问题。执行难可以从外部的当事人及社会公众和法院内部的视角进行观察。①也有学者认为，进入执行程序的案件质量不好，由此导致执行效果不好，这才是中国法院执行的核心问题。②尽管有关执行问题的研究有所推进，但是实践中的执行难问题依然存在。为解决执行难问题，最高人民法院提出"用两到三年时间基本解决执行难问题"的目标，要实现这一目标，仍然需要把握法院尤其是基层法院案件执行中存在的问题。"执行难"的主要表现为：③

（1）被执行人难找。被执行人逃避执行的问题突出，自然人难寻踪迹，法人及其他组织人去楼空。查找不到被执行人意味着执行程序启动缓慢，法律文书难以送达，财产状况难以查明，执行措施难以实施，执行活动难以正常进行。

（2）执行财产难寻。为逃避债务，一些被执行人在诉讼程序进行过程中甚至在诉讼之前就已经采取种种手段转移、隐匿、处分自己的财产，在诉讼程序结束、执行程序开始前的一段时间内尤为突出，而进入执行程序后，被执行人转移、隐匿财产的情况也屡见不鲜。执行人员不得不投入大量的时间和精力查证、认定财产性质，导致执行措施难以及时到

---

① 最高人民法院编写组：《公正司法的理论与实践探索》，人民法院出版社2015年版，第295页。
② 唐应茂：《法院执行为什么难——转型国家中的政府、市场和法院》，北京大学出版社2009年版，第3页。
③ 最高人民法院编写组：《公正司法的理论与实践探索》，人民法院出版社2015年版，第296—297页。

位，执行活动陷入旷日持久的拉锯战之中。

（3）应执行财产难动。来自法院外界的干预以及不时发生的被执行人暴力抗拒执行等因素导致执行工作推进缓慢。

（4）特殊主体难碰。对于被执行人是党政机关、部队、国有大中型企业的，执行法院查找、控制财产存在难度，采取拍卖、变卖措施更是难上加难。

（5）地方和部门保护主义难以克服。现行的人财物管理体制使得法院难以摆脱来自地方的干预，影响了法院的执行工作。

执行中存在的问题表现为：

（1）执行人案矛盾突出。为决战"基本解决执行难"，许多法院办新案清旧案，加剧执行人案矛盾。以西部某省为例，2016年、2017年执行案件同比分别增长67.57%、23.54%。2018年第一季度执行员额法官人均办案198.72件，高于全国人均办案59.8%。[1]公证债权文书、仲裁裁决、行政决定等涌入法院执行，执行依据质量参差不齐，加重人案矛盾，一定程度上导致执行干警疲于应付，疏于和当事人沟通，个别"执行不能"案件"案结事未了"。据统计，2017年某市法院办理执行案件的干警270人，年人均办案257件，最多的达432余件，人均比居于全国前列，该市执行干警不到全市干警总数的八分之一，但办理了全市法院全部案件的三分之一，执行队伍整体力量还不能完全适应执行工作发展需要。[2]

（2）执行案件规范化水平亟需提高。部分法院办案流程节点超期现象较为严重，终本结案不规范，特别是未采取限高措施、结案前三个月未进行"总对总"查控等情况突出，线上线下操作不同步，部分案件存在系统录入信息不完整、不准确，节点流转不及时等问题。此外，部分案件还存在告知程序不到位、案件执行合议、裁定走过场、法律文书内容缺失、不按规定时限办理等问题。不少法院还把终本作为推脱矛盾、

---

[1] 杨临萍：《打赢执行总攻战，增强群众获得感》，《法制日报》2018年6月30日第3版。
[2] 《宁夏法院"飓风行动"：结案1.2万件，到位20亿元》，《法治新报》2018年7月30日第2版。

搁置难题的手段，感觉有点不好办的案件，就终本了事。还有一些案件处置财产时间较长，涉案当事人意见较大。就执行规范化问题，四川省成都市中级人民法院通过调研发现，对第三人到期债权执行不规范存在以下问题。[①] 一是规避执行力扩张的有限性。执行的有限性，不允许人民法院对执行依据执行力的无限扩张。特别是对第三人到期债权的执行，只能执行债务人的次债务人，不能再执行次债务人的次债务人，但有的债权规避法律规定，通过代位诉讼使次债务人成为被执行人，然后再申请执行其次债务人。二是忽视对次债务人的异议。《最高人民法院关于适用〈中华人民共和国民事诉讼法〉的解释》第五百零一条、《最高人民法院关于人民法院执行工作若干问题的规定（试行）》第六十三条，对第三人到期债权的执行进行了规范，第三人对实体权利提出异议，执行法院不得进行审查。个别案件当事人提出不存在到期债权的异议，执行法院置之不理。三是直接冻结次债务人的银行存款。只有在次债务人不按限期履行通知书的要求清偿债务时，人民法院方可采取执行措施，个别案件直接冻结次债务人的银行存款。四是行使判断权确认到期债权。执行实施中的判断权仅是对相关事务的判断，不能对合同权利义务进行实体判断。个别案件执行中，对"土地征用协议"进行判断和解除，进而确认到期债权。五是未履行法定程序直接执行到期债权。执行到期债权未按先行冻结、限期协助履行，拒不协助再强制执行的方式和步骤，有的案件直接对次债务人采取执行措施。六是对异议进行实体审查。第三人对实体权利提出异议，执行法院不得进行审查。个别案件却予以审查。七是执行超出裁判文书确认的债权额。生效判决中确认的第三人到期债权当事人不得提出异议，但履行的金额应以判决为限，有的案件执行超出判决确认的金额。八是未遵循权属判断的原则。执行中，违背执行关于权属的外观判断原则，以及《执行异议复议规定》的判断标准，有的案件以法院判决审理部分的描述为由，从而认定标的权属，进而执行第

[①] 《践行执裁分离改革，规范导正执行行为——四川成都中院关于执行复议案件的调研报告》，《人民法院报》2017年8月17日第8版。

三人到期债权。九是执行文书不齐备。最高人民法院为规范执行第三人到期债权，执行第三人到期债权的文书为：冻结裁定和限期履行通知书。个别案件仅以"协助执行通知书"方式执行第三人到期债权。

（3）执行信息化水平不高。例如，某市法院网络司法拍卖率偏低，主要原因是网拍90%集中在对不动产的拍卖上，对动产和其他财产的拍卖重视程度不够，网拍各环节流转衔接不顺畅，部分执行法官对网拍流程长、节点多、要求高存在一定畏难抵触情绪。部分法院存在联动部门的信息化对接不够顺畅的问题，网上查人找物还需要进一步落实，执行干警信息化应用水平还有待提升，网络执行查控效率还未充分显现。部分法院执行信息化和执行大数据经费投入不足，建设"智慧法院""智慧执行"进展迟缓。一些银行对联网查询反馈不及时、不准确，无法实现网上扣划款项，房产、工商等部门自身网络不健全，无法实现联网全覆盖。

（4）执行行为存在随意性。执行行为存在随意性主要表现在以下方面：①一是随意中止对标的物的执行。在另案诉讼保全本案标的的案件中，以应当维持查封财产现状为由，随意暂缓案件的执行和对标的物的处置。二是将另案自认作为执行依据。个别执行案件以另案庭审中的自认款项作为执行依据，采取强制措施，随意进行执行扩张。三是对执行标的额异议不予审查。有的执行案件中，被执行人提出法院执行超过了执行标的额，不作异议审查。四是违反房地一并处置原则。个别案件在处置土地使用权时，未对地上房屋及构筑物进行评估，违背《民典法》第三百五十六条和第三百五十七条规定的"房地一体"原则。五是对权属存在争议财产进行处置。有的案件对处置的动产，另案当事人提出权属异议后，仍然进行评估处置。

（5）执行联动机制还需完善。从法院内部的配合来看，部分法院还存在立审执协作配合意识不强的问题。一是立案阶段存在审查不严格、案件信息不翔实、风险告知不充分、法律释明不主动、程序引导不充分

---

① 《践行执裁分离改革，规范导正执行行为——四川成都中院关于执行复议案件的调研报告》，《人民法院报》2017年8月17日第8版。

等问题；二是审判阶段存在单纯就案办案、诉讼保全不及时、措施不到位、保全时限与执行不衔接等问题；三是调解案件没有遵循案结事了的基本原则，大量调解案件进入执行程序。从法院与其他部门的联动配合来看，有的部门在配合协调方面还存在不够顺畅的问题，联合信用惩戒作用还需要进一步发挥。有的制度尚未落实，有的信息共享不全面、查询不及时、联动反应慢，有的联动单位以内部规定、保护隐私等为由拒绝联动。极个别单位以"信访维稳""服务经济发展"为由干预执行。有的地方综合治理执行难的大格局虽然已基本形成，但运行还不十分顺畅，法院协调难度大。有的地方联动落实情况尚未建立管理考核、责任追究等制度，限制被执行人高消费等举措还没有完全落地，协助查找、控制下落不明的失信被执行人尚未普遍实现。

第二节 具体人权司法保障存在的问题

党的十八届三中全会《决定》提出要完善人权司法保障制度。国家尊重和保障人权。进一步规范查封、扣押、冻结、处理涉案财物的司法程序。健全错案防止、纠正、责任追究机制，严禁刑讯逼供、体罚虐待，严格实行非法证据排除规则。逐步减少适用死刑罪名。废止劳动教养制度，完善对违法犯罪行为的惩治和矫正法律，健全社区矫正制度。健全国家司法救助制度，完善法律援助制度。完善律师执业权利保障机制和违法违规执业惩戒制度，加强职业道德建设，发挥律师在依法维护公民和法人合法权益方面的重要作用。党的十八届四中全会《决定》明确提出，加强人权司法保障。强化诉讼过程中当事人和其他诉讼参与人的知情权、陈述权、辩护辩论权、申请权、申诉权的制度保障。健全落实罪刑法定、疑罪从无、非法证据排除等法律原则的法律制度。完善对限制人身自由司法措施和侦查手段的司法监督，加强对刑讯逼供和非法取证的源头预防，健全冤假错案有效预防、及时纠正机制。两个《决定》的规定系统总结了当前人权司法保障的具体任务，因此有必要对所涉人权司法保障中存在的问题做系统的梳理。

一、财产权司法保障存在的问题

当前的财产权司法保障主要是指十八届三中全会《决定》中提出的"进一步规范查封、扣押、冻结、处理涉案财物的司法程序"。目前在财产权的司法保障方面仍然存在着以下问题。

（一）普遍性问题

首先是司法程序启动方面的问题。我国刑事诉讼法对强制性侦查措施的启动考虑的主要是有利于打击犯罪的功利目的，而对于犯罪嫌疑人、被害人合法权益的保障存在严重的价值缺位。[①] 通过分析法律的相关规定可以发现，在搜查措施中，提请搜查的目的为"收集犯罪证据、查获犯罪人"，缺乏必要的证据前提，与西方国家，特别是美国规定的签发搜查证必须要求"可能的理由"的限制性条件差别很大。同样，在扣押措施中，只要有利于"证明有罪或者无罪的各种物品和文件"便"应当扣押"；在查询、冻结程序方面，侦查机关只要根据"侦破犯罪的需要"，便可以提请启动查询、冻结程序，都是忽视启动条件的表现，其后果只能是放任对相对人合法权益的损害。

其次是司法程序的执行缺乏可操作性。一是在搜查程序方面，没有对搜查的时间进行限制，搜查证颁发后多长时间必须进行搜查以及搜查能否在夜间进行等均没有法律规定；对搜查的方式特别是对入户搜查的方式没有限制，往往容易对户主的正常生活造成侵害；侵害相对方的隐私成为强制性侦查措施的必然产物；搜查的范围过大，搜查证中没有限定具体的地点、对象和扣押的物品。二是在扣押获取的物品管理方面存在不规范。虽然我国《刑事诉讼法》第一百一十四条规定对扣押的物品、文件要妥善保管或者封存，不得使用或者损毁。但实践中，侦查人员对收集证据后的审查管理工作不够

[①] 天津市河北区人民检察院课题组：《对搜查、扣押、冻结等强制性侦查措施检察监督有关问题研究》，《法学杂志》2011年第2期。

重视，有的随意使用，有的对贵重物品、违禁品没有密封，有的对容易遗失、损毁、变质或者附着犯罪痕迹的物证未采取特殊保管措施，这些情况在侵犯相对方合法财产权利的同时，也影响了后续诉讼程序的开展。三是在查封、冻结"犯罪嫌疑人"的款物时，对于与犯罪嫌疑人属于夫妻共有的财产和其他共有财产（如合伙）未加区分，存在损害案外人合法权益的现象。

最后是司法程序终结方面缺乏确定性。我国法律中对搜查行为的终结规定不明确，如未对同一个搜查证的使用次数作出限制，在实践中常有持同一搜查证多次反复搜查的现象。而无罪判决后，扣押、冻结的款物应如何处理以及在什么时限内处理也没有规定，以至实践中很多犯罪嫌疑人获无罪判决后却无法讨回被扣押、冻结的款物，导致缠诉缠访。

（二）刑事涉案财物处理程序中存在的问题

从我国刑事诉讼程序的传统来看，一向重人身、轻财产，只注重于对人和行为的法律定性和处罚，而忽视对涉案财物的法律定性，或者充其量只是将它们作为认定人的行为性质的一个证据而已。以至于司法实践中出现所谓"重人身处罚、轻财产处理"的执法观念，[①] 司法机关往往忽视对涉案财物的妥善管理与处分，不仅影响了刑事诉讼的正常进行，也不利于保障当事人的合法权益。目前在刑事涉案财物处理程序方面存在以下具体问题。

首先是涉案财物的内涵和外延法律界定模糊。《刑法》第六十四条对涉案财物的范围和处理仅作出了原则性的规定。其中，关于"违法所得财物"与"供犯罪所用的财物"的范围，在实践中存在较大争议。

其次是刑事涉案财物处理前置程序存在欠缺。[②] 第一，法律定位不明导致权力性质不清。第二，现有的强制措施对涉案财物的保值增值考虑不足。比如不动产涉及犯罪嫌疑人、被告人近亲属的居住问题，汽车、

---

① 戴长林：《依法规范刑事案件涉案财物处理程序》，《中国法律评论》2014年第2期。
② 温小洁：《我国刑事涉案财物处理之完善——以公民财产权保障为视角》，《法律适用》2017年第13期。

轮船等大型交通工具涉及有效保管问题，股票、债券、期货涉及有效保值问题。第三，犯罪嫌疑人、被告人的知情权缺失。第四，查封、扣押、冻结财物的范围存在随意性。第五，被采取强制措施的物品在管理和处置上缺乏统一操作规范。

最后是刑事涉案财物处理程序存在不足。第一是程序参与性不足。尤其是与程序的结果有利害关系的犯罪嫌疑人、被告人缺乏参与程序的有效途径。第二是程序不公开。在我国现行涉案财物处理模式中，对涉案财物的审查主要依据书面材料作出，即使是通过诉讼程序作出裁决，在庭审中一般也并没有专门针对涉案财物处理的内容，不仅对社会公众不公开，对犯罪嫌疑人、被告人以及相关利害关系人也没有做到公开。第三是缺乏有效救济机制。无救济即无权利。针对涉案财物处理中存在的问题，现有处理模式虽然也规定了一定的救济手段，如2010年《人民检察院扣押、冻结款物工作规定》第九条规定，"当事人、其他直接利害关系人或者其近亲属认为人民检察院处理涉案款物侵犯自身合法权益或者有违法情形的，可以向该人民检察院投诉，也可以直接向其上一级人民检察院投诉。接到投诉的人民检察院应当按照有关规定及时进行审查并作出处理和答复"。但从救济机制来看，多限于自身复查，而非由中立的第三方进行审查，在纠错的实际能力上难免受到质疑。

二 保障获得公正审判的权利方面的问题

在保障获得公正审判的权利方面，十八届三中全会《决定》提出"健全错案防止、纠正、责任追究机制"，"严格实行非法证据排除规则"。目前在这个领域存在的问题如下。

（一）错案方面的问题

有学者对典型的八起错案[①]进行分析后，认为错案方面存在以下主要

[①] 这八起典型错案分别是佘祥林案、杜培武案、滕兴善案、李久明案、李化伟案、岳兔元案、赵作海案以及张高平、张辉案。参见胡铭《错案是如何发生的——转型期中国式错案的程序逻辑》，浙江大学出版社2013年版，第17—18页。

问题。一是所有案件都或多或少地存在刑讯逼供,即使是作为警察的杜培武也未能幸免。被告人对于刑讯逼供的控诉没有得到法庭的重视。比如赵作海案中,最终五名办案警察被追诉刑讯逼供罪或玩忽职守罪。二是律师的无罪辩护都没被采纳,被告人的自我辩解更是被无视。比如在滕兴善案中,律师指出了鉴定、作案时间、作案工具等诸多案件疑点,但都不被重视;村民自发在申诉状上签名,集体为滕兴善喊冤;滕兴善在行刑前仍大喊:"我没有杀人,我是冤枉的。"在有如此重重疑点的情况下,滕兴善从被起诉到执行死刑仅仅用了三个月。[①] 三是普遍存在无罪证据被忽略,有罪证据不足的问题。如被告人没有作案时间、尸体无法确认等无罪证据都没有引起司法机关的关注,而凶器没有找到、尸体其他部分未找到都被无视。四是口供被作为定罪的主要证据。一起案件中的多次口供,司法机关只选取有罪证据和对控诉方有利的口供,而对于当庭翻供、无罪辩解却有意无意地忽略。五是DNA鉴定方面的问题。有的是应该做DNA鉴定而没有做鉴定或者DNA鉴定不过关,有的则是忽略了对被告人有利的DNA鉴定。六是对所谓民愤极大的案件,为了更快破案召开公安局长、检察长、法院院长三长会协调,限期破案的压力等原因造成了警察为了破案不择手段,公检法三机关盲目地配合,甚至是为了结案而故意忽视无罪证据、编造与篡改证据。冤假错案是对社会公平正义的极大伤害,是司法工作的致命伤,是树立司法公信和司法权威的克星。改革开放以来,虽然暴露出来的冤假错案为数不多,且多为特定时期的陈年旧案,但它们的危害和连锁反应却不容低估。[②]

(二)非法证据排除规则方面的问题

第一,立法对非法证据排除范围界定不明确。非法证据排除范围的认定需要通过《刑事诉讼法》第五十四条等规定予以明确,但司法人员

[①] 胡铭:《错案是如何发生的——转型期中国式错案的程序逻辑》,浙江大学出版社2013年版,第18—19页。

[②] 胡云腾:《错案防范与司法问责刍议》,《中国法律评论》2014年第2期。

在执行排查时却困难重重，一是"非法方法"具体包括哪些、达到何种程度才要被排除不明晰；二是重复自白的证据可采性问题未有明确说明；三是"毒树之果"是否需要排除，刑讯逼供等非法手段所获得的犯罪嫌疑人、被告人的口供进而获得的第二手证据证明力如何确立。

第二，对"提供相关线索或者材料"义务的理解出现偏差。对辩方"提供相关线索或者材料"义务的理解，普遍存在法官掌握标准不一的情况。有法官认为需有明确的实施非法证据取证行为时间、地点、手段、行为人姓名等线索或者有照片、就医记录等材料，对模糊表示而不能提出具体线索的不应启动非法证据排除程序，也有人认为仅需提供模糊信息、概括表述、内心存疑，还有人认为需要提供大致信息即可。

第三，非法证据排除程序启动难。从程序的启动上看，绝大部分非法证据排除案件都是辩方申请，适用率偏低。一项调研数据显示，对法官主观上启动非法证据排除的阻碍因素中，有近49.5%的法官认为主因是程序繁琐，有31.3%的法官认为主因是考虑到与公诉机关的良性互动及感受到公诉机关的压力。[①]另一项课题组调查结果显示，当被告申请排除非法证据时，大多数法官会要求其必须提供确实、充分的证据来证明刑讯逼供。即使被告人提供了证据，也不意味着必然启动排除程序。在此情况下只有15.7%的法官表示非常可能启动非法证据排除程序。[②]

第四，证据合法性调查模式存在不一致、不规范的情况。在调研中发现，非法证据排除调查在整个案件的穿插节点中各法院甚至各法官存在调查、排除的主体、阶段、宣告结果、时间不统一的情况，这说明在法院系统内部尚未形成统一的非法证据排除规则通用程序，同时很多法官将非法证据排除问题视为普通的举证、质证问题，将这一程序问题与实体问题一并解决。

第五，控辩力量对比失衡较严重、保障性措施的缺乏导致言辞性证

---

① 《完善非法证据排除规则，积极推进诉讼制度改革——上海高院关于非法证据排除规则适用的调研报告》，《人民法院报》2018年1月4日第8版。

② 《排除非法证据，守护公平正义——内蒙古高院关于非法证据排除规则的调研报告》，《人民法院报》2018年1月11日第8版。

据成为非法证据排除的重灾区。一是律师很难在侦查阶段真正参与侦查过程，会见权等权利保障不足。刑事诉讼要求控诉、辩护、审判三方平衡的构成，辩护必须强大到足以应对对方控诉。在目前侦查实践中，侦查工作相对不透明，侦查机关可以决定在何时、何地、何种情形下进行讯问，很多时候也可以决定讯问采用何种方式进行（是否进行实时录像），而辩方不仅参与度低，而且针对非法证据排除的取证能力也同样不足。同时，在调查中律师群体认为，"即使律师提出非法证据排除申请，法庭会因考虑种种因素而不采纳和认可"的占到认为非法证据排除实施不理想原因的69.1%，这就说明，目前律师对于其非法证据排除申请受到重视的程度相当不满意。[1]二是法官也很难仅通过庭审实质上改变这一力量对比。在双方均无法出示确实充分证据的情况下，侦查机关通常仅出具说明材料来说明证据瑕疵原因（目前出具说明材料的侦查人员出庭接受质询率较低），而法律规定同步录音录像在特定条件下的非强制性，导致一定程度上法官只能依据现有证据甚至是一份单方出具的说明材料进行判断，在法官面前侦查机关出具的说明材料证明力显然大于被告人或辩护人的一面之词。因此在这种情况下，想要完全依靠法官制衡控辩双方力量对比，是很难实现的。三是被告人维护自身权利意识淡薄、举证困难。犯罪嫌疑人、被告人在刑事案件中因人身自由受到严格限制，完全处于被动和弱势地位，他们面对侦查人员、检察人员时不敢与之抗衡。大多数犯罪嫌疑人、被告人的文化程度不高，法律意识淡薄，根本不知道侦查人员什么时候侵犯了自己什么权利。即使有的犯罪嫌疑人知道侦查人员侵犯了自己的合法权利，但是经常面对举证艰难的窘境。

第六，相关程序性规范实施效果差、追责配套机制尚未设立。我国自2007年开始即要求职务犯罪审讯全程录音录像，刑诉法修订后扩大到公安机关侦查的特定案件，但这一制度未得到有效全面实施。实务中部分法院未履行或不当履行告知义务，侦查人员、证人、鉴定人出庭率低

---

[1] 《排除非法证据，守护公平正义——内蒙古高院关于非法证据排除规则的调研报告》，《人民法院报》2018年1月11日第8版。

都是有效实施非法证据排除的障碍。同时，对于非法证据排除程序中发现侦查人员有违法取证情况的，最终对相关责任人追究法律责任的较少，也导致侦查人员忽视非法取证的后果。

第七，非法证据排除后的实际效果不明显。非法证据排除程序的立法预设是通过对证据合法性的程序判定，给予被告人非自愿状态下认罪的救济机会，对认定为非法的证据将不能作为定案的根据。但实际上，目前非法证据排除对实体上的处理影响甚微，一是关键证据被排除的情况在案件中极少出现，很少因此判决被告人无罪；二是即使证据因合法性问题被排除后，公诉机关又可以补证并继续在案件中使用。

三 生命权司法保障方面的问题

十八届三中全会《决定》提出"严禁刑讯逼供、体罚虐待"以及"逐步减少适用死刑罪名"，都是旨在保障健康权、生命权的改革措施。

（一）刑讯逼供问题

虽然我国相关法律对于在侦查讯问程序的讯问主体、地点、时间、方法、犯罪嫌疑人权利的保障以及律师介入等问题都做了规定，但是，由于受到我国现行刑事诉讼结构中"侦查中心主义"的影响，侦查程序往往成为刑事诉讼的"中心"环节，侦查讯问带有很强的"纠问式"色彩。侦查机关拥有较大的权力，有权采取广泛的诉讼手段调查犯罪，还可以采取一系列的强制手段，且受到"命案必破"等的压力和办案时限的紧迫；而犯罪嫌疑人享有的只是到场接受讯问且对讯问予以如实回答的义务，缺乏律师的在场监督，完全处于"诉讼客体"的地位，司法实践中存在"刑讯逼供"，夜间突击讯问、"车轮战"讯问、无休息连续讯问、无饮食多次讯问等行为，导致犯罪嫌疑人"屈打成招"，承认"犯罪事实"等问题的普遍存在。

（二）死缓限制减刑适用方面的问题

作为我国《刑法修正案（八）》中确立的一项新的刑罚制度，死缓限制减刑制度对于增强死缓刑的严厉性、加大对严重犯罪分子的惩罚和改造力度、缓解自由刑与死刑衔接的脱节程度等方面都起到了非常重要的作用。但是从该制度施行的司法实践来看,其在适用中仍然存在不少困惑和问题,没有完全达到立法预设的目的和效果,因此亟须检视死缓限制减刑的司法适用状况,探寻更好发挥死缓限制减刑对控制死刑适用的作用,并在此基础上探索出规制死缓限制减刑适用的方法。

抢劫罪是严重的暴力犯罪,是死刑适用较为集中的一种犯罪,同时抢劫罪也是可以判处死缓限制减刑的罪名之一。以抢劫罪为例,可以有效检视死缓限制减刑在司法实践中的适用情况。2011年5月至2014年底,在河南省5个中级人民法院审理的被告人被判处无期徒刑及以上刑罚的288起抢劫案件中,涉及被告人354人,其中,被判处死缓限制减刑的39人。[①]在死缓限制减刑的适用中主要存在以下问题:一是限制减刑对减少死刑立即执行适用的效果不明显。在288起抢劫案件涉及354名被告人中,死刑立即执行的适用比例并没有如立法者期望的处于稳中有降的趋势。[②]通过《刑法修正案(八)》及各种司法解释可看出我国限制、减少死刑适用的决心,但从司法层面看,一些实务人员没有很好地理解死刑政策,仍固守重刑思想,依赖死刑功能,没有严格按照死刑适用的总体标准来适用死刑,死缓限制减刑对控制死刑立即执行的适用作用有待进一步发挥。二是量刑情节对适用死缓限制减刑的作用发挥不充分。影响死缓限制减刑适用的量刑情节主要有:自首、立功、累犯、积极赔偿等,但在司法实践中有些量刑情节并不能起到应有的作用。以自首为例,在288起抢劫案件涉及354名被告人中,有自首情节的被告人适用死刑立即执行与适用死缓限制减刑的比例相差近十个百分点,自首情节对死缓限制减刑的作用比死刑的作用要低。三是限制减刑适用标准不一。最高人民法院《关于死刑缓期执行限制减刑案件审理程序若干问题的规

[①] 刘冠华:《死缓限制减刑:能否承受减少死刑适用之重》,《人民法院报》2015年1月14日第5版。

[②] 刘冠华:《死缓限制减刑:能否承受减少死刑适用之重》,《人民法院报》2015年1月14日第5版。

定》第一条规定,"根据犯罪情节、人身危险性等情况,可以在作出裁判的同时决定对其限制减刑",此规定存在一定的弹性,适用范围比较宽,而且最高人民法院出台的具有指导意义的典型案例还不是很多,法官很难准确把握死缓限制减刑的标准。

四 发展权司法保障方面存在的问题

(一)社区矫正制度存在的问题

十八届三中全会《决定》提出要"健全社区矫正制度",旨在促进罪犯回归社会,即保障发展权。社区矫正是非监禁刑罚执行方式,对符合法定条件的未成年罪犯适用社区矫正,有利于未成年人顺利回归社会,更有利于未成年人犯罪后改造、健康成长。2012年3月1日,《社区矫正实施办法》正式颁布实施,为未成年人犯罪社区矫正工作的开展提供了法律依据。根据某地法院的调研,发现未成年人刑事案件适用社区矫正中存在一定的问题,可归纳如下。一是未成年人刑事案件社区矫正适用率低。2012年适用缓刑的未成年人数占未成年人被告人数的16.1%,2013年为7.3%,2014年为8.8%,2015年为27.5%,2016年1—5月为22.2%,这就导致对未成年罪犯适用社区矫正的机率较低。[①]究其原因,主要是未成年人犯罪呈现暴力性、团伙作案、取财目的强等特征,犯罪类型以抢劫、聚众斗殴、寻衅滋事为主,根据法律规定,不宜适用缓刑。二是开展未成年人社区矫正工作司法合力薄弱。未成年人犯罪是一个复杂而广泛存在的社会现象,保护未成年人的健康成长需要全社会的合力,单靠少数几个单位的努力很难取得实效。但由于目前缺乏具体调整各单位协作、配合工作的规范,各职能单位多是单兵突进,少协同作战,没有建立长期性、经常性的工作机制,回归社会后的青少年更是缺乏积极的引导。从调研情况看,由于欠缺协同机制,对判处缓刑或免予刑事处

[①] 《规范社区矫正,保障少年权益——江西于都县法院关于未成年人刑事案件社区矫正情况的调研报告》,《人民法院报》2016年10月27日第8版。

罚的未成年罪犯，司法部门落实帮教措施、回校求学教育等方面的协助不够。三是社会公共责任缺失，大部分当事人对未成年人的犯罪行为缺乏容忍度。目前尚没有针对未成年人刑事案件的被害人利益保障制度，而一般未成年人犯罪案件的数额并不大，比如抢劫本校同学财物类案件，往往数额很小，而被害人家长却情绪激动，不肯谅解被告人，给未成年被告人贴上"坏孩子"标签。社会公众对未成年人犯罪不能理性对待，不利于未成年罪犯的成长，也不利于未成年人社区矫正工作的发展。

（二）犯罪记录封存制度存在的问题

《刑事诉讼法》第二百七十五条明确规定了对犯罪的未成年人实行犯罪记录封存制度，避免给有过犯罪记录的未成年人带来负面影响，使其能够平等地享有与其他正常人一样的权利，真正改过自新，回归社会，也可以认为是保障发展权的一项制度。中国第一次以立法形式确立的未成年人刑事犯罪记录封存制度体现在2012年3月14日十一届全国人民代表大会第五次会议表决通过的《中华人民共和国刑事诉讼法修正案》第二百七十五条的规定：犯罪的时候不满十八周岁，被判处五年有期徒刑以下刑罚的，应当对相关犯罪记录予以封存。

未成年人犯罪记录封存制度体现了中国针对未成年人犯罪以教育为主、惩罚为辅的刑事政策。未成年人犯罪大多数情形属于初犯、偶犯、激情犯，其往往是由于一时冲动而误入歧途，主观恶性较小，经过教育和改造，回归社会的可能性比其他罪犯要大得多，所以法律理应对其从宽处罚。这一制度能让未成年罪犯感受到国家和法律对他给予的道义体恤和人性温暖，从而唤起其发自内心的感动与悔悟，这相比严厉的惩罚更有助于真正达到教育和挽救的目的。然而，在司法实践中仍存在诸多亟待改善的问题。①

我国犯罪记录封存制度采取的封存形式是公安机关、人民检察院、人

---

① 王明强、邓玉洁：《未成年人犯罪记录封存制度的反思与完善》，《人民法院报》2018年9月26日第6版。

民法院和司法行政机关等部门在办案过程中依职权对犯罪记录予以封存，并未规定未成年当事人及其法定代理人、近亲属主动申请对其犯罪记录予以封存制度。单一的封存模式在一定程度上剥夺了未成年当事人及其法定代理人、近亲属知情权及维护自身合法权益不受侵害的救济途径。有些办案人员并未在办理案件过程中严格遵守保密规定，也未将未成年人犯罪的卷宗材料及成年人犯罪的材料予以区分并不予其他人员查询。加之单向依职权启动的方式也导致部分办案人员并未采取任何措施予以封存，消极对待，导致未成年人犯罪封存制度流于表面形式，未取得实质性效果。

现行法律对封存范围规定语焉不详，诸如对于公安机关做出的不立案决定、检察机关做出的不起诉决定等情况是否应当予以封存并无明确规定。鉴于犯罪记录封存制度的初衷，应对从公安机关立案阶段起相关的所有材料，包括不予立案的情况、行政处罚记录、强制措施记录等，检察机关审查起诉阶段的所有材料，包括起诉材料、相对不起诉和附条件不起诉等材料，审判机关作出的情节轻微的有罪判决、免于刑事处罚、宣告无罪、宣告不负刑事责任、终止审理等未成年人受到法律追究的所有材料，符合条件的应当予以封存。

只要符合法律条款规定的条件，被判处五年有期徒刑以下刑罚，无需考虑犯罪性质、认罪悔罪态度、人身危险性和社会危险性等状况，即应将犯罪记录予以封存，该规定未充分平衡惩罚犯罪，维护社会公共安全与保障未成年人利益。对于团伙作案的首要分子，共同犯罪的主犯，多次作案屡教不改，犯数罪的，犯故意杀人罪、强奸罪、抢劫罪等暴力性犯罪造成严重后果的以及涉黑涉恶组织领导或积极参与的等具有严重社会危害性的案件，若宣告刑被判处五年有期徒刑以下而予以封存，一方面罪责刑不相适应，与我国刑法原则冲突；另一方面，犯罪成本较小，对未成年人改过自新无益，甚至可能导致再犯；同时一定程度上纵容未成年人犯罪的嚣张气焰，不利于其他未成年人树立榜样。

（三）破坏生态环境资源类犯罪中存在的问题

首先是涉及生态环境的修复补偿机制不健全。生态环境司法保护的主要目的不是打击，而是对生态环境的修复与改善。生态环境审判不仅要惩治破坏生态环境的行为人，更要通过公正审判，使遭到破坏的生态环境得到恢复，让受到损害的生态环境得到补偿，但司法实践中的恢复性司法仍存在不容忽视的问题：一方面，适用比例低。以浙江省丽水市两级法院为例，2014至2016年度，丽水两级法院共审结破坏环境资源类犯罪案件320件，涉案被告人478人中，89人因修复补偿所造成的损失而减轻处罚。①另一方面，恢复效果不易保障。由于案件审理期限短、林木生长护理时间长、成活不确定等因素的影响，补植复绿效果得不到保障。生态环境修复补偿机制在我国尚没有形成健全的制度，导致破坏生态环境违法犯罪人付出的违法犯罪成本较低，而造成的生态环境破坏程度大，损失多，恢复难。

其次，法律法规的不完善使打击存在漏洞。由于破坏环境资源犯罪很多属于新型犯罪，而国家的立法相对滞后，有些法律规定也缺乏实践操作性，导致打击缺乏标准、依据。比如在"两高"的司法解释中，明确界定了"严重污染环境"的十四项标准，在实务中，如何界定情节的严重性尚存在争议。同时目前司法解释未细化损失包含的具体内容，在实践中对环境修复费、环境损害评估费等是否计入"公私财产损失"也存在争议。再比如现对罚金刑的规定不够准确、具体，造成在实践中刑法适用缺乏明确的标准。

再次是部分涉环境资源类案件审理难度大。一些生态环境案件涉及的相关知识专业性、技术性强，在审理中往往需要对污染源是否超标、污染行为与损害结果是否存在因果关系等问题进行专门鉴定，而实践中相关鉴定机构缺乏，带来了举证和鉴定难问题，赔偿范围和数额也难以确定，增加了审理难度。

最后是环保审判能力有待进一步提高。环境资源类刑事案件与一般传统刑事案件具有一定的相似性，但又有所不同。涉环境资源刑事案件

---

① 《加强惩治与宣传，切实保护青山绿水——浙江丽水中院关于破坏生态环境资源类犯罪案件情况的调研报告》，《人民法院报》2017年11月2日第8版。

常常具有潜伏性、复杂性和跨地域性,这就对法官的理论素养、司法经验和环保专业知识有较高的要求。

五 人身安全和财产权司法保障中存在的问题

(一)人身安全保护方面存在的问题

在这方面,尤其是涉家庭暴力申请人身安全保护令的情况较为典型。突出存在着以下问题:一是举证难。家庭暴力具有隐蔽性、私密性、突发性等特点,当事人往往因证据意识不强,不能及时通过报警、验伤、拍照等方式收集保留证据,举证较为困难。大部分案件由于申请人未能提交证据或提交的证据不足以证明遭受家庭暴力或者面临家庭暴力的现实危险,未获法院支持。当事人申请人身安全保护令的案件中,法院最终实际作出人身安全保护令的仅占36%。[①] 二是调证难。《反家庭暴力法》规定,法院受理申请后,应当在72小时内作出人身安全保护令或者驳回申请;情况紧急的,应当在24小时内作出。此类案件绝大多数涉及调查取证和实地走访环节,需要派出所、居委会、医院等单位大力支持,但实践中经常因有关人员拖延时间、拒不配合等,导致人身安全保护令无法及时作出,违背紧迫性的立法初衷,不利于受害者保护。三是认定难。《反家庭暴力法》虽明确列举了家庭暴力的表现形式,但对不同种类证据的采信度、证明标准及举证责任规定不明晰。在实际操作中,对于家庭暴力与因家庭纠纷引起的肢体冲突如何区分,侵害行为的次数、持续时间、严重程度等如何掌握,现实危险如何判断,精神暴力如何举证、认证等问题,往往仅依靠法官内心确认与自由裁量,容易造成裁判尺度不一问题,影响司法公信力。四是送达难。《反家庭暴力法》规定,法院作出人身安全保护令后,应当送达申请人、被申请人、公安机关以及居委会、村委会等有关组织。但在能否适用留置送达、邮寄送达,"有关组织"是指申请人居住地、被申请

---

① 《落实人身安全保护令,预防和制止家庭暴力——天津河西区法院关于人身安全保护令案件的调研报告》,《人民法院报》2017年11月2日第8版。

人居住地还是家庭暴力发生地的组织，被申请人、有关组织工作人员拒绝签收如何处理等问题，法律尚未作进一步规定，导致送达困难，与执行程序衔接不畅。五是执行难。《反家庭暴力法》规定，人身安全保护令由法院执行，公安机关以及居委会、村委会等应当协助执行。但对法院具体执行措施、程序，以及其他单位如何进行协助，不进行协助或者协助不力应当承担何种后果等问题，均缺乏相应规定，致使法院执行流于形式，相关责任部门重视程度不够、积极性不高，影响案件顺利执行。

（二）生效赔偿决定执行中存在的问题

以社会公众广为关注的刑事冤错案件赔偿为例，有专家提出在实践中存在着以下问题。[①] 一是"一揽子"解决的权利清单和赔偿决定之间存在紧张关系，二是赔偿程序的多头繁复与受害人预期的统一便捷之间存在紧张关系，三是赔偿诉求的法据不足与公众语境中的情感合理之间存在紧张关系，四是赔偿诉权与胜诉权之间存在紧张关系，五是审理过程依法书面审理为主的封闭性与社会舆论的高度开放性之间存在紧张关系，六是法律规定的原则性与实践需求的精细性之间存在紧张关系，七是赔偿制度功能与现行赔偿理念之间存在紧张关系，八是追偿追责的法定化淡薄化与人民群众的呼声高涨之间存在紧张关系，九是刑事赔偿的赔偿决定与善后补偿的法律缺失之间存在紧张关系，十是对冤错受害人的赔偿救济与对刑事被害人的人道救助之间存在紧张关系。

在具体的生效赔偿决定执行过程中存在以下问题。首先，支付迟延是较普遍的突出问题。根据《国家赔偿法》第三十七条，赔偿费的法定支付期限应为22日。实践中，有的当事人反映国家赔偿款迟迟不能到手，而不少市县法院存在支付周期过长问题。以经济欠发达的汕尾地区为例，在人财物省统管前，由于地方财政预算原因，法院经费紧张导致国家赔偿款迟迟不能支付的局面时有发生；在人财物省统管后，支付紧张状况

---

① 杨临萍：《新形势下刑事冤错案件赔偿的法治化进程》，《中国法律评论》2014年第2期。

有所改善，但支付周期长依然是顽疾。其次，国家赔偿款审批发放流程上缺乏统一规定。调研发现，全省各地法院的审批发放做法不一。[①]在人财物省统管后，国家赔偿专项资金纳入省财政年初预算（广州、深圳除外），但赔偿款具体支付有多种情形：第一种情形是延续之前的做法，在收到赔偿请求人的支付申请后，赔偿法院依旧向当地财政部门请求支付并获得支持，比如深圳、中山。第二种情形是在收到支付申请后，法院财务部门审核后直接审批支付，比如揭阳、佛山、惠州。第三种情形是部分法院因对人财物省统管后国家赔偿款是由地方财政支出还是由省财政支出的问题感到茫然，在收到支付申请后，赔偿法院仍循旧例先向当地财政部门申请支付，遭拒后，才层层请示从省财政项目经费里支出。再次，国家赔偿款的支付还停留在依靠法院自觉履行阶段。有关国家赔偿款执行的相关法律规定模糊，均未提及强制执行制度，使作出赔偿决定的法院感到有心无力。部分赔偿请求人反映，有的法院作为赔偿义务机关拒绝及时履行支付义务，当事人求助无门，只能多次电话催促、上门询问、信访，甚至向作出生效赔偿决定书的上级法院反映情况，请求协调处理。最后，部分赔偿请求人怠于申请支付赔偿款。国家赔偿决定书生效后，部分赔偿请求人未积极申请支付，致使部分案件的赔偿款较长时间处于无人认领状态。怠于申请主要表现在不向法院提交申请材料、不到法院办理领取国家赔偿款的手续等。笔者在省高院受理的申诉案件中抽取了中院、复议机关已作出决定赔偿案件的20名申诉人进行随机调查，发现几乎所有申诉人均未及时向赔偿义务机关领取赔偿款。

六 辩护权司法保障存在的问题

（一）刑事法律援助制度存在的问题

今后一段时期，刑事法律援助案件将成倍增长。修改后的刑事诉讼

---

① 《努力完善支付制度 及时落实国家赔偿——广东高院关于建立完善广东法院国家赔偿款支付制度的调研报告》，《人民法院报》2018年6月21日第8版。

法实施后，仅就法律规定"必须"提供法律援助的案件数量至少要增加三倍以上。另外，新刑诉法规定，犯罪嫌疑人、被告人及其亲属虽不符合法定法律援助的条件，但因经济困难或其他原因没有委托辩护人，依法可以向法律援助机构申请辩护律师，以前通过申请获得刑事法律援助的案件较少，相信此类案件将会不断增长。其次，法律援助经费的投入需要加大。刑事法律援助案件的数量成倍增长，就需要相应增加刑事法律援助案件的经费投入。仅以30万个案件举例，如果以每一案件平均补助办案律师630元（2009年全国平均数）计算，就需要1.9亿元；如果每个案件以800元计算，则需要2.4亿元；如果每个案件以1000元计算，则需要3亿元。以上数据分别占2010年全国法律援助经费总额10.22亿元的18.6%、23.5%和29.4%。其中最大的金额3亿已超过2010年全国法律援助经费用于办案支出的金额2.93亿。[①] 再次，刑事法律援助的人才亟待加强。2011年全国法律援助机构的专职工作人员是14150人，其中法律专业人员是10888人。办理刑事法律援助案件要求办案人员必须是已取得律师执业证的人员，而这部分人员在法律援助机构的专职工作人员中占比较小，刑事法律援助案件的数量成倍增长，相应地也要求增加办理刑事案件的律师人数或律师办案的次数。显然，短期内法律援助机构内部不可能增加多少人，重点应当放在如何组织、动员更多的社会律师投入到刑事法律援助工作中。同时，还应当在制度上创新，建立科学、合理的机制，把近年来刚从法学院毕业，且已通过司法资格考试的青年法律人才吸收到这项事业中。第四，援助案件质量需加大监督。《规定》为加强法律援助办案质量管理，作出了合理指派案件承办人员的规定，明确了承办律师具体工作要求，并规定法律援助机构对律师事务所、律师开展法律援助活动的指导监督，司法行政机关和律师协会根据律师事务所、律师履行法律援助义务情况实施奖励和惩戒，公检法机关及时向法律援助机构通报律师违法违纪损害受援人利益的行为，加大对律师

---

① 汪霞、樊明忠：《新刑诉法对刑事法律援助制度的完善与挑战》，《人民法院报》2013年12月11日第6版。

办理刑事法律援助案件的监管力度，但如何加强对律师的培训，细化对办案过程及重点环节的管理、考核，确保办案质量，也将是全国法律援助机构面临的挑战。最后是援助机构与公检法衔接存在一定的问题。目前刑事法律援助都是到了法院审判阶段才介入，在侦查、起诉阶段基本上不介入。导致这种现象的原因是，对公检法司四家在刑事诉讼活动中如何具体开展法律援助工作并没有相关实施细则，也没有建立公检法司四家在刑事诉讼活动中开展法律援助工作的衔接机制。因此，基于刑事法律援助立法和法律援助机构与公检法三家在刑事法律援助案件中衔接机制的缺失，公民的刑事法律援助权也就难以得到保障。法律援助机构没有与公安机关、检察机关和审判机关建立联动工作机制，缺乏可实际操作的规范性文件，现阶段的法律法规中涉及此项的规定缺乏可操作性，各地在落实公检法司四家开展刑事法律援助工作的衔接机制时也少有实施细则，事实上造成有关部门对刑事法律援助不重视，宣传不到位，工作不落实。犯罪嫌疑人与刑事被告人不知晓有申请法律援助的权利，自然也无从保障其诉讼程序中的合法利益。

（二）刑事案件律师辩护全覆盖试点工作存在的问题

一是试点指派律师程序条款遇到现实困难。《关于开展刑事案件律师辩护全覆盖试点工作的办法》（以下简称《办法》）中关于告知被告人权利、通知法律援助中心、指派律师衔接法院等程序，在司法实践中会遇到一些现实困境。[①] 根据《办法》，法院需要在立案三日内了解被告人是否委托辩护人，再告知符合条件的被告人有权获得指派律师，然后通知法律援助机构指派律师。这增加了审判辅助人员的工作量，也面临人案配比的矛盾障碍。此外，《办法》对于法律援助中心确定承办律师并函告法院的时间规定模糊，未载明作出给予法律援助决定的时间。二是对于拒绝指派辩护的规定有待完善。《办法》将应当通知辩护的情形分为两

---

① 《多措并举协调推进，保障刑事辩护全覆盖——四川达州中院关于刑事案件律师辩护全覆盖试点改革的调研报告》，《人民法院报》2018年9月6日第8版。

类：(1)《刑事诉讼法》第三十四条规定的指定辩护情形；(2)新增的应当通知辩护的情形。对于第一种情形，《办法》规定在被告人拒绝指定辩护时，应当告知自行委托辩护人或者另行指派辩护律师，指派辩护的强制意义较浓。第二种情形下，对于指派辩护的强制性较低，指派辩护更具权利性质，但《办法》规定："被告人坚持自己辩护，拒绝法律援助机构指派的律师为其辩护，人民法院准许的，法律援助机构应当作出终止法律援助的决定。"可见被告人放弃此项权利需要法院准许，且指派程序进行到法律援助机构处才可能终止。实践中还出现被告人拒绝指派辩护后，又申请指派辩护的情形，文件中未详尽规定。三是全覆盖的制度设计缺乏与刑事被追诉人的互动。刑事辩护关乎被追诉人的切身利益，但是全覆盖制度将被追诉人置于被安排的位置，让其始终处于被动接受的消极地位，使得被追诉人认为指派辩护律师仅仅是办案程序需要，而非自身权利。被追诉人无法了解辩护律师业务水平，在辩护律师履行职责时，被追诉人不能对辩护人的工作进行客观评价，缺少被追诉人对辩护工作的意见反馈，无法对辩护人形成制约，相比委托辩护案件，指派辩护人往往只是消极完成任务。四是全覆盖试点工作尚停留在"有"律师辩护的局面，有效辩护有待深入。实践中，指派辩护案件的有效辩护率仍然不高，主要是指派律师业务水平的问题，一些案件的指派律师是刚进入律师行业不久的新人，这些新人律师因为案源少，就将指派的案件当作练习执业技能的机会，而经验丰富的刑辩律师往往因为指派案件经费少而不愿接手。而且，任务性质的指派模式导致部分律师对指派案件被动履职，甚至有的律师在不会见、不阅卷的情况下，仅仅依靠法院移送材料就发表辩护意见。

第三节 人权司法保障不力的原因分析

通过对人权司法保障程序和具体人权司法保障问题的梳理，我们认为，在人权司法保障程序、机制和不同的具体人权方面都存在司法无法保障或保障不力的问题。具体而言，人权不能得到司法有力保障主要有以下原因。

一 司法制度的设计和运行不能满足人权保障的标准

在非法证据排除规则方面,从程序设置的角度来看,目前非法证据排除规则的程序以及在各审判阶段申请、举证、质证、合议的方式方法及效力均没有明确规定,导致法官不知如何启动非法证据排除程序,法律规定不细致。

在人身安全保护令制度领域,相关的法律规定仅有《反家庭暴力法》中的几个条文,相对较少,且过于原则、笼统,有许多重要的具体细节没有详细规定,体系上缺乏与之相应的配套法规,造成不同地区、部门、人员之间条文理解、执法尺度、操作流程不统一。而且相关责任部门之间缺乏常态化的联动机制,职责划分不明确,监督考核不到位,信息共享不顺畅,对家庭暴力的预防、制止、惩治存在"各家自扫门前雪"的分段负责、单打独斗现象,缺少"凝聚力"和"组合拳"。

在执行联动机制方面,目前相关的法律法规也不完善,影响了当事人财产权的最终兑现。除法律明文规定金融、房地产等部门有协助执行的义务外,对其他机关或部门没有明确规定,相继出台的各种部门意见虽然对执行联动机制作出了一些具体规定,但仍不够完善、系统、全面,导致执行联动机制运行中出现的新问题、新情况往往找不到对应的法律规定和处理依据。尤其对于拒不协助执行具体认定等问题,相关法律法规规定并不完备,缺乏可操作性,对有协助执行义务的单位缺乏约束力。与此同时,法院在要求相关单位协助执行过程中,有些协助单位时常会提出其内部也有相应的规定,因相关规定的不完善导致规定之间的冲突,影响了执行联动的效果。

二 民众的人权意识不高导致他们不知道通过司法来保障人权

我国民众对于一些与自己日常生活息息相关的人权漠不关心,环境权就是其中重要的例证。自从20世纪60年代环境权被首次提出以来,关于环境权利的属性、权能等已经在理论界争论了四十多年,至今尚未有完全一致的看法。然而，不可否认的是，环境权作为一项基本人权已经逐渐得到认可，公众的环保意识也开始加强。但是，与环境权的理论研究相比，公众的环保意识、知识水平仍有待进一步提高，部分民众甚至仍有"事不关己高高挂起"的心态，对环境污染犯罪漠不关心。

在刑事案件中，被告人维护自身权利意识淡薄、举证困难。犯罪嫌疑人、被告人在刑事案件中因人身自由受到严格限制，完全处于被动和弱势地位，他们面对侦查人员、检察人员时不敢与之抗衡。大多数犯罪嫌疑人、被告人的文化程度不高，法律意识淡薄，根本不知道侦查人员什么时候侵犯了自己什么权利。即使有的犯罪嫌疑人知道侦查人员侵犯了自己的合法权利，但是经常面对举证艰难的窘境。

实践中还存在因当事人法律意识淡薄，部分委托代理人提供虚假证据，构成违法行为。一些当事人法律知识欠缺，不清楚伪造证据系违法行为，不了解伪造证据的法律后果，或为获取更多赔偿金额，不惜以身试法、弄虚作假。而部分案件的诉讼代理人利用当事人不懂法的弱点，为实现个人利益最大化，故意暗示、指使甚至帮助当事人伪造证据，提高赔偿标准，从而获取高额代理费用。

还有一些受害人因种种限制很难通过司法途径来保障自身权益。比如，受害人很难识别举报假药、有毒有害食品。有的非药产品通过非法采用其他药品的外包装、标签说明等明显药品标识而在药房销售，有的非药产品未获得国药准字批号，则借助"健字号""消字号"等批号曲线走向市场。在销售此类假药过程中，作案人员往往夸大宣传、虚假宣传，甚至错误宣传。许多案件为熟人之间相互介绍，消费者使用该产品未达到预期效果后，碍于情面，也多选择缄默，加上美容行业的高利润，使得此类案件数呈逐年上升趋势。在性保健品领域，案件中受害人出于保护自身隐私等顾虑，受害后往往会选择隐瞒而非举报揭发，导致犯罪分子肆无忌惮地作案。

三 人权文化缺失以及法治意识特别是领导者法治意识较为薄弱

首先是部分领导者法治意识淡薄，法治理念缺失。法治理念是法治思维形成的先导，是法治思维的必备要素，法治理念的存在与否是领导干部是否真正理解为何要实行法治以及如何实现法治的衡量标准。我国进行法治建设以来，仍有部分领导干部尚未形成法治理念，轻视法律权威，对党和政府的公信力都造成了恶劣的影响。部分地方领导干部唯政绩论，轻视法律权威，他们认为只要把经济发展好了就万事大吉，至于如何合理合法地实现经济发展，他们认为无关紧要。因此，部分地方领导干部为了当地经济的短暂发展和个人的政绩利益，轻视法律权威。

其次是部分领导者法治思维缺位，分析问题依主观性决策。[①] 法治思维要求领导干部决策时以法律规范为准绳，然而在现实实践中常有领导干部重视上级的红头文件忽视法律规范，以权压法；重视领导意志忽视法律理念，以言代法；重视个人利益忽视社会利益，徇私枉法等问题。一些领导干部在决策上习惯了以下属的汇报情况为依据，并进行分析和判断，法治思维也只停留在意识层面而未能将其与具体问题相结合，缺乏法治思维的运用能力。

最后是部分领导者缺乏程序意识。法治思维要求保障权利，要求立法、执法、司法的整个过程实现程序合法化，然而不少领导干部缺乏程序意识，处理问题缺乏正当合法的法律程序。对于部分立法机关的人员来讲，在涉及有私利可图的时候部门化立法，把法律程序当作是形式主义。对于执法人员来讲，选择性执法问题突出，哪些事情好办，哪些事情有利可图就办哪件。对于司法机关人员来讲，任意性司法现象大量存在，没有真正做到公平公正、执法为民。一些领导干部由于缺乏程序意识和规则意识，在出台一项政策或者作出一项决策前，并未认真听取专家学者和社会公众的意见，缺少对决策科学性和可行性的论证，有些情况下甚至是头脑一热的"拍板"，这样容易造成所作出的决策或者出台的政策缺乏科学性和规范性。有的领导干部在决策和执法时，由于对法律的学习领悟不够，机械地按照法律条文办事，发生一些违背法律根本目

---

① 牛志霞：《领导干部运用法治思维能力提升的研究》，《改革与开放》2018年第11期。

的的事情，等等。

四 未能很好地理解和研究国际人权公约在中国的实施机制问题

我国作为联合国常任理事国，高度重视国内和国际两个层面的法治，统筹人权国内法保障和国际法保障两个方面，除了积极参与国际人权立法、执法和司法，还高度重视国际人权司法保障普遍性原则和惯例的中国化。① 截至目前，我国已批准《经济、社会和文化权利国际公约》等国际人权公约26项，充分尊重并在相关立法中体现有关人权司法保障的联合国决议，诸如《关于司法机关独立的基本原则》《关于检察官作用的准则》《关于公正审判和救济的权利宣言草案》《关于保护面对死刑的人的权利的保障措施》等。上述做法充分体现了中国实行法治、保障人权的国际意志和人民愿望，也充分彰显了我国司法文明的良好形象。然而国际人权条约在中国的适用过程中，仍有不容忽视的问题。② 第一，国际人权条约在中国国内适用的法律体系位阶不明。中国的现行《宪法》《立法法》及《缔结程序法》均没有就如何协调条约与国内法的关系做出具体、明确的规定。国际人权公约与国内法的关系也悬而未决。第二，国际人权条约在中国适用的实践中存在法律缺位的问题。我国公民的权利主要来源于宪法和现行法律的规定。由于宪法不具有可诉性，公民、行政机关、司法机关通常只能依据法律来主张权利、执行公务、审判案件。所以，如果宪法中关于人权的规定未被充分体现在法律中，就很可能因法律规定的缺失而影响人权保障的效力。第三，国家人权机构缺失。虽然政府设置了一些负责协调人权事务尤其是协调特定群体权利问题的机构，例如，将国务院妇女儿童工作委员会作为在中国全面协调落实《消除对妇女一切形式歧视公约》和《儿童权利公约》的机构，但这些机构大多在人力、财力上不独立，对促进人权保障难以形成较大影响。

---

① 张文显：《人权保障与司法文明》，《中国法律评论》2014年第2期。
② 吴晓明、罗曼：《浅析国际人权公约在中国的适用问题》，《中国市场》2018年第1期。

第四章

当代中国人权司法保障制度的完善

人权是在一定的社会历史条件下每个人按其本质和尊严享有或应该享有的基本权利和自由。司法制度作为国家政治体制的重要组成部分，是否充分尊重和保障人权，不仅体现了法治发展的水平，更体现了一个国家民主政治的文明程度。人权是一项带有普世性的权利，尊重和保障人权是世界法治国家的正义追求，也是中国司法制度发展的目的和归宿。① 中华人民共和国成立七十多年，特别是改革开放以来，我国的人权司法保障建设取得了举世瞩目的伟大成就，积累了丰富的经验，形成了有中国特色的社会主义人权司法保障观。党的十八大以来，以习近平总书记为核心的党中央，更加自觉地坚持中国梦的人权价值引领，大力改善民生问题，着力强调公正司法，使我国的人权司法保障进入了一个崭新的历史阶段。如果说十八大强调"切实尊重和保障人权"的基本方针，十八届三中全会提出的人权司法保障制度建设规范了中国人权司法保障的制度设置，那么，十八届四中全会提出的依法治国总方略则是为我国的人权司法保障建设指明了根本性的司法理论依据和司法实践指导，从而使我国的人权司法保障具有划时代的理论意义和实践价值。② 党和国家

---

① 樊崇义：《人权司法保障春天的来临》，《人民法治》2016年第3期。
② 张永敏：《人权司法保障的创新亮点》，《经济研究导刊》2015年第15期。2014年10月20日至23日中国共产党第十八届中央委员会第四次全体会议在北京召开，专题讨论依法治国问题，审议通过了《中共中央关于全面推进依法治国若干重大问题的决定》。这表明在国际形势复杂多变，中国改革进入攻坚期和深水区的当今时代，各种矛盾风险挑战突显，依法治国在党和国家工作全局中的地位更加突出、作用更加重大。依法治国方略的实施是一个系统工程，涉（转下页）

第四章 当代中国人权司法保障制度的完善

历来高度重视人权保障,[①]尊重和保障人权已经成为我国宪法的一项重要原则。党的十八大报告将"人权得到切实尊重和保障"确立为全面建成小康社会和深化改革开放的重要目标之一。完善人权司法保障制度是推进法治中国建设的关键环节。十八届三中全会《关于全面深化改革若干重大问题的决定》中关于完善人权司法保障的重要论述和重大部署,正是贯彻落实这一系列原则目标提出的新要求、新任务。完善人权司法保障制度是贯彻党的执政为民宗旨的必然要求,坚持科学发展,促进社会和谐,改善人民生活,增进人民福祉,是我们党治国理政的基本遵循和主要原则。保障人民权益的一个重要方面,就是在构建和完善司法制度时尊重和保障人权。完善人权司法保障制度也是发展社会主义政治文明的重要任务,发展社会主义政治文明,必须坚持党的领导、人民当家做主、依法治国有机统一。因此,要把完善人权司法保障制度作为深化司法体制改革的重点任务,坚持民主法治建设与保障人权有机结合,不断提升人权保障的制度化水平。

"完善人权司法保障制度"的提出与落实从根本上标志着人权正在走进人们的现实生活,标志着我国人权事业发展实践重心的转换,正在成为一种能够经得起理性辩驳的人权。"一种关于人权的表述若使其中许多权利与大

(接上页)及思想、政治、经济、社会、文化传统、现实的人本身等各个方面。党的十八届四中全会通过的《中共中央关于全面推进依法治国若干重大问题的决定》首次提出"加强人权司法保障"的新要求,这是《中共中央关于全面推进依法治国若干重大问题的决定》的一大亮点,体现了以习近平总书记为核心的党中央对人权保障的高度重视,对于推进司法改革,提高司法公信力,完善人权司法保障制度,具有重大现实意义和深远历史意义。参见张晓玲《加强人权司法保障》,《理论视野》2015年第5期。

① 从在政府文件中明确将"司法"与"人权保障"相结合算起,我国司法与人权的实践经历了近20年的发展。早在1995年12月,国务院在《中国人权事业的进展》白皮书中提出了"司法中的人权保障"概念,这是"人权"与"司法保障"首次在官方文件中提出。1997年3月,国务院发表《1996年中国人权事业的进展》白皮书中提到"人权的司法保障"相关内容,这是"人权司法保障"术语在官方文件中的首次提出。2013年11月党的十八届三中全会通过的《中共中央关于全面推进依法治国若干重大问题的决定》,在"推进法治中国建设"部分,明确提出"完善人权司法保障制度",中国人权司法保障进入到实质发展阶段,标志着中国人权事业进入到一个更高的发展时期。司法权承担不侵犯人权主体的责任的同时,还必须通过积极作为,以物质投入和制度供给方式保障人权。参见汪习根《论人权司法保障制度的完善》,《法制与社会发展》2014年第1期。

多数人类无关，就不是一种经得起理性辩驳的表述。"①从理念、制度到行动，是任何治国方略得以落实的三个环节，依法治国方略落实的最后环节是司法保障，而完善人权司法保障制度是公民人权实现的保证，是司法保障的重中之重。近年来，我国的人权司法保障取得了长足进步，②但是，与党中央的要求相比，与民主法治的发展进步相比，与人民群众对公平正义的期待相比，还存在一些差距。完善人权的司法保障制度，不仅是司法改革的重要内容，更是法治中国建设的核心议题，只有将以人为本作为司法改革的灵魂，让人民群众在每一个司法案件中都感受到公平正义，把切实保障每个公民的每一项合法权益和诉讼权利作为法治建设的根本任务，才能为法治中国建设奠定坚实基础，为全面建成小康社会提供制度保障。然而，在当前的司法实践中，侵犯人权的现象仍时有发生，不仅侵害了当事人合法权益，更损害了司法权威。要维护好人民群众合法权益，提升司法公信力水平，必须深刻洞察完善人权司法保障制度的积极动因、深化认识其重大意义、明确完善重点、提升人权意识、围绕基本路径努力完善我国的人权司法保障制度。③

第一节 人权司法保障制度完善的积极动因

完善人权司法保障制度顺应了时代的要求和历史的呼唤。中国人权

---

① ［英］米尔恩：《人的权利与人的多样性——人权哲学》，夏勇、张志铭译，中国大百科全书出版社1995年版，第3页。

② 以刑事审判中的人权保障为例，有学者指出，"改革开放40年，尊重和保障人权先后写入宪法和刑事诉讼法，刑事审判中的人权保障也日臻完善。虽然我国刑事审判中的人权保障还有有待改进之处，但是，回首走过的40年，我们也会由衷感慨:如此大的国家，刑事审判人权保障的进步真的很快！"参见李玉华《刑事审判人权保障40年：理念、制度与细节》，《人民法院报》2018年9月12日第5版。

③ 把"完善人权司法保障制度"作为在历史新起点上推进法治中国建设和深化司法体制改革的一项重要任务，意义深远。有学者将完善人权司法保障制度的基本要求概为五个方面："一是完善人权司法保障要注重对法治原则的遵循；二是完善人权司法保障要体现对基本人权的尊重；三是完善人权司法保障要突出对司法权力的制约；四是完善人权司法保障要强化对诉讼权利的保障；五是完善人权司法保障要加强对公民权利的救济。"参见姜伟《完善人权司法保障制度》，《光明日报》2013年11月19日第2版。

司法化过程,也正是中国人权能够经得起理性辩驳发展的过程。这种中国人权实践在特定的历史阶段所发生的重心转变,与中国现有的法治国情直接相关。"完善人权司法保障制度"的提出和落实是当代中国法治国家发展的必然结果。也就是说,当代中国法治国家的发展促动了人权司法保障制度的完善。从党的十八大报告提出"科学立法、严格执法、公正司法、全民守法"的依法治国总要求,习近平总书记在2013年初要求推进"法治中国"建设,到2010年中国特色社会主义法律体系已经形成,党的十八大提出到2020年基本建成法治政府。为全面落实依法治国基本方略,建设公正高效权威的中国特色社会主义司法制度就显得更为重要和更为紧迫。司法作为化解社会矛盾、解决社会纠纷的法律救济手段,与公民的人身权、财产权息息相关,是维护社会公平正义的最后一道防线。十八届三中全会决定提出完善人权的司法保障制度,把"完善人权司法保障制度"作为推进法治中国建设和深化司法体制改革的一项重要战略任务。十八届四中全会在提出"加强人权司法保障"的同时,对司法制度的建设提出新的要求,包括提升司法独立性、保证司法公正性、加强司法监督、强化司法队伍建设等。完善司法体制既是建设社会主义法治中国的需要,同时也是新时期加强人权司法保障的新要求。在完善人权司法保障制度的征程中,人权发展重心的转换、所依之"法"的变化、所治之"国"的变化、提升社会文明的迫切需要以及履行国际公约的必然要求是人权司法保障制度完善的积极动因,其中,人权发展重心的转换主要体现在对待人权的态度层面,所依之"法"的变化主要体现在国家规范层面,所治之"国"的变化主要体现在国家立足当前主要社会矛盾的发展定位问题。目前完善人权司法保障制度处于依法治国的新时期,是在特定的法治国情中应运而生的,其本身也是法治国情的组成部分,[①]中国人权司法保障制度完善在法治的框架下展开,是第五个现代

---

① 衡量一个国家是否是法治国家,一个重要的判断标准即在于人权是否得到充分的尊重和保障。人权之所以构成判断法治国家的重要标志,原因在于法治要素在一个国家的充分彰显务必要植根于人权得以充分尊重和保障的基础之上。只有立基于此,人在法律王国当中的主体地位才能得以充分的肯定,法治也才能为其寻求得到以存在的合目的性。在我国当(转下页)

化"国家治理体系和治理能力现代化"的根本保障。

一 人权发展重心的转换促动人权司法保障制度的完善

自1991年《中国人权状况》白皮书发表到现在，中国人权事业经历了三个发展阶段：人权观念认可阶段、人权立法保障促动阶段和人权司法保障发展阶段。[①] 第一阶段以《中国人权状况》白皮书发表为标志，表明中国政府在人权问题上的明确态度，即不再将人权作为一个西方独有的观念和概念，而对其进行了有中国特色社会主义内涵的理解和阐释。第二阶段以2004年人权入宪为标志，在国家根本法的层面上表明国家对待人权的态度。同时以第一个《国家人权行动计划（2009—2010年）》和第二个《国家人权行动计划（2012—2015）》，推进了有中国特色人权框架和保障体系的形成。第三阶段以党的十八届三中全会通过的《中共中央关于全面深化改革若干重大问题的决定》（以下简称《决定》）中强调"完善人权司法保障制度"为标志，实现了人权从政治性宣告到司法实现的转型，[②] 开启了中国人权司法化的新篇章。在人权观念获得认可的阶段，人权观念几经波折，最终被中国社会所接受。在人权立法保障发展阶段，以"人权入宪"为核心，在宪法和法律两个层面上逐步构建中国特色的人权保障制度。在人权司法保障阶段，人权走下了理念的神坛，不再以一种观念和宪法原则示人，而成为现实生活中的法律规则，彰显了司法

（接上页）前的语境下，人权作为广大人民群众根本福祉的显性表征，自然而然成为法治国家建设的重要着力点，人权的保障状况也就成为衡量现代法治国家和非法治国家的显著标志。此外，保障人权一个很重要的方面还在于抵御"公权力之恶"，防止公权力机构对于社会个体人权的蚕食与侵吞，而这本身也是建设法治国家的题中之义。参见王利明《中国为什么要建设法治国家》，《中国人民大学学报》2011年第6期。

① 其实，中国人权事业发展三阶段的划分，只是为了学术研究的方便而实行的历时态描述。即使在"人权"概念颇受争议未被认可时期，"人权"所蕴含的内容也在中国立法、执法和司法中有所体现。与人权有关内容的观念认可、立法体现与司法保障实际上共时态地交融互动在一起，表征中国保障人权相关方面的程度。但历时态对中国人权发展三阶段的划分，确实表征了不同阶段人权事业的侧重点不同，中国人权发展的重心已经从观念认可、法律呈现向司法保障转换。纸面上的法律只有落实到社会实践中才有生命力，而司法保障是实现法律功能的最后利器。

② 汪习根：《论人权司法保障制度的完善》，《法制与社会发展》2014年第1期。

对人权的救济功能。①

二 所依之"法"的变化促动人权司法保障制度的完善

(一)中国特色社会主义法律体系的形成

2011年3月10日,时任全国人大常委会委员长吴邦国向十一届全国人大四次会议作全国人大常委会工作报告时宣布:"一个立足中国国情和实际、适应改革开放和社会主义现代化建设需要、集中体现党和人民意志的,以宪法为统帅,以宪法相关法、民法商法等多个法律部门的法律为主干,由法律、行政法规、地方性法规等多个层次的法律规范构成的中国特色社会主义法律体系已经形成,国家经济建设、政治建设、文化建设、社会建设以及生态文明建设的各个方面实现有法可依。"②

随着中国特色社会主义法律体系的形成,中国法治建设进入到更高的发展阶段,法律规范实现了对各个社会生活领域的全面覆盖,真正实现了有法可依,法制根基的牢固是中国法治进一步推进的制度保障。中国特色社会主义法律体系的形成使得中国法治具有了较完备的外在形式,在国家治理层面彻底走出了"无法可依"的窘境,为人权的司法保障奠定了基础。当然,中国特色社会主义法律体系形成后并非是一成不变的,法律的生命力在于社会实践应用中的不断完善,从而促进法律体系的日趋完善。

(二)从"法律体系"向"法治体系"的转变

中国特色社会主义法律体系的形成,只是解决了法治中国建设的有法可依问题,法治中国的实现还需要构筑中国特色社会主义法治体系。从法律体系再到法治体系是目前中国法治进程的一个转折点。法治体系

---

① 陈福胜:《论中国法治国情对人权司法保障制度完善的促动》,《学术交流》2014年第11期。
② 《十一届全国人大四次会议举行第二次全体会议听取和审议全国人大常委会工作报告》,中国政府网,2018年8月18日访问。

是一个具有综合性内涵的概念,包含多方面内容:一是对执政党的要求,要求其依法执政;二是对国家立法机关的要求,要做到科学立法;三是对国家行政机关的要求,要严格执法;四是对司法机关的要求,要做到公正司法;五是对全体公民的要求,要做到全民守法。只有这样,已经形成的纸面上的"法律体系",才能更好地转化为有生命力的"法治体系",这需要我们各方面坚持不懈地努力,是一个长期的过程。①

(三)从"政治思维"向"法治思维"的思维方式转换

中华人民共和国成立后的很长一段时期内,对国家治理奉行的是"政治思维",人治是国家社会生活的主要管控方式。随着中国民主法治进程的推进,"法治思维"被社会所提倡,逐渐成为国家治理的主导性思维方式。"法治思维是以合法性为判断起点而以公平正义为判断终点的一种逻辑推理方式。"法治思维包含相互统一的四方面内容:合法性思维、程序思维、权利义务思维和公平正义思维。从"政治思维"向"法治思维"的转换,各领域、各层级的领导干部是关键。"领导干部要成为学法、知法、守法、用法的典范",②要有提高运用法治思维和法治方式化解社会矛盾、维护社会稳定、深化改革、推动社会发展的能力。③

当然,从"政治思维"到"法治思维"的转换需要社会各方面的监督、促动和落实,也是一个漫长的逐渐完善的过程。完善人权司法保障制度正是法治国情所依之"法"以上三个变化的题中应有之义,蕴涵于其中,是依法治国方略落实的根本和最终的保证。同时,法治国情所依

---

① 陈福胜:《论中国法治国情对人权司法保障制度完善的促动》,《学术交流》2014年第11期。

② 刘宝森、顾钱江:《从"法律体系"到"法治体系"——法学家、山东大学校长徐显明解读十八大报告依法治国亮点》,人民网,2019年5月18日访问。

③ 2014年9月10日至12日,全国涉法涉诉信访改革工作推进会在北京召开。会议强调各级政法机关要从维护法律尊严、群众权益、社会公正的高度,更加自觉地用法治思维谋划改革,用法治方式破解难题。通过《关于建立涉法涉诉信访事项导入法律程序工作机制的意见》《关于健全涉法涉诉信访依法终结制度的实施意见》《关于建立涉法涉诉信访执法错误纠正和瑕疵补正机制的指导意见》等文件的出台和落实,充分表明了各级政法机关在处理涉法涉诉案件时要从"政治思维"向"法治思维"转换,是一个鲜明的例证。

之"法"变化的大背景也使人权司法保障制度完善应运而生，促动了人权司法化进程。

三 治之"国"的变化促动人权司法保障制度的完善

（一）"中国梦"将深刻促动中国的发展

"中国梦"的本质内涵是实现国家富强、民族复兴、人民幸福。"中国梦"主要包括四个方面：一是我国综合国力的实力推动。如今，我国经济总量已跃居世界第二位，如果经济持续健康科学发展，进入创新型国家行列并非梦想。二是社会和谐将不断促进人民幸福指数的提升，这需要和谐社会的构建深入实际。三是中华文明特有文化特征的展现。中华文明是世界上唯一几千年来不断延续、传承至今的文明，有其特有的优势。清朝后期中国人在内忧外患的迫使下，开始进行变与不变的思索，但无论外来的科学技术与文化怎样异于本国的传统，我们一直坚信中国文化具有不可替代的优越性，中国的现代化是传统自身的转化。四是人类全面发展的共同价值旨向的驱动。在地球村的环境下，中国的现代化离不开世界化。"中国梦"的实现是全体中国人民的梦想，它以物质文明、政治文明、精神文明、社会文明和生态文明全面发展为根本标志，其实现离不开法治的保障和促进。[①]

（二）国家治理现代化和国际化对依法治国有更高要求

国家治理现代化以各国的政治现代化为核心内容，是当代世界发展的主题。国家治理现代化的实现需要有系统配套的法治化的制度体系为保障和依托，这就要求各国在立法领域、行政管理领域、司法领域、社会经济领域等多方面先要实现机制与体制的现代化。国家治理危机是当今世界普遍性难题。化解国家治理危机的必由之路就是加强依法治国，

---

① 陈福胜：《论中国法治国情对人权司法保障制度完善的促动》，《学术交流》2014年第11期。

实现民主法治。中国所处的国际经济政治大环境对依法治国提出了新要求，政治经济生活要与国际接轨，特别是经济领域的交流与合作要求遵循共同的国际规则。社会秩序稳定、经济发展有法律保障、投资环境的规范化可以进一步促进中国的国际化。

（三）主要社会矛盾转变对依法治国提出新要求

在市场经济发展初期中国社会的主要矛盾是人民群众日益增长的物质文化需求同落后的社会生产力之间的矛盾。随着经济的发展，社会的进步，当下中国主要社会矛盾正在发生转变。"社会中不同的利益群体已经形成，各种利益冲突日益明显，社会不公平现象突出，生态环境急剧恶化，不稳定因素急速增多，维稳的代价不堪重负，党和政府公信力严重流失，现存的许多体制机制阻碍了社会进步。"[①] 具体表现在：现有医疗制度还存在弊端，百姓看病难、看病贵、因病致贫等现象仍然存在；房价仍然过高造成人民居无定所；教育垄断和教育资源失衡造成上不起学和家庭教育投入偏高；社会保障机制缺失造成最低生活保障、社会保险、养老保障问题仍然突出，等等。如果不在国家治理层面全面深入地贯彻依法治国，就不能满足人民日益增长的政治经济和法治需求。当前中国处于改革发展的重要机遇期与矛盾凸显期，如果社会大众的利益诉求得不到司法上的有效救济，势必会导致利益表达与诉求的错位，司法保障则成为社会安全的总阀门，中国法治国情的变化促动了人权司法保障制度的完善。

四 提升社会文明的迫切需要促动人权司法保障制度的完善

社会文明源自社会理性，在重塑社会理性的过程中，尤以司法所扮演的角色为甚，司法本身就是一个说理的过程。自从司法诞生之日起，社会纠纷、权利侵损、意见分歧等诸多范畴都被囊括到了一个平和说理

---

① 俞可平：《民主法治：国家治理的现代化之路》，《民主与法制时报》2013年12月23日第14版。

的解决机制当中。① 若它不能以逻辑自洽的方式赢得社会的尊重,那它又怎样令人心生敬畏。正是立基于此,借助司法保障人权的路径进而强化司法说理的过程,是强化社会理性和法律权威的过程,同时这也是提升社会文明的过程。如此方可达到定纷止争、息诉服判、以理服人,最终实现"法律效果和社会效果的双统一"。借助司法路径保障人权的制度构想作为人类精心筹谋的解决纠纷的核心制度,其生命力与权威性都来自它本身的自洽程度。当社会民众的权利遭受侵损并诉诸法律时,法律就应该扮演起将"纸上的法律"转化为解决纠纷的"活法"的角色,且在此过程当中法律论证要尽可能地具体化、生活化、合理化,从某种意义而言,这本身便是一个提升社会文明的过程。故而,司法保障人权成为了提升社会文明的当然路径。②

五 履行国际公约的必然要求促动人权司法保障制度的完善

司法保障机制的重要性历来被国际人权公约所强调,它既是一个国家法治化程度高低的基本标志,也是人权保障水平的集中反映。③ 我国先后于1997年和1998年签署了《经济、社会和文化权利国际公约》和《公民权利和政治权利国际公约》。全国人大常委会于2001年批准了《经济、社会和文化权利国际公约》。④ 纵览以上国际公约,我们不难发现其宗旨在于竭力实现人权问题上的全面保护,进而促成维持世界和平与稳定,发展各国间友好协作关系。⑤ 当然,这些公约在鼓励各个国家接受相关国际监督机制的同时也承认国内救济措施的首要地位。我国作为联合国的常任理事国,理应承担起履行国际公约的责任。在我国保障人权的实

---

① 葛洪义:《法与实践理性》,中国政法大学出版社2002年版,第78页。
② 骆志鹏:《法学方法论视野中的法官说理》,《河北法学》2002年第4期。
③ 潘庆云:《发挥协商民主制度优势,完善人权司法保障机制》,《民主经纬》2016年第6期。
④ 莫纪宏:《两个国际人权公约下缔约国的义务与中国》,《世界经济与政治》2002年第8期。
⑤ 班文战:《国际人权法在中国人权法制建设中的地位和作用》,《政法论坛》2005年第3期。

践中，立法、司法、行政活动都会与之发生关联，其中尤以司法活动与之关系密切。借助司法路径保障人权体现了国际社会的主流，在客观上要求各国接受国际公约的法律拘束力，适用国际条约的形式既可以是转化的形式，也可以是直接适用的形式。无论是出于国际政治外交的考量，还是出于重信守诺的传统教化的考量，对于在我国已经生效的国际公约（保留条款除外）当然地在我们国家发生法律效力，我国应当善意履行。[①]故而，遵循国际惯例，将人权保障付诸司法，这是我国履行国际公约的必然选择。

第二节　人权司法保障制度的意义深化及完善重点

人权司法保障制度的完善，其中基础性的前提条件是深化对人权司法保障制度意义的认识，把握完善的重点，以便使制度体系更加统一、内容丰富、达到创设完善制度的预期设想。

一　人权司法保障制度的意义深化

人权的司法保障具有事后救济的特点，发挥着基础性、中立性和程序性的功能。针对目前司法救济难、司法腐败和司法公信力下降的现实，十八届三中全会通过的《关于全面深化改革若干重大问题的决定》强调了司法的人权保障意义，以回应民众的权利诉求和法治期待。尊重和保障人权，体现了我们党和政府执政为民的宗旨，体现了社会主义法治为民的性质，是社会主义政治文明建设的重要组成部分。而完善人权司法保障制度既是健全法治中国制度体系的需要，也是完善人权保障制度体系的必然要求。继十八届三中全会提出"完善人权司法保障制度"之后，党的十八届四中全会进一步提出了"加强人权司法保障"，"建设中国特色社会主义法

[①] 江国华：《实质合宪论：中国宪法三十年演化路径的检视》，《中国法学》2013年第4期。

治体系",这标志着我国的人权司法保障建设进入一个新阶段。因此,必须深刻认识完善人权司法保障制度的重大意义,落实人权保障的国家价值观。人权司法保障制度的意义深化集中表现在以下几个方面:

(一)彰显党全心全意为人民服务的宗旨

十八届三中全会决定明确提出,全面深化改革,必须"以促进社会公平正义、增进人民福祉为出发点和落脚点"。因此,保障人民权益,在构建和完善司法体系时尊重和保障人权,成为我党领导人民进行全面深化改革的一项重要任务。[①]近年来,我国的人权司法保障取得了长足进步,但是,在刑事诉讼、犯罪量刑等方面还存在一些不合理的地方,而且司法实践中,仍存在着一些侵犯人权的现象,这些不仅侵害了公民的合法权益,更损害了司法权威。因此,要维护好人民群众合法权益,提升司法公信力,必须始终牢记全心全意为人民服务的宗旨,完善人权的司法保障制度。

(二)突出建设社会主义政治文明的本质要求

坚持党的领导、人民当家做主、依法治国有机统一是发展社会主义政治文明的必然要求。司法体制作为国家政治体制的重要组成部分,在司法活动中能否做到充分尊重和保障人权,不仅体现了法治发展的水平,更体现了一个国家民主政治的文明程度。[②]坚持中国特色社会主义政治发展道路,建设中国特色社会主义政治文明,必须要把加强人权司法保障作为深化司法体制改革的重点任务。坚持民主法治建设与保障人权有机结合,不断提升人权保障的制度化水平,实现社会主义政治文明建设的新发展。

(三)体现建设社会主义法治国家的必然要求

党的十八大报告提出"科学立法、严格执法、公正司法、全民守法"

---

① 张德瑞:《违宪审查制度与人权的司法保障》,《理论学刊》2011年第12期。
② 邹平学:《基于人权视角的政治文明解读》,《江西社会科学》2004年第6期。

的依法治国总要求,十八届四中全会更是提出了"建设中国特色社会主义法治体系,建设社会主义法治国家"的总目标。其中,司法作为化解社会矛盾、解决社会问题的重要法律手段,与公民的个人权益密切相关,是维护社会公平正义的重要方式。完善人权的司法保障制度,不仅是司法改革的重要内容,更是建设社会主义法治中国的必然要求。只有将以人为本作为司法改革的灵魂,让人民群众在每一个司法案件中感受到公平正义,把切实保障公民的合法权益作为法治建设的根本任务,才能为建设法治中国奠定坚实的基础。①

(四)落实宪法人权原则的内在要求

尊重和保障人权是我国的一项重要宪法原则。人权指的就是人民的权益。它既是全体中国人民应当享有的权益,也是每一个人应当享有的权益。习近平总书记指出,"我们要依法保障全体公民享有广泛的权利,保障公民的人身权、财产权、基本政治权利等各项权利不受侵犯,保证公民的经济、文化、社会等各方面权利得到落实,努力维护最广大人民根本利益,保障人民群众对美好生活的向往和追求"。人权是人民利益的集中体现,是人民对美好生活的向往和追求的保证。人权是权利和义务的统一。② 加强人权司法保障是落实宪法人权原则的重要方面。

(五)全面推进依法治国的必然要求

十八届四中全会通过的《决定》指出,"必须坚持法治建设为了人民、

---

① 张永敏:《人权司法保障的创新亮点》,《经济研究导刊》2015年第15期。
② 十八届四中全会通过的《中共中央关于全面推进依法治国若干重大问题的决定》指出,"牢固树立有权力就有责任、有权利就有义务观念"。人权义务的承担者,包括国家、国际组织、非政府组织、营利机构、个人等。其中,国家是人权实现的最主要的义务主体。人权是个人权利与集体权利的统一,要求处理好个人权利和集体权利的关系。人权是普遍性与特殊性的统一,要把人权的普遍性原则同各国的具体情况相结合。2004年,国家尊重和保障人权的原则写入了宪法。习近平总书记在2012年12月5日《在首都各界纪念现行宪法公布施行30周年大会上的讲话》中指出:"尊重和保障人权原则,……这些宪法确立的制度和原则,我们必须长期坚持、全面贯彻、不断发展。"

依靠人民、造福人民、保护人民，以保障人民根本权益为出发点和落脚点"，"加快完善体现权利公平、机会公平、规则公平的法律制度，保障公民人身权、财产权、基本政治权利等各项权利不受侵犯，保障公民经济、文化、社会等各方面权利得到落实，实现公民权利保障法治化"，"健全公民权利救济渠道和方式"。这些论述明确阐明了全面推进依法治国的根本目的是更好地保护人民的权利。保障人权是我国社会主义制度的本质要求，是推进国家治理现代化的重要内容和根本标准，是实现中华民族的伟大复兴和人民幸福的中国梦的必然要求，是全面推进依法治国的出发点和落脚点。因此，加强人权司法保障是全面推进依法治国的重要内容和必然要求。

（六）保证公正司法和提高司法公信力的重要要求

在法治国家中，同立法权和行政权相比，司法权对人权的保护更为关键，它是社会正义的最后一道防线，是人权的最终保护者。人权的司法保障最能反映一个国家的法治水平和人权保障程度。司法是公正的化身，必须做到严格公正司法。英国哲学家培根说："一次不公正的审判，其恶果甚至超过十次犯罪。因为犯罪虽是无视法律——好比污染了水流，而不公正的审判则毁坏法律——好比污染了水源。"要确保司法公正，就必须保障人权。公正既要求在公民个人之间做到公正，也要求在公共权力和个人权利之间做到公正；既不允许个人损害国家利益，也不能让公共权力损害个人利益。不偏袒任何一方，就是司法公正。[①] 如果司法不能

---

① 当前，我国司法机关在人权保障方面取得了很大进步。但是毋庸讳言，也存在诸多方面的不足。比如，据统计，2013年以来全国法院共纠正了内蒙呼格吉勒图案等十多起冤假错案。正如习近平总书记指出的那样："当前，司法领域存在的主要问题是，司法不公、司法公信力不高问题十分突出，一些司法人员作风不正、办案不廉、办金钱案、关系案、人情案，'吃了原告吃被告'，等等。"司法不公造成了不少冤假错案，严重侵害了人权，引起了人民的不满。加强人权司法保障从根本上讲是为了回应人民群众对司法救济人权的关切和呼声，解决好人民群众最关心最直接最现实的权利问题。十八届四中全会通过的《中共中央关于全面推进依法治国若干重大问题的决定》指出，"公正是法治的生命线；司法公正对社会公正具有重要引领作用，司法不公对社会公正具有致命破坏作用"。习近平总书记指出："要重点解决好损害群众权益的突出问题，决不允许对群众的报警求助置之不理，决不允许让普通群众打不起官司，决不允许滥用权力侵犯群众合法权益，决不允许执法犯法造成冤假错案。"

很好保障人权，就不能发挥司法救济权利、解决矛盾纠纷、制裁违法犯罪、调节利益关系的基本功能，就不能维护社会的公平与稳定。加强人权司法保障是我们党在新的时代条件下对司法工作提出的新要求，是提高司法公信力的根本途径，也是指导司法改革的一个根本标准。

二 人权司法保障制度的完善重点

（一）十分注重对法治原则的遵循

法治原则要求良法善治，坚持法律面前人人平等。加强对人权的司法保障要以宪法和法律为依据，逐步健全人权司法保障的法律法规，完善制度设计，细化保障措施。在司法活动中，要切实遵守人权保障的相关法律规定，着力提升司法理念、加强保障力度、完善监督制约，做到尊重人权与防止侵权有机结合，充分发挥社会主义司法制度的优越性。

（二）特别体现对基本人权的尊重

国家尊重和保障人权是宪法的明确要求，要始终贯彻尊重和保障人权的理念，切实保护公民的人身权利、财产权利、民主权利等合法权益。司法活动直接涉及公民的人身、自由、人格尊严、财产权益等基本权利，要以完善人权司法保障改革为契机，不断提升人权司法保障的制度化、法治化水平。

（三）突出强调对司法权力的制约

在司法活动中，当事人及诉讼参与人的权利相对司法机关的公权力，处于弱势地位，容易受到侵犯。要完善外部监督制约，认真贯彻《宪法》和《刑事诉讼法》关于司法机关"分工负责、互相配合、互相制约"的基本原则，完善内部监督制约，改革人民陪审员制度，健全人民监督员制度，推进审判公开、检务公开，为公民维护自身权利提供坚实的制度保障。

（四）全力强化对诉讼权利的保障

树立理性、平和、文明、规范的执法理念，严禁刑讯逼供、体罚虐待。充分保障犯罪嫌疑人、被告人的辩护权、辩解权等诉讼权利，要重视其辩护辩解的内容，对涉及无罪、罪轻的辩护意见要认真核实。完善律师执业权利保障机制，发挥律师在依法维护公民和法人合法权益方面的重要作用。

（五）大力加强对公民权利的救济

完善人权司法保障，既要有效防止侵权行为的发生，又要切实保障公民权利在受到侵犯后，能及时得到有效救济。不论是民事诉讼、行政诉讼还是刑事诉讼，司法活动本身就是对公民权利最有效的救济手段。一要充分保障当事人在刑事诉讼中的申诉、控告权利，充分重视申诉、控告的内容，认真审查，及时反馈。二要健全司法救助制度，切实保障被害人、困难当事人的合法权益。三要完善法律援助制度，保障当事人获得法律专业人员帮助的权利。四要充分发挥检察机关的法律监督职能，强化对刑罚执行和监管活动的法律监督。通过强化监督职能，加强人权司法保障。[①]五要落实国家赔偿制度，不断加强对公民权利的救济。完善人权司法保障制度是我国司法体制改革的重要组成部分，也是建设公正高效权威的社会主义司法制度的重要内容。完善人权司法保障制度要正确处理打击犯罪与保护人权、程序公平与实体公正、追求公正与注重效率的关系，确保人民群众有尊严地参加诉讼，及时得到公正的裁判结果。

---

① 有学者认为，检察机关一要摒弃当事人角色理念，把检察机关的客观义务真正当作法律义务来履行，而不是口头上强调客观义务，行动上一味追求追诉目的和主张的完全实现；二要切实改变与侦查机关、审判机关偏重配合，轻视制约的做法，严格履行依法制约的职责；三要强化人权司法保障方面履行监督职责的机制建设，将人权司法保障的监督作为法律监督的重点内容。参见李建明《检察机关须加强人权司法保障职责》，《人民检察》2015年第2期。

第三节　人权司法保障制度完善的基本路径

人权司法保障制度是一项复杂的系统工程，需要在法治建设和司法改革的过程中，创新理念、整体规划、突出重点、严格落实。法治国家建设的基本目标是围绕人而展开的。完善的司法人权保障体制可以为寻求权利救济的公民提供公平、公正、透明的途径。由此，既能增强国家的凝聚力，又能保障国家生活的安全度和可期待性。

为更好地理解和落实完善人权司法保障制度必须全面深刻地认识当代中国的法治国情。法治中国是世界法治文明的共性与中国具体国情相结合的产物，对一国法律制度的把握和理解不仅仅是对法律条文的认识，更主要的是对其历史与文化的理解，是对社会运行层面突出问题和主要矛盾的承认。党的十八届三中全会明确指出，大力推进民主法治建设将是中国新一轮改革发展中的重要内容，并强调要"坚持依法治理，加强法治保障，运用法治思维和法治方式化解社会矛盾"，建设法治中国。立足法治国情对人权司法保障制度进行完善，促动人权司法化进程，也是新时期对推进依法治国提出的更高要求。

《中共中央关于全面深化改革若干重大问题的决定》提出了"完善人权司法保障制度"的重要命题，强调"国家尊重和保障人权"，要求"完善人权司法保障制度"，重申了国家尊重和保障人权的宪法原则，并对此作出一系列改革部署。这既体现了我国宪法和刑事诉讼法关于国家尊重和保障人权的重要原则，又为推进法治中国建设和深化司法体制改革指明了前进方向、确定了努力目标、规定了基本任务。[1]法治中国建设的核心在于保障人权，保障人权则有赖于国家司法体制的建立及其运作，[2]如何充分发挥司法在人权保障中的功能，完善人权司法保障制度是当前研

---

[1] 姜伟：《完善人权司法保障制度》，《法制资讯》2013年第11期。
[2] 韩大元：《完善人权司法保障制度》，《法商研究》2014年第3期。

究的一项重要课题。

一 全面贯彻完善人权司法保障制度改革部署

《中共中央关于全面深化改革若干重大问题的决定》从明确人权保障原则、提升人权保障理念、健全人权保障措施等方面对完善人权司法保障制度作出了全面部署，提出了很多具体的要求和任务，人权司法保障制度也应该积极围绕上述部署、要求和任务进行系统的完善。

（一）依宪保证司法的公正性和独立性

1. 依宪尊重和保障人权。2004年"国家尊重和保障人权"写入宪法，使在宪法框架下完善人权司法保障制度有了明确的根本大法依据，抽象人权概念在母法条文中的显现令人权司法保障的具体制度有了"灵魂"。[①]十八届四中全会明确提出："坚持依法治国首先要坚持依宪治国，坚持依法执政首先要坚持依宪执政。"把依法治国提高到依宪治国，这是依法治国上升为治国方略的标志，同时也为我国的人权保障指明了依据，那就是宪法。我们应该依宪保障人权。如上所述，早在十届全国人大会议上，就已经审议通过将"尊重和保障人权"写入宪法。这既是我国坚定尊重和保障人权决心的总依据，也是我国加强人权保障建设的总方针。因此，我们要紧紧围绕宪法精神，进一步加强和完善我国的人权保障建设。坚决落实宪法法律关于尊重和保障人权的各项规定，始终把尊重和保障人权作为人民法院的基本职责和任务。[②]要最大限度地发挥司法的人权保障功能，坚持保障个人人权与集体人权、公民政治权利与经济社会文化权利、多数人权利与少数人权利的统一，更加重视运用司法手段保障公民的发展权和环境权益。人权不是空洞的口号，更不是束之高阁的理念，

[①] 2012年3月14日《刑事诉讼法修正案》获得全国人大通过，于2013年1月1日起施行。《刑事诉讼法修正案》增加了保障人权条款，是"国家尊重和保障人权"宪法原则在法律上的具体体现。

[②] 参见《最高人民法院关于在人民法院工作中培育和践行社会主义核心价值观的若干意见》。

而是首先对接于人民的生存权和发展权,与群众的切身利益和现实权利息息相关。① 在审判执行工作中,对人民法院依法应当受理的案件,要做到有案必立、有诉必理,切实保障当事人的诉权。要依法保障当事人和其他诉讼参与人对诉讼活动的知情权、陈述权、辩护权、代理权、申请权、申诉权等各项诉讼权利,不得滥用司法权力限制、剥夺或变相限制、剥夺。要加强对妇女、未成年人、老年人人权的司法保护,积极创造条件不断加大人权司法救济力度。要坚决落实罪刑法定、疑罪从无、非法证据排除等法律原则和制度,健全冤假错案有效防范、及时纠正机制,努力提高司法保障人权的效果和水平。

2. 保证司法的公正性。十八届四中全会强调:"公正是法治的生命线。司法公正对社会公正具有重要引领作用,司法不公对社会公正具有致命破坏作用。必须完善司法管理体制和司法权力运行机制,规范司法行为,加强对司法活动的监督,努力让人民群众在每一个司法案件中感受到公平正义","推进严格司法,坚持以事实为根据、以法律为准绳,推进以审判为中心的诉讼制度改革,实行办案质量终身负责制和错案责任倒查问责制。"② 司法不公不仅威胁到社会的稳定,更不利于人权的实现和保障。只有保证司法的公正性才能使公民的权利真正得到实现,使公民的利益真正得到维护,使人权得到切实的尊重和保障。司法公正与尊重和保障人权是一致的。只要始终严格执行刑事诉讼法和有关司法解释的规定,坚持程序公正,依法充分保护诉讼参与人的诉讼权利,我们就能在审判活动中做到尊重和保障人权。因此,保证司法的公正性是加强人权司法保障的根本要求。

3. 提升司法的独立性。十八届四中全会指出,要"完善确保依法独立公正行使审判权和检察权的制度,建立领导干部干预司法活动、插手具体案件处理的记录、通报和责任追究制度,建立健全司法人员履行法定职

---

① 人民日报评论员:《实现更高水平的人权保障》,《人民日报》2016年9月30日第13版。
② 姜伟:《人权司法保障制度》,《光明日报》2013年11月1日第2版。

责保护机制","保障人民群众参与司法,在司法调解、司法听证、涉诉信访等司法活动中保障人民群众参与,完善人民陪审员制度,构建开放、动态、透明、便民的阳光司法机制"。这就明确了我国提升司法独立性的基本要求。尤纳斯·格日玛敦曾指出:"法院的中立和独立是法律消费者的一项人权。[①]司法独立与人权保障有着密切关系:一方面司法独立本身就是一项人权;另一方面,司法独立制度是保障人权的一种重要手段。司法独立通过公正的审判对人权起着间接的保障作用。[②]比如诉讼中的辩护权、上诉权等权利的维护就是通过提升司法独立性保障人权的重要表现。只有审判权和检察权依法独立行使,才能有效保障人权,使当事人感受公平和公正。《中共中央关于全面深化改革若干重大问题的决定》对人权司法保障的论述进一步强化了司法的宪法功能,在宪法的框架内重申和深化了司法独立原则,为人权保障制度的完善奠定了理论依据。

(二)加强司法监督和提高队伍专业性

1.加强对司法活动的监督。十八届四中全会指出:"加强对司法活动的监督,完善检察机关行使监督权的法律制度,加强对刑事诉讼、民事诉讼、行政诉讼的法律监督,完善人民监督员制度,绝不允许法外开恩,绝不允许办关系案、人情案、金钱案。"加强对司法活动监督,既需要国家最高权力机关的监督,也需要公民大众的监督。多管齐下的监督既可以避免减弱司法的独立性,还能够保证司法的公正性,使司法活动阳光、透明,真正发挥司法制度对人权的保障作用。

2.完善防范和纠正刑讯逼供、非法取证和冤假错案的司法监督机制。刑讯逼供是对人权的严重侵犯。刑讯逼供是酷刑的一种典型表现。刑法是严厉的,同时也应该是文明的,这是刑事法治的应有之义。[③]中国政府

---

① 北京大学法学院人权研究中心:《司法公正与权利保障》,中国法制出版社2001年版,第123页。
② 刘殷:《司法与人权保障》,《法学论坛》2006年第11期。
③ 骆惠华:《社会保护与人权保障:刑法机能的调适和平衡》,《人民法院报》2018年9月26日第5版。

一贯反对酷刑。我国刑法明文禁止和惩治酷刑。中国于 1988 年批准联合国《禁止酷刑和其他残忍、不人道或有辱人格的待遇或处罚公约》。根治酷刑是保障人权的必然要求，也是现代法治文明发展的趋势。尽管中国法律严禁酷刑，但是，在现实中酷刑现象仍不同程度地存在，冤假错案与刑讯逼供有着直接的联系。刑讯逼供是对公民人身权的严重侵犯，对国家法律的亵渎，越来越引起社会的广泛关注，解决这一问题已成为全党和全社会的共识。①

3. 提高司法队伍的专业性。十八届四中全会提出："全面推进依法治国，必须大力提高法治工作队伍思想政治素质、业务工作能力、职业道德水准，着力建设一支忠于党、忠于国家、忠于人民、忠于法律的社会主义法治工作队伍"，"加强立法队伍、行政执法队伍、司法队伍建设，畅通立法、执法、司法部门干部和人才相互之间以及与其他部门具备条件的干部和人才交流渠道，推进法治专门队伍正规化、专业化、职业化。"人权司法保障制度的运行效果在一定程度上取决于司法人员的素养与司法执行力。因此，建设一支具有专业水准的司法队伍，不仅是提高司法水平的需要，也是净化司法环境，提高司法公信力的必然要求。通过提升司法队伍的专业性，提高司法活动的公正性，这也是保障人权的关键环节。这些专业性的司法队伍也必然成为我国人权保障司法制度建设的有生力量。

---

① 《中共中央关于全面推进依法治国若干重大问题的决定》提出："加强对刑讯逼供和非法取证的源头预防，健全冤假错案有效防范、及时纠正机制。"第一、完善人民检察院对司法活动监督的范围、方式、程序和保障措施。加强对刑事立案、侦查、审判、刑罚执行等各个环节的监督，防止冤假错案的发生。第二，推进以庭审为中心的诉讼制度改革。保证庭审在刑事诉讼中发挥决定性作用，确保侦查程序和公诉程序的办案标准符合审判程序的法定定案标准，从源头上防止事实不清、证据不足的案件，或者违反法律程序的案件"带病"进入审判程序，从而有效防范冤假错案。第三，健全询问犯罪嫌疑人、被告人全程同步录音录像，律师在场的三项制度。第四，实行办案质量终身负责制。第五，实行错案责任倒查问责制。第六，确立有条件的沉默权。建立符合我国国情的沉默权制度有助于防止对口供的依赖，从源头上防止刑讯逼供现象的发生。第七，建立辩诉交易制度。辩诉交易的实质是被告人认罪，减轻国家的证明负担，法律对被告人减轻处罚。这一制度同我国"坦白从宽"的刑事政策基本精神是一致的。该制度可以提高诉讼效率，是对沉默权制度的一种补充。

（三）落实人权原则和加强权利保障

1. 健全落实刑事人权原则的法律制度。《中共中央关于全面深化改革若干重大问题的决定》提出："健全落实罪刑法定、疑罪从无、非法证据排除等法律原则的法律制度。"罪刑法定、疑罪从无、非法证据排除的原则是国际人权法和我国法律确立的基本人权原则。这些基本原则要求，认定犯罪必须以确实、充分、合法的证据为依据，达不到事实清楚、证据确实充分的，不得对被告人宣布有罪，对非法证据必须依法排除。虽然我国法律明确规定了这些重要人权原则，但在司法实践中这些原则有时不能得到很好落实。从赵作海冤案到呼格吉勒图冤案，从中都可以看到当时案件在侦察审理的过程中，都没有按照这几项人权原则办案。[①] 要进一步落实《中共中央关于全面深化改革若干重大问题的决定》的要求，必须完善相关制度措施，确保这些基本原则有效贯彻落实到办案的各个环节。在司法工作中完善非法证据排除规则必须切实做到：

第一，树立程序正义、强化疑罪从无理念。司法人员应当从观念上根除"重实体、轻程序"的理念。在非法证据排除规则实施意见中重申通过程序正义实现实体正义的理念。同时不断强化疑罪从无理念，做到在诉讼进程中将被告人真正视为无罪之人，坚持证据裁判理念，切实保障被告人的合法诉讼权利。

第二，细化完善相关法律法规，提高排除规则具体操作性。一是明确引诱、欺骗的非法取证方法与讯问技巧的界限。对通过引诱、欺骗手段与合理的讯问技巧予以区分。二是明确重复自白、"毒树之果"的排除规则。全面实行"毒树之果"排除规则无疑是不符合我国国情的，故仅在以刑讯逼供和暴力取证获得的言词证据为线索取得"毒树之果"的特

---

① 据统计，自2013年至2017年1月，最高人民法院直接提审或监督指导全国法院纠正的重大刑事冤假错案共计34起，涉及54人。据媒体报道，其中多起案件被纠正的理由，都是"事实不清、证据不足"。而在原判决中，"毒树之果"、非法证据的阴影时隐时现。非法证据成为司法的达摩克利斯之剑，成为法治的"不能承受之重"。排除非法证据也成为我国法治建设的重要内容。参见罗婷玉《"排除非法证据规定"夯实人权保障》，《人民之友》2017年第8期。

殊情况下才予以排除。三是细化控辩双方的举证责任分配。证明责任除自行发现的以外，原则上应由控诉方检察机关承担，但辩方（包括犯罪嫌疑人、被告人）和证人、被害人负有提出证据线索的责任。四是完善非法证据的审查、调查程序。明确审查主体、非法证据提起的时间、阶段，在调查的具体程序中予以细化。

第三，建立多维配套制度立体化非法证据排除程序。一是建立侦查人员出庭制度。对于依法应当出庭而不出庭的，其侦查中取得的相关证据材料不能作为定案根据，并有相应处罚条款规制。二是确立证人、鉴定人出庭作证制度。控、辩双方应予必要的协助，作证保护、经济补偿等制度要落实到位。三是完善侦查、检察同步录音录像制度。讯问同步录音录像应坚持全程性、完整性、强制性，建议逐步实现讯问同步录音录像在全国范围内的全覆盖。四是设置律师在场制度。要求讯问时必须律师在场，使讯问过程变得更加透明和规范。五是实行起诉书一本移送制度。取消当前施行的起诉卷宗移送制度而实行起诉书一本移送制度，防止法官未审先看卷宗而先入为主。

第四，体制改革保障规则推行适用。一是重新配置诉讼权力。在宏观的职能承担上，避免法院成为第二"公诉人"，禁止侦查机关、检察机关在法庭审判之前与法官进行单方面的接触与意见交换；推进以审判为中心的诉讼制度改革，实行办案质量终身负责制和错案责任倒查问责制。二是要优化目标考核机制。应当改变目标考核机制违背刑事诉讼规律的不合理因素，比如，逮捕率对公安机关的影响，无罪判决率对公诉机关考核的影响，服判息诉率对法院考核的影响。①

第五，强化法官自主裁判理念，建立专业化、精英化法官队伍，敢于依法排除非法证据。一是组建专业化审判团队。严格执行入额法官制度，培养技术型、专家型"精英"法官，组建刑事专业审判团队，加大培训力度，坚持证据裁判原则和标准，增强发现、分析、排除案件疑点的能力，

---

① 《完善非法证据排除规则，积极推进诉讼制度改革——上海高院关于非法证据排除规则适用的调研报告》，《人民法院报》2018年1月4日第8版。

为排除非法证据奠定坚实的能力基础。二是严格落实司法责任制。进一步落实刑事审判领域的司法责任制，突出法官对案件裁决的主体地位，为排除非法证据构建科学的审判机制。三是全面加强法官履职保障。进一步落实中办、国办《保护司法人员依法履行法定职责规定》和人民法院的实施办法，扎实解决法官承担公正司法职责以外的其他任务过重、人身受到威胁、遭受不实举报名誉受损等困难和问题，为法官依法公正履责排除后顾之忧，为敢于依法排除非法证据创造良好的外部环境。

第六，尝试集中在庭前会议启动非法证据排除程序。庭前会议是庭前准备程序的核心和关键。我国《刑事诉讼法》第一百八十七条明确规定可以在庭前会议中，针对非法证据排除等问题了解情况，听取意见。以自治区为例，各级人民法院均展开了关于庭前会议的相关调研活动，并通过会签文件等形式发布了相关制度规范，为非法证据排除提供了一个较为稳定的启动时机。在庭前会议中，应首先由被告人及其辩护人说明排除瑕疵证据的申请及相关线索、材料；其次由人民检察院提供能够说明证据收集合法性的相关证据材料；最后由控辩双方发表意见，协商解决证据合法性的争议。有必要时，可以针对争议较大或有非法证据排除意向的案件，在庭前会议前组织双方进行证据交换，以方便庭前会议中非法证据排除程序的顺利进行。对于庭前会议中双方无异议、已经解决的非法证据排除争议，控辩双方达成"合意"的，在笔录中予以记录，笔录经双方确认签字后，在正式开庭审理时不再予以法庭调查，直接陈述说明结论并记录在法庭笔录中，该结论对双方均具有拘束力。在庭前会议中控辩双方协商不成的情况下，由人民法院归纳争议焦点并记入笔录。但法庭通过庭前会议对相关有争议的非法证据排除问题已经查明、形成内心确信的，合议庭可在庭前会议结束前短暂合议，做出口头裁定并记录在案，并在正式庭审时予以宣布。也可以留待庭前会议结束后进行合议，在正式庭审时将庭前会议双方所争焦点及大致过程予以宣读，之后当庭就此问题进行口头裁定。

第七，解决刑事诉讼中控辩失衡问题。首先是监所内被告人的权利保障。讯问过程中侦查机关与羁押机关均要保证全程录音录像，相互印证，侦查人员在讯问犯罪嫌疑人时应有羁押机关工作人员或律师在场，并在询问结束时在讯问笔录上签字，以证明讯问过程的合法性。要尽可能细化地规定侦查人员讯问犯罪嫌疑人时禁止使用的方法，为非法证据的证明提供便利，从而为非法言词证据排除规则的适用创造有利条件。其次涉及非法证据人员责任追究制度。非法证据排除规则主要针对刑讯逼供、暴力取证这种野蛮办案的行为，将非法证据排除，让办案人员通过非法方式取得证据不能使用；同时也要加大追究违法办案人员法律责任的力度。我国《刑法》第二百四十七条规定："司法工作人员对犯罪嫌疑人、被告人实行刑讯逼供或者使用暴力逼取证人证言的，处三年以下有期徒刑或者拘役。"可见，我国法律已对非法取证行为规定了相应的刑事处罚措施，但是对于尚不构成刑事犯罪的非法取证行为也需要制定相应的惩戒制度，可以在实践中进一步完善追究非法取证人员的行政责任、民事责任等，同时对于违法取证的行为，可以设定相应的国家赔偿。此外，法院还可以通过司法建议的方式建议相关部门对一些办案人员的违法违规行为进行行政处分。[①]

2. 强化诉讼权利保障制度。《中共中央关于全面深化改革若干重大问题的决定》第一次明确提出"强化诉讼过程中当事人和其他诉讼参与人的知情权、陈述权、辩护辩论权、申请权、申诉权的制度保障"的要求。诉讼权利是公民维护自己正当利益的重要手段。保障诉讼权利是人权保障的必然要求，也是衡量司法公正的重要标准。第一，进一步完善司法公开制度，切实保障当事人和其他诉讼参与人的知情权。司法领域中的不透明，不仅容易产生司法腐败，而且会在很大程度上影响公众对司法的信心，导致司法公信力的下降，不利于当事人对裁判结果的接受，更不利于受创社会秩序的恢复。完善司法公开制度，保障知情权是程序公正的必然要求。第二，切实保障当事人和其他诉讼参与人的陈述权、辩护辩论权、申请权。为诉讼权利受到侵害的当事人提供畅通的救济渠道。

---

① 《排除非法证据，守护公平正义——内蒙古高院关于非法证据排除规则的调研报告》，《人民法院报》2018年1月11日第8版。

当前，针对人权司法保障程序在立案环节存在的诸多问题，特提出建议如下：

第一，要进一步完善立案服务和监督工作体系，有效发挥立案登记制对于保障当事人诉权的重要作用。人民法院要准确把握立案登记制改革精神。一是提升立案服务。针对立案登记制实施后群众维权意识高涨但诉讼能力较差的现实困境，建立标准化、体系化的立案指导、法律援助、风险提示、取证协助等工作机制，推进诉讼服务中心建设，依托信息技术开发网上立案、自助立案系统，探索使用微信、支付宝等方式交纳诉讼费，探索跨域立案、巡回立案、预约立案新模式，努力降低当事人诉累。二是加强立案释明。探索出台立案释明规则，对起诉要求、受案范围、地域管辖等释明事项进行细化。三是强化立案监督。充分运用微信、微博、法院 App 等新媒体公开立案流程，实行阳光立案。各级法院要主动听取人大代表、政协委员、社会各界群众、律师和当事人的意见和建议，并建立立案工作网络舆情应对和上下联动机制。以法律相关规定为基础，构建立案工作处分制度，对发现有案不立、拖延立案、人为控制立案、"年底不立案"等违规行为的，严格追究责任。

第二，明确案件起诉条件审查标准，全面准确落实立案登记制改革要求。一是要加大对立案人员的培训力度，统一对登记立案的认识和把握，既要防止简单地将立案等同于登记，完全放弃实体审查，又要避免实行严格的立案审查，在实质上回归立案审查制。二是明确案件起诉条件的审查标准。准确把握形式审查的要求，明确有限的实体审查的审查强度。三是强化立案庭与审判庭之间的分工和衔接。在立案阶段，立案部门主要进行形式性审查以及初步的、宽松的、有限的可审性审查。在过滤部分纠纷的同时，也为审判庭审理做了必要准备。立案后，再由审判部门进行进一步的可审性审查，经过审查认为符合法定起诉条件的，才能进入实体性审理阶段。对已经移送审理的案件，审判庭不得再将案件退回立案庭，审理中认为不符合起诉条件的，依法驳回起诉。建立立案庭与审判庭的沟通机制，统一认识和裁量尺度。

第三，顺应司法改革要求不断提升审判质量和效率。一是构建多元化纠纷解决机制。督促相关部门严格依照各自职责主动参与争议化解，加强司法与相关部门的衔接互动，在立案时发现存在单凭法院力量难以解决的问题时，及时联系有关机关共同化解。二是建立案件繁简分流机制。可在立案后由专人负责案件筛查，按照案件程序和难易程度等情况进行分流。三是优化重组审判资源。科学测算法官工作量，适时增加审判庭员额法官的数量，并向基层法院倾斜，同时通过培训、调研等方式提高法官的办案能力。要注意发挥人民陪审员的作用，以增强审判力量。四是落实好司法改革相关要求。加快推进人员分类管理制度改革，全面推行院庭长办案制度，严格做到"让审理者裁判，由裁判者负责"。为解决好行政案件"边诉边访"问题，要持续推进涉诉信访法治化，着力解决案件导入、程序空转、出口不畅、终而不结等问题，依法纠正错案、补正瑕疵、化解矛盾。

第四，防范和规制滥诉行为，引导当事人合理行使诉讼权利。可以借鉴国外做法，从识别、审查、制裁和预防四方面治理滥诉行为。一是确立滥诉识别机制。明确滥诉行为的构成要件，使司法机关在认定滥诉行为时有明确的标准和依据。发布滥诉典型案件，以案例指导形式提高法官识别滥诉行为的能力。二是加大滥诉司法审查力度。加强立案审查，如发现有滥用诉权的直接不予立案，堵住滥诉的初始之路。在庭前就当事人身份、诉求合理性等情况进行综合分析，对涉嫌滥诉的直接裁驳。三是建构滥用诉权惩处机制。通过试点探索建立法院主导的恶意诉讼处罚机制，试行由滥用诉权当事人承担诉讼支出的经济利益惩罚机制。对伪造证据、哄闹立案场所、侮辱立案法官等违法行为加大制裁力度。四是建立滥诉预防工作体系。引入"黑名单"制度，建立"不良诉讼信息库"，将滥诉惩处机制与社会征信体系挂钩，对滥诉当事人在贷款、高消费等方面进行限制。在立案时书面告知当事人滥用诉权的后果，或让当事人签署诚信诉讼承诺书。加大宣传引导力度，消除公众对立案登记制的误解，引导当事人合理行使诉权。[①]

[①] 《严格落实立案登记制，切实加强行政诉权保障——天津二中院关于行政诉讼案件立案登记制实施情况的调研报告》，《人民法院报》2017年12月14日第8版。

此外，针对审判委员会的运行限制了当事人知情权的问题，要对审判委员会审判职能进行变革，可在现有法制框架下经"三步走"平稳达到目标：第一步，重塑审判委员会行使审判职能的谦抑性。一是改革审判委员会人员构成。要通过提高非院领导成员和业务骨干比例提升审判委员会委员的多样性和专业性。二是限缩审判委员会讨论案件的范围。建立审判委员会议事过滤机制，形成明确的审判委员会讨论决定案件的正面清单，并将清单局限于目前不宜、不能由合议庭和独任庭独立审判的案件。三是保留审判委员会类审判职能集中于刑事案件。保留对刑案的讨论、剥离对其他类型案件的讨论，既有利于改革循序推进，也易于为各方接受而减小改革阻力。四是规范讨论决定程序。尤其要矫正审判委员会行使审判职能中存在的程序性瑕疵，包括明确审判委员会成员公开及回避制度、采用亲历性的议决方式、建立合议庭异议救济途径等，为合议庭的独立审判提供宽松的制度环境。五是重视审判职能回归的衔接。在审判职能回归过程中，要防止审判委员会松手过快与合议庭接手不力造成的权力与能力的不相匹配，避免因此损害审判质量。第二步，点面结合地试错审判委员会审判职能的取消。选择若干个省、自治区、直辖市的部分基层法院进行试点，也选择个别省份的地方各级人民法院开展试点。就基层法院的试点而言，一方面，有必要提交审判委员会讨论决定的案件比例较低，案件性质相对简单。另一方面，现有审判机制绰绰有余。对重大、疑难、复杂案件，可以通过入额院庭长办案、法官联席会等机制予以解决。就个别省份的中高院试点而言，取消审判委员会审判职能的困难程度因其案件性质、审判程序不同而提升。要借助个别省份的"体温表"，将改革的试错风险尽可能控制在"低烧"乃至正常范围内。第三步，条件成熟时全面彻底取消审判委员会的审判职能。将审判权完整回归合议庭和独任庭，真正实现"让审理者裁判，由裁判者负责"。在此过程中，一方面，要加强机制补位，发挥法官联席会的咨询功能。通过改良院内法官联席会为非限于本院、非限于法官的"审判专业咨询委员会"，由法官、立法者、学者和律师等共同参与，对审判中的疑难问题提供指导意见。另一方面，要还权赋能，强化自身主业。更加注重发挥审判委员会宏观指导、审判管理、审判监督职能,并注重细化具体规则和配套制度,以最终实现审判职能回归审判组织的同时完成审判委员会自身职能的回归。

(四)保障诉讼的公正高效

1.建立切实解决执行难的法律制度。《中共中央关于全面深化改革若干重大问题的决定》提出两个方面的具体要求:一是"制定强制执行法,规范查封、扣押、冻结、处理涉案财物的司法程序"。制定单行的强制执行法是解决执行难的迫切需要;既符合执行程序的规律,也符合世界各国的立法潮流。二是"加快建立失信被执行人信用监督、威慑和惩戒法律制度。依法保障胜诉当事人及时实现权益"。执行难是社会诚信体系不健全而导致的一种现象,建立信用体系可以有效地预防这一现象。对恶意逃避执行、暴力抗拒执行的被执行人,加大曝光和制裁力度,完善破产制度;通过制度建设保障胜诉当事人及时实现权益。针对新时期执行中存在的突出问题,要提高执行队伍整体力量和执行案件的规范化水平,提升执行的信息化水平,进一步完善执行的联动机制,在当前特别要做到:①防止和杜绝执行偏见。强制执行应忠实于执行依据,不能因为要解决执行难,开展强制执行活动时任意扩权。诸如对合同效力进行判断,认定被执行人与第三人之间的合同无效等,避免实务中在法定事由之外任意追加第三人为被执行人,出现不能公正对待各方当事人利益的现象。②规范执行第三人到期债权。被执行人对第三人享有的债权也是财产权利,可以作为执行标的。要按相关司法解释规范第三人到期债的执行:利害关系人对第三人到期债权提出的异议,按标的物异议程序进行处理;生效文书确定的第三人到期债权,他人否认无效;对第三人到期债权的收取程序,第三人既未提出异议,又未履行,方可强制其履行。③总结提高异议复议裁判规则。《最高人民法院关于人民法院办理执行异议和复议案件若干问题的规定》施行时间不长,需要不断总结提高异议复议案件的办案水平。依法拓展异议复议案件救济途径,除办好行为异议和标的物异议,还要依法受理执行管辖权异议、限制出境异议和执行案件是否应当受理异议等几种特殊异议，并注意特殊救济类案件的法条引用，使引用的法条与异议类案件相匹配。及时总结异议复议案件办理经验，形成异议复议案件特有的裁判规则，从而达到办理异议复议案件，保护当事人权益，通过规范、管理、救济来实现执行行为的目的。①

2. 落实终审和诉讼终结制度，改革申诉制度。《中共中央关于全面深化改革若干重大问题的决定》以落实司法裁判的终局性为基点，就实行诉访分离、保障申诉权等问题提出了改革的具体要求。②这一改革为人民群众充分行使申诉权利，提供了有效的制度保障。《决定》对加强人权司法保障提出了全面的要求，进行了系统制度设计。这些改革的目的就是：让人民群众在每一个司法案件中都能感受到公平正义，感受到权利受到了尊重和保障。

3. 进一步规范查封、扣押、冻结、处理涉案财物的司法程序。所谓司法程序即司法活动场域所必须依循的法定时间与空间的步骤或方式，从某种意义而言，它是实现实体性权利和义务的合法方式及必要条件。③查封、扣押、冻结都属于诉讼中的强制性措施。查封是对涉案的财物或场所就地封存的措施。扣押是为了防止涉案人员或者第三人处分、转移财产而对涉案财物采取的扣留、保管的措施。冻结是为了防止涉案

---

① 《践行执裁分离改革，规范导正执行行为——四川成都中院关于执行复议案件的调研报告》，《人民法院报》2017年8月17日第8版。

② 第一，落实终审和诉讼终结制度。我国实行二审终审制度，但受"信访不信法、信上不信下"错误观念的影响，案件结而不终、无限申诉的现象较为突出。落实终审和诉讼终结制度是指对人民法院依法作出的终审裁判，认定事实和适用法律没有错误的，不得因当事人的无理由申诉，随意提起再审；对因申诉和依照法律规定，启动再审程序后作出的生效裁决，没有事实和法律错误的，要依法及时终结诉讼程序。第二，实行诉访分离制度。诉访分离制度是指对属于司法机关职责范围的涉诉信访，由司法机关依法办理、依法终结，信访部门不再处理；对于不属于涉法涉诉的普通信访，由国家信访部门处理，不得进入司法程序。诉讼与信访分离的最终目的，是实现涉诉信访法治化。第三，保障当事人依法行使申诉权利，改革申诉制度。《中共中央关于全面推进依法治国若干重大问题的决定》提出建立申诉案件的律师代理制度，这是《中共中央关于全面推进依法治国若干重大问题的决定》对申诉制度的重要创新。这一创新可以引导当事人理性、合法、有序地表达诉求，解决人民群众申诉难问题。对于因经济困难无力聘请律师的当事人，纳入法律援助方式解决。

③ 江必新、程琥：《司法程序的基本范畴研究》，《法律适用》2012年第5期。

人员或者第三人转移、抽逃资金等财产而对涉案财产采取的限制其流动的措施。处理涉案财物是司法机关在办理案件过程中，根据查明的案件事实，依法对查封、扣押、冻结的涉案财物作出解除查封、扣押、冻结，或者返还被告人、退赔被害人、罚金、没收财产等处置的决定。① 严格依法查封、扣押、冻结、处理涉案财物，对于保障当事人合法权利、保证案件顺利办理具有重要作用。但是，长期以来一些司法机关在查封、扣押、冻结、处理涉案财物时，因没有具体的、可操作的司法程序规范的指引，具有一定的随意性，对涉案财物的范围认定不严格，解除强制性措施、返还涉案财物不及时等情况还时有发生，侵害了当事人的权益。无论是从立法层面，还是在执法层面，关于涉案之物处理的前置程序均存在诸多欠缺之处。② 因此，必须规范查封、扣押、涉案财物处理的法治化、规范化、公开化。③ 对公民财产权给予更规范的司法保护，确保打击犯罪与保障人权的有机统一。在当前的司法实践中，以下两个方面尤其值得注意：

一方面，涉案财物的处理作为"对物之诉"，应当严格遵守法定的程序。一是违法所得的认定及处理应由人民法院依法定程序进行。涉案财物究竟是否属于违法所得，前提是查明是否存在犯罪事实，以及

---

① 有学者认为当前涉案财物处理程序中存在四大问题：一是重人权轻财权，重定罪轻量刑，重自由刑轻财产刑；二是我国还没有形成一个完整系统的搜查、扣押、查封、冻结、罚没涉案财物的制度；三是涉案财物的保管、返还、移送等各个环节都非常混乱，责任不清；四是涉案财物处理的救济和惩罚机制还没建立起来。为此，应该建立有中国特色的司法审查制度，严格审批程序，强化监督机制。以物权保障为原则，制定涉案财物保管、移送细则。以"透明、中立、公正"为原则，建立涉案财物的鉴定、评估、定价机制。建立独立的司法财物保障制度，彻底废除罚没返还制度，真正实行收支两条线，才能成为从根本上斩断非法查封、扣押、冻结等执法行为的驱动力。参见秋天《聚焦：完善人权司法保障制度——查封、扣押、冻结、处理涉案财物司法程序中的问题及完善》，《中国律师》2014年第10期。

② 温小洁：《我国刑事涉案财物处理之完善——以公民财产权保障为视角》，《法律适用》2017年第13期。

③ 一要严格遵守法律法规，切实执行法律关于处理涉案财物规定；二要规范司法程序，完善查封、扣押、冻结、处理涉案财物的决定、执行、解除程序，细化涉案财物认定标准、明确执行主体、健全当事人复议申诉投诉机制、建立对相关违法行为的责任追究机制；三要加强对涉案财物处置的法庭调查，完善涉案财物处理的司法程序；四要强化对涉案财物的管理，妥善保管涉案财物，探索建立涉案财物集中管理平台，完善涉案财物处理信息公开机制。

涉案财物与犯罪行为之间是否存在实质性关联。由于涉案财物属性的认定和犯罪事实紧密相关，且牵涉当事人的财产权利，因此，应当由人民法院依法作出处理。未经人民法院依法判决，不仅不能认定被告人有罪，也不能将涉案财物认定为违法所得予以没收。这是规范涉案财物处理程序的一项基本要求。二是关于涉案财物属于违法所得及其他涉案财产的举证责任。实践中，对于被告人非法持有的违禁品、供犯罪所用的本人财物，其非法属性比较容易确定，依法应由人民检察院承担举证责任，并不存在争议。但对于违法所得，即被告人实施犯罪行为所取得的财物及其孳息，由于其中可能包含被害人或者其他人员的合法财产，财产属性比较难以确定，在举证责任方面比较复杂，应依据具体情况作出认定。三是涉案财物处理程序中应重视保障当事人和利害关系人的诉讼权利。要充分保障当事人和利害关系人的程序参与权，充分保障庭审程序的公开性和公正性，充分保障当事人和利害关系人的救济权。

另一方面，在重视程序保障的前提下，有必要适当扩展特别没收程序的适用范围。一是一些违法所得等涉案财物不多的轻罪案件，有必要在总结实践经验的基础上探索提出案件分流的方案，将大多数普通刑事案件违法所得的没收问题交由基层人民法院处理。目前作为个案处理，中级人民法院也可以考虑指定下级法院审理此类没收违法所得案件。二是对于毒品犯罪、黑社会性质的组织犯罪、走私犯罪、破坏金融管理秩序犯罪、金融诈骗犯罪等重大犯罪案件，以及非重大的普通犯罪案件，犯罪嫌疑人、被告人在侦查、审查起诉阶段逃匿的情形，或者犯罪嫌疑人、被告人丧失诉讼行为能力等情形，为规范违法所得等涉案财物的处理，也需要研究探索能否适用特别没收程序处理。从长远来看，有必要在逐步总结经验的基础上，将所有未经刑事定罪的没收均纳入到特别没收程序处理，并根据案件性质、案情等因素在具体程序设置时加以区分，实现繁简分流。三是特别没收程序不仅涉及被告人违法所得的没收，还涉及被害人、利害关系人合法财产的返还问题。有必要增加规定被害人、利害关系人申请先行返还合法财产的程序。具体言之，被害人、利害关系人认为公安机关、人民检察院、人民法院查封、扣押、冻结的涉案财物属于自己合法财产的，可以申请公安机关、人民检察院、人民法院先行返还。①

4. 健全错案防止、纠正、责任追究机制。《中共中央关于全面深化改革若干重大问题的决定》中所提到的"健全错案防止、纠正、责任追究机制"中的"错案"是对一般意义上冤假错案的统称。冤案一般是指使无辜者受到刑事追诉的刑事案件；假案一般是指司法人员栽赃陷害或者当事人替人入罪的刑事案件。错案形成的原因比较复杂，既有特定历史时期的客观原因，也有司法人员的主观因素。但应竭尽全力避免错案，特别是司法人员主观因素产生的错案，因为错案对司法公正和公民权利的侵害最大，威胁到司法权威。习近平总书记曾经明确提出，要坚守防止冤假错案底线，切实维护人民群众合法权益和司法权威。中央政法委及时出台了《关于切实防止冤假错案的规定》，就严格遵守法律程序，加强防止和纠正错案作出了明确规定。②《中共中央关于全面深化改革若干重大问题的决定》要求"健全错案防止、纠正、责任追究机制，严禁刑讯逼供、体罚虐待，严格实行非法证据排除规则"。在当下中国司法改革背景下，严格错案追究制度有利于提升司法权威和公信力。

（五）控制死刑并完善惩治和矫正法律

1. 逐步减少适用死刑罪名。死刑是剥夺犯罪人生命的刑罚，是刑罚体系中最为严厉的刑罚方法，故被称为极刑。目前，确有一些国家废止了死刑，但是离开中国国情照搬国外废止死刑的做法并不可取。我国的基本刑事政策是"既保留死刑，又严格控制和慎重适用死刑"。我国仍处

---

① 戴长林：《依法规范刑事案件涉案财物处理程序》，《中国法律评论》2014年第2期。
② 健全防止和纠正错案机制，一要健全防止错案机制。要严格遵守证据裁判原则，严禁刑讯逼供、体罚虐待，严格执行非法证据排除规则，准确把握刑事案件证明标准。二要健全发现错案机制。要着力保障犯罪嫌疑人、被告人、罪犯的申诉、控告权，对犯罪嫌疑人、被告人、罪犯提出的申诉、控告、检举材料，应当及时送转、认真对待。充分发挥律师的辩护作用，认真对待律师的辩护意见和提交的证据材料。三要健全纠正错案机制，明确错案的认定标准和纠错启动主体，完善错案纠正程序。四要建立错案责任追究机制。实行案件质量终身负责制，形成用权受监督、失职要问责的管理体系。

于社会主义初级阶段，刑事案件高发多发。只有保留死刑，才有利于遏制极其严重的犯罪，才能保护国家安全、维护社会稳定、保障公民权益。适用死刑必须慎之又慎。[①]要根据社会治安的形势，继续逐步减少适用死刑的罪名，控制死刑的适用，完善死刑复核程序，准确把握打击犯罪与保障人权相结合的司法理念。为逐步与国际人权法接轨，《中共中央关于全面深化改革若干重大问题的决定》要求刑法"逐步减少适用死刑罪名"。这一方面体现了我国"既保留死刑，又严格控制和慎重适用死刑"的基本刑事政策，另一方面也向国际社会表明我国尊重生命的态度。

对于死缓限制减刑在审判实践中所面临的难题，要以三维方法构建适用限制减刑的衡平路径。由于对死缓犯是否适用限制减刑因案而异，适用标准上有一定弹性，在司法实践中要防止对死缓限制减刑的不当适用，应从积极倡导贯彻死刑理念、深刻领会限制减刑的立法初衷和完善细化限制减刑适用标准三个维度来实现适用限制减刑、控制死刑适用的衡平路径。

第一，理念维度：积极倡导贯彻限制死刑理念。一是要读懂国情、读懂死刑政策。在司法实践中，一方面，决定是否判处死刑要慎重以待，避免重刑主义思想，防止出现片面从严、从重的情况。另一方面，对于符合适用条件的犯罪分子，在具体决定其死刑判决是采取立即执行还是缓期两年执行之执行方式时也应有足够的慎重。二是要推动民众死刑观念的变革。人民法院应以严格限制死刑适用方式来推动民众死刑观念变革，法官不仅要自己深刻领会相关立法精神，更要通过准确适用法律、严格限制死刑适用使民众建立宽容观念、人道观念，通过合力理性、稳健、合乎时宜地推进民众死刑观念的转变。

第二，目的维度：深刻领会限制减刑的立法目的。在司法适用中应树立对死缓犯限制减刑以有利于严格执行死刑政策为前提的理念。只有对于以往本可以判处死缓，因死刑缓期执行的惩罚力度不够，进而不得已判处了死刑的案件，由于有了限制减刑制度，能够有效制裁犯罪，才

---

① 2011年颁布的《刑法修正案（八）》，取消了13个经济性非暴力犯罪的死刑，占死刑罪名总数的19.1%。

可以考虑在判处死刑缓期执行的同时决定限制减刑。对死缓犯适用限制减刑，必须围绕这一立法目的展开。对于《刑法修正案（八）》对限制减刑的适用条件的规定弹性较大与适用限制减刑应特别慎重之间的矛盾，除应尽快出台相关司法解释细化限制减刑的适用标准外，还应通过积极推行死刑案例指导制度逐步建立较平衡的适用标准。典型案例可以看得见的方式作为参照物发挥其以采取封闭的逻辑推论形式难以达到的论证说服效果，提高裁判的可接受性。

第三，标准维度：完善细化死刑限制减刑适用标准。从刑法规定看，死缓限制减刑仅适用于"1+8"情形，但由于是否限制减刑要根据"犯罪情节等情况"作出决定，存在一定弹性。在司法实践中，适用死缓限制减刑应遵循以下标准：一是严格执行对"1"类犯罪适用限制减刑的范围。必须是在不限制减刑无法做到有效惩罚犯罪或案结事了的情况下，才可考虑对此类累犯适用限制减刑，对于其他情况如被告人是累犯但有其他从宽情节也应尽量避免适用限制减刑，以达到严格控制限制减刑适用范围的目的。二是进一步发挥从宽情节在对"8"类犯罪适用限制减刑的作用。尽管死缓限制减刑并不是独立的刑种，但在实践中已经成为衔接死刑立即执行和死缓的过渡刑罚。据此，对于8种犯罪而被判处死缓的被告人是否限制减刑，关键是看在宣告死缓后，剩余的犯罪情节、量刑情节叠加后是否足以支撑限制减刑。对于虽严重危害社会治安，但有法定从宽情节的，一般不宜判处死刑立即执行，可考虑限制减刑。[①]

2. 废止劳动教养制度。《中共中央关于全面深化改革若干重大问题的决定》明确提出"废止劳动教养制度，完善对违法犯罪行为的惩治和矫正法律，健全社区矫正制度"。劳动教养是对被劳动教养的人实行强制性教育的行政措施。[②] 劳教制度的产生有其历史背景，当时主要是针对从农

---

① 刘冠华：《死缓限制减刑：能否承受减少死刑适用之重》，《人民法院报》2015年1月14日第5版。

② 1957年全国人大常委会批准了《国务院关于劳动教养问题的决定》，正式确立了劳动教养制度。在建立之初，劳动教养制度兼有教育矫治和收容安置功能。"文化大革命"期间，劳动教养制度基本停止实施。1979年全国人大常委会批准了《国务院关于劳动教养的补充规定》，明确了劳动教养的审批、管理、期限和监督等问题。

村流入城市又有轻微违法行为的流动人员采取的一种行政管制措施,在其合法性上一直存有争议。① 多年来,劳动教养制度为维护治安秩序、确保社会稳定、教育挽救违法人员发挥了重要作用。近年来,经过各方面坚持不懈的共同努力,我国法律制度进一步完善,处理违法犯罪的法律不断完善,劳动教养的功能逐渐被相关法律制度所替代,劳动教养的适用逐年减少乃至基本停用,废止劳动教养制度的社会共识已逐渐形成,时机日益成熟。废止劳动教养制度是贯彻依法治国方略的必然要求,是强化以法治思维和法治方式管理社会的重要体现,是社会发展进步的必然选择。按照法律规定,劳动教养制度应由国务院提请全国人大常委会,通过法律程序予以废止。在劳动教养制度废止后,为解决这一制度废除后的衔接问题,要及时完善对违法犯罪行为的惩治和矫正法律,还要在立法和替代性制度上下功夫,如司法行政机关要加快推进社区矫正制度。

3. 健全社区矫正制度。社区矫正是将管制、缓刑、暂予监外执行、假释等符合法定条件的罪犯置于社区内,在法定期限内,由专门的国家机关及相关社会团体、民间组织和社会志愿者,矫正其犯罪心理和行为恶习,促进其顺利回归社会的非监禁刑罚执行活动。社区矫正作为刑罚的执行方式,体现了专门机关与人民群众相结合,在节约监狱资源、节省行刑成本、有力改造罪犯、促进罪犯回归社会等方面成效明显。② 针对当前社区矫正制度存在的问题,要进一步推进社区矫正立法工作,加强社区矫正法治化、制度化、规范化建设;完善社区矫正配套制度,扩大社区矫正工作覆盖面,促进相关部门配合衔接;加强社区矫正保障能力建设,完善机构设置、强化队伍建设,提升社区矫正的教育帮扶水平。具体措施有:第一,更新审判理念,推动恢复性司法,鼓励刑罚轻

---

① 有人认为劳动教养制度存在三方面问题:一是未经正当的刑事司法程序就剥夺了当事人的人身自由;二是与我国已签署的《公民权利和政治权利国际公约》中人身自由权原则不相适应;三是与我国宪法中尊重和保障人权的规定相违背。参见谢文英《完善人权司法保障"彰显法治精神》,《检察日报》2013年12月4日第7版。
② 我国的社区矫正工作从2000年开始试点,2009年在全国全面试行,2011年颁布的《刑法修正案(八)》和2012年修改后的《刑事诉讼法》明确了社区矫正制度的法律地位。

缓化。恢复性司法是犯罪人、被害人、社区成员代表或社会组织共同参与，通过对话、协商，帮助罪犯认识其犯罪行为给他人和社会所造成的危害，以犯罪人真实悔过、道歉、自愿赔偿被害人物质损失和精神损害、向社区提供社会公益服务等积极的、负责任的行为，获得社会成员的谅解与接纳，使之重新融入社会的一种司法理念。与成人化的审判工作理念不同的是，未成年人审判以保护主义为最高价值目标，应当超越传统刑法的报应主义观念，凸显教育、保护的功能。具体表现为，法官需要承担对未成年人罪犯的调查、教育、回访帮教等职能，审判内容由注重案件本体向兼顾社会背景转变，审判职能由判决结案的模式向效能延伸的模式转变，并对主观恶性不深、社会危害性不大、真诚悔过的未成年被告人尽可能多地适用轻、缓刑，实现少年司法效益提升。第二，强化法院责任，推动少年司法工作社会化。法院应当继续深化社会调查制度、指定辩护制度、分案处理制度、少年法庭建设、圆桌审判制度、人民陪审员制度、合适成年人制度、法庭教育制度、量刑规范化工作、禁止令、前科封存制度等，把少年审判工作往精细化方向发展。第三，建立协同机制，联合帮扶教育未成年人。法院可加强与公安机关、检察机关、司法行政机关的沟通协调，并强化与共青团、妇联、教育行政主管部门及其他社会团体和组织的工作联系，完善"一体化"审判模式，形成侦查、起诉、审判、执行以及教育、改造、帮教、安置等互相配合、互相协作的工作体系。同时，依靠社会各界的力量，实行齐抓共管、综合治理，逐步形成未成年人综合保护网络，职业技术学校、科技示范点等机构可帮助未成年罪犯返校复读并免费对未成年犯进行技能培训；企业应接纳未成年犯就业，实行同工同酬，消除就业歧视；家庭需对未成年犯加强心理疏导和教育。第四，加强宣传教育，营造良好的内外部司法环境。应建立宣传教育常态机制，采取不同形式，积极开展送法进校园、送法进社区、模拟法庭、法制大课堂、违法犯罪图片展、法制宣传手册等宣传活动，广泛进行普法宣传和法制教育，以此增强青少年法治观念，防止青少年走上犯罪的道路。同时，通过新闻媒体，大力宣传少年审判工作、宣传有关法律、宣传好经验等，营造全社会关注未成年人权益的良好环境。第五,设立"未成年人犯罪被害人社会救助基金"。政府可借鉴"道路交通事故社会救助基金"的成功经验,试点设立"未成年人犯罪被害人社会救助基金",保障家庭困难的未成年人犯罪案件中的被害人的利益。通过"先行垫付,事后追偿"的社会专项基金,充分体现国家和社会对未成年犯的关爱和救助,让未成年犯真正感受到人文关怀。

4. 完善犯罪记录封存制度。"未成年人犯罪记录封存制度"对于保障未成年人合法权益,帮助未成年犯罪人回归社会具有重要意义。作为一项新生制度,其在制度设计和制度衔接方面存在的双重缺陷需要从多方面进行改进和协调。这既需要立法机关对该制度进行健全完善,也需要各部门相互配合,更需要公众对未成年人犯罪多一份宽容,共同为未成年犯罪人回归社会提供更加宽松的社会环境。当前,针对"未成年人犯罪记录封存制度"存在的双重缺陷,建议从以下角度着手进行完善:

第一,细化法律规定。一是明确规定封存主体。考虑到"未成年人犯罪记录封存"的复杂性,仅靠司法机关自身很难落实,故建议建立以人民法院和人民检察院为主导,其他单位和个人予以配合的联动封存主体体系。凡是知晓相关犯罪记录的机关、单位和个人都应纳入"未成年人犯罪记录封存"的主体范围,包括人民法院、人民检察院、公安机关、未成年犯管教所等国家机关,也包括学校、工作单位、居住地基层组织、未成年人保护组织和法律援助机构,还应包括当事人、辩护人、诉讼代理人等知悉犯罪记录的个人。在"未成年人犯罪记录"由人民法院和人民检察院作出决定予以封存后,其他封存主体应配合履行封存义务。二是严格控制封存例外。考虑到现有法律对"未成年人犯罪记录封存制度"的例外情况的规定过于宽泛,建议从该制度的立法本意出发,对查询主体和查询事由进行严格限缩。首先,进一步限缩"办案需要"的范围,明确规定司法机关因办理何类案件需要方可查询未成年人犯罪记录,建议规定所办案件须与未成年人犯罪记录具有直接联系。其次,控制可直接接触未成年人犯罪记录的工作人员的范畴,建议规定由查询单位负责人书面同意,由案件承办人亲自查询,其他人员不得查询。再次,限缩"相关单位"及可据以查询未成年人犯罪记录的"国家规定"的范围,明确规定相关单位只能基于公共利益对相关犯罪记录进行查询，不得直接或间接以升学、就业、入伍政审为由查询相关未成年人犯罪记录。最后，建议探索分级查询机制。根据单位的性质、未成年人犯罪的严重程度、查询事由的重要性等因素设定查询层级，不同性质的查询单位、不同性质的查询事由以及不同严重程度的被查询犯罪记录对应不同层级的查询权限。三是增加权利救济条款。根据《刑事诉讼法》第二百八十六条的规定可知，"未成年人犯罪记录封存制度"的启动模式是依职权启动模式，即封存主体在未成年犯罪人被判处五年有期徒刑以下刑罚后立即主动封存。因此，建议立法根据封存主体不同的违法情况规定相应的救济渠道。一方面，要明确规定依申请启动封存模式，即当封存主体违反法律规定未依职权启动封存程序时，相关未成年人及其法定代理人、近亲属有权申请负责机关对犯罪记录进行封存；另一方面，增加制裁条款，明确规定如果封存主体未封存应封存的犯罪记录或者封存主体、查询主体违反法律规定泄露犯罪记录的，未成年人及其法定代理人、近亲属有权提出申诉、控告；违法主体应承担相应的民事侵权责任；泄密的办案人员应接受行政处分，情节严重的还应根据《刑法》第二百五十三条出售、非法提供公民个人信息罪的规定承担刑事责任。四是健全完善适用程序。建议明确规定以人民法院和人民检察院为主导、以相关单位和个人为配合的适用程序。首先，犯罪记录封存的启动。人民法院作出五年有期徒刑以下判决（或人民检察院作出不起诉决定）时，应立即制作《犯罪记录封存书》（或《不起诉记录封存书》），对本机关掌握的未成年人犯罪记录予以封存，并立即向相关单位和个人（包括公安机关、刑罚执行机关、社会矫正机构、学校、工作单位、居住地基层组织、法律援助机构、未成年人保护组织、辩护人、诉讼代理人等）送达《犯罪记录封存书》（或《不起诉记录封存书》），要求其对未成年人犯罪记录进行封存。相关单位和个人接到《犯罪记录封存书》（或《不起诉决定封存书》）后应对相关犯罪记录依法封存。其次，查询的申请与审查。司法机关因办案需要以及有关单位根据国家规定进行查询的，须向作出生效判决的法院或作出不起诉决定的检察院提交书面申请，说明查询单位、对象、事项及理由，由接受申请的人民法院和人民检察院对查询申请进行审查并于七日内作出是否许可的决定，并根据查询层级和需要，自行提供或者书面通知配合封存的其他单位和个人提供相应的犯罪记录信息。配合封存的单位和个人不能自行决定接受查询申请或提供犯罪记录。最后，犯罪记录封存的监督。虽然《人民检察院办理未成年人刑事案件的规定》第六十九条已对此作出规定，"人民检察院发现有关机关对未成年人犯罪记录应当封存而未封存的，不应当允许查询而允许查询的或者不应当提供犯罪记录而提供的，应当依法提出纠正意见"。但建议进一步明确检察机关的监督职能，丰富其监督手段，在其自行发现或经未成年人及其法定代理人、近亲属申诉发现封存主体未尽封存义务、封存主体与查询主体违法泄露犯罪记录时，应发出检察建议、制止违法行为、要求相关主体赔偿损失等。

第二，强化制度衔接。一是修改相关法律法规。《预防未成年人犯罪法》第四十八条的规定："依法免予刑事处罚、判处非监禁刑罚、判处刑罚宣告缓刑、假释或者刑罚执行完毕的未成年人，在复学、升学、就业等方面与其他未成年人享有同等权利，任何单位和个人不得歧视。"因此，为了更好地保障未成年人的合法权益，预防未成年人重新犯罪，有必要以"未成年人犯罪记录封存制度"的确立为契机，适时对《公务员法》《教师法》等含有从业禁止条款的法律法规进行修改，逐步缩小其禁业范围，拓宽未成年犯罪人就业渠道，实现法律体系内部对未成年轻罪犯罪人评价标准的统一。二是调整公安机关开具有无犯罪记录证明制度。为了防止既要保护相关未成年人合法权益、封存其犯罪记录，又开不出无犯罪记录证明的尴尬情形，建议公安机关为犯罪记录被封存的人开具无犯罪记录证明。这是"未成年人犯罪记录封存制度"的题中之义。三是调整户籍制度和人事档案制度。对符合犯罪记录封存条件的未成年人，建议将其犯罪记录从户籍和人事档案中分离出来，设置单独的《犯罪档案》，进行封存管理，非因法定原因不得向他人提供，最大限度减少其犯罪记录被公开的可能性。①

---

① 王明强、邓玉洁：《未成年人犯罪记录封存制度的反思与完善》，《人民法院报》2018年9月26日第6版。

(六)加强救助援助和法律帮助

1.健全国家司法救助和法律援助制度。司法救助是体现国家关怀的抚慰性、救济性措施,是国家对因遭受犯罪侵害或民事侵权无法获得有效赔偿,而造成生活困难的当事人予以一次性救助的制度。积极开展司法救助是中国特色社会主义司法制度的内在要求,是改善民生、健全社会保障体系的重要补充。我国的司法救助工作总体上还处于起步阶段,发展还不平衡,存在救助覆盖面过窄、救助对象不明确等问题,既影响了司法救助的效果,也不利于维护社会公平正义。健全国家司法救助制度,要积极推动国家立法强化司法救助保障。①

法律援助是国家设立的法律援助机构依法为经济困难或特殊案件的当事人,指派律师或者法律工作者,向其免费提供法律服务的一项法律制度。作为实现社会正义、促进司法公正、保障公民基本权利的国家行为,法律援助制度是一国司法制度的重要组成部分,也是一项重要的民生工程。②习近平总书记在十八届中央政治局第四次集体学习时指出,要切实解决好老百姓打官司难问题,特别是要加大对困难群众维护合法权益的法律援助。2012年,我国办理法律援助案件达到100万余件,提供法律咨询累计568万人次。完善法律援助,要继续创新法律援助模式,③保障弱势群体平等地受到法律保护。针对当前法律援助案件将成倍增长、

---

① 主要方法有:一是合理确定司法救助的对象,突出救助重点,使资金用于最需要救助的人员;二是完善司法救助措施,健全救助方式,明确救助标准,合理确定救助金额;三是健全司法救助程序,明确救助资金的申请、审批、发放等救助程序,建立救助公示和公开制度;四是强化司法救助保障工作,在政府主导下,确保司法救助资金有保障、使用有规范、救助有实效。

② 中共中央办公厅、国务院办公厅《关于完善法律援助制度的意见》。

③ 基本措施有:一是扩大法律援助覆盖面,及时调整法律援助范围,放宽经济困难标准,建立法律援助范围和标准动态调整机制;二是加大法律援助办案经费保障,推动建立法律援助专项资金,完善法律援助办案补贴标准,加强法律援助机构力量配备;三是完善法律援助与相关部门工作衔接机制,健全刑事诉讼中公检法司各部门工作衔接配合机制;四是推动法律援助立法,通过国家立法明确政府法律援助责任、法律援助范围和标准、经费保障、组织实施、相关部门协调配合等问题。

投入需要加大、刑事法律援助的人才亟待加强、案件质量需加大监督等客观情况，一是要按照明确责任、分类负担、收支脱钩、全额保障的原则，完善法律援助经费保障体制，明确经费使用范围和保障标准，确保经费保障水平适应办案工作需要。中央财政要引导地方特别是中西部地区加大对法律援助经费的投入力度。省级财政要为法律援助提供经费支持，加大对经济欠发达地区的转移支付力度，提高经济欠发达地区的财政保障能力。市、县级财政要将法律援助经费全部纳入同级财政预算，根据地方财力和办案量合理安排经费。适当提高办案补贴标准并及时足额支付。建立动态调整机制，根据律师承办案件成本、基本劳务费用等因素及时调整补贴标准。鼓励社会对法律援助活动提供捐助，充分发挥法律援助基金会的资金募集作用。财政、审计等部门要加强对法律援助经费的绩效考核和监督，确保专款专用，提高经费使用效益。二是要注重发挥法律援助在人权司法保障中的作用，保障当事人合法权益。落实刑事诉讼法及相关配套法规制度关于法律援助范围的规定，畅通刑事法律援助申请渠道，加强司法行政机关与法院、检察院、公安机关等办案机关的工作衔接，完善被羁押犯罪嫌疑人、被告人经济困难证明制度，建立健全办案机关通知辩护工作机制，确保告知、转交申请、通知辩护（代理）等工作协调顺畅，切实履行侦查、审查起诉和审判阶段法律援助工作职责。开展试点，逐步开展为不服司法机关生效刑事裁判、决定的经济困难申诉人提供法律援助的工作。建立法律援助值班律师制度，法律援助机构在法院、看守所派驻法律援助值班律师。健全法律援助参与刑事案件速裁程序试点工作机制。建立法律援助参与刑事和解、死刑复核案件办理工作机制，依法为更多的刑事诉讼当事人提供法律援助。三是要依托现有资源加强法律援助机构建设，配齐配强人员。把思想政治建设摆在突出位置，切实提高法律援助队伍思想政治素质和职业道德水平。探索法律援助队伍专业化、职业化发展模式，加强法律援助人才库建设，培养一批擅长办理法律援助案件的专业人员。加强教育培训工作，加大培训教材、师资、经费等投入，完善培训体系和工作机制，提高法律援助人员专业素质和服务能力。完善律师、基层法律服务工作者参与法律援助工作相关权益保障、政策扶持措施，调动律师、基层法律服务工作者等人员的积极性。加大政府购买法律援助服务力度，吸纳社会工作者参与法律援助，鼓励和支持人民团体、社会组织开展法律援助工作。多渠道解决律师资源短缺地区法律援助工作力量不足问题，充实县区法律援助机构办案人员，在农村注重发挥基层法律服务工作者的作用，加大力度调配优秀律师、大学生志愿者等服务力量支持律师资源短缺地区法律援助工作。深入开展法律援助志愿服务行动。四是要认真履行法律援助组织实施职责，规范接待、受理、审查、指派等行为，严格执行法律援助事项范围和经济困难标准，使符合条件的公民都能及时获得法律援助。教育引导法律援助人员严格遵守法定程序和执业规范，提供符合标准的法律援助服务。根据案件不同类别组建法律援助专业服务团队，探索创新法律援助案件指派方式，对重大疑难案件实行集体讨论、全程跟踪、重点督办，提高案件办理专业化水平。完善服务质量监管机制，综合运用质量评估、庭审旁听、案卷检查、征询司法机关意见和受援人回访等措施强化案件质量管理。加大信息技术在法律援助流程管理、质量评估、业绩考核等方面的应用。逐步推行办案质量与办案补贴挂钩的差别案件补贴制度，根据案件办理质量确定不同级别发放标准，促进提高办案质量。完善法律援助投诉处理制度，进一步规范投诉事项范围、程序和处理反馈工作，提高投诉处理工作水平。[①]

2. 完善律师制度。律师是我国法治建设中不可缺少的一支重要力量，律师在维护当事人合法权益、促进司法公正、维护社会公平正义方面，具有重要作用。完善律师制度，要加强对律师的管理与服务，规范律师活动，为律师行使执业权利提供司法保障，[②]创造良好环境。针对当前刑事案

---

① 中共中央办公厅、国务院办公厅《关于完善法律援助制度的意见》。
② 主要途径有：一是要健全鼓励律师参与辩护、代理诉讼的机制，落实《刑事诉讼法》和《律师法》的规定，完善侦查、起诉和审判各环节律师执业权利保障机制；二是推进律师执业专业化建设，探索建立律师专业水平评价体系和评定机制，积极推行公职律师和公司律师制度；三是健全律师执业行为规范，完善律师违法违规执业惩戒制度，加强职业道德建设，促进律师规范执业、诚信执业，增强社会责任感。

件律师辩护全覆盖试点工作中发现的问题，提出以下对策建议：第一，建立协调机制，推进试点工作。人民法院与司法行政机关可建立刑事法律援助工作联席会议制度，由人民法院、司法行政机关轮流担任召集人，组织召开协商座谈会，邀请公安、检察院、律师事务所代表参加，汇总意见，形成工作简报。明确专门联络机构与固定联系人员，搭建协同平台，及时沟通传达相关情况，评估律师辩护全覆盖工作效果，协调解决相关业务问题。同时，各辖区法律援助中心可与律师协会协调，视本地实际情况确定应急律师事务所，以在出现需求量较大且时间紧急的情况时，安排应急律师事务所律师来承担工作。第二，完善工作办法，提高审判效能。首先明确时限，规范人民法院受理案件后对被告人取得法律援助及法律帮助权利的告知方式、告知内容和时限要求，明确移送案件、律师指派时限。其次丰富手段，探索电子函件与纸质函件并行，实现电子函件先行，纸质函件随后，有效提升办案效率。有条件的地方可以设立阅卷预约平台，推动电子化阅卷，允许刻录、下载材料。最后完善程序，探索由法律援助中心指派值班律师转换身份出庭辩护，实现法律帮助与法律援助的有序衔接；如被告人放弃法律援助后再次申请人民法院为其指定辩护，人民法院可驳回其申请；对于有正当理由要求更换援助律师的，应限定另行指派律师次数，避免浪费司法资源。第三，健全操作机制，保障有效辩护。一是建立法律援助律师库。依托律师事务所，共同加强刑事法律援助律师管理，形成并运作好准入和退出机制，保证刑事案件办理和值班工作质量。健全案件繁简分流机制，综合案件繁简程度、律师执业年限、刑事辩护经验、辩护评价效果等指派援助律师、发放援助津贴。重大疑难刑事案件的法律援助应当对承办律师执业年限有所要求。二是建立评价监督机制。由法院、司法行政机关、律协及被援助人等对法律援助律师的辩护工作进行评价，共同制定相应的律师援助考核标准，将援助律师履职情况纳入律师年度考核及律师诚信服务记录，根据律师事务所、律师履行法律援助义务实施奖励或惩处。三是细化经费保障机制。建立激励机制，经法院审理对被告人宣告无罪、免予刑事处罚、缓刑的，或被告人被减轻、从轻处罚的，给予援助律师相应奖励；对异地提供法律援助的，结合当地出差补助费、交通费补贴标准进行补贴。法律援助律师已经开展工作后，被告人拒绝接受指派或另行委托辩护人的，根据是否完成阅卷、会见、提交辩护词、参加庭审等程序，按比例给与适当补贴。第四，完善配套设施。探索形成符合实际的值班律师值班轮岗的工作模式。同时在看守所建立固定的值班律师提供法律帮助会见室，有条件的可建立远程会见室。第五，探索全程覆盖。有些地方（如达州市）法院律师辩护全覆盖的试点仅限于审判阶段，然而，探索重大案件侦查与审查起诉阶段辩护全面覆盖，是刑事庭审实质化的要求，有利于确保犯罪嫌疑人权利得到充分保障，防止个别案件"带病起诉"，影响案件的审理效率与效果。第六，加强科技应用，提升司法效率。首先，建立会见预约制度。针对达州市看守所硬件建设目前无法满足律师会见等问题，会同司法行政机关、看守所开辟网上会见新途径，通过网上预约、微信预约、电话预约等方式提前安排会见。因办案机关正在讯问等特殊情况无法及时安排会见的，应当向律师说明原因，并在48小时内安排。其次，探索设计推广视频会见系统。通过打造视频会见系统，配套上线移动端App，在司法行政机关与看守所分设远程视频会见中心。援助律师可以到司法行政机关专门场所或通过移动端App申请远程会见，在全国范围内实现远程会见。在押人员也可通过该系统申请法律援助。最后，完善规范工作网络群。积极发挥微信等网络即时通信工具作用，建立刑事案件律师辩护全覆盖工作群，及时传达工作要求，解决工作问题，统计工作数据，实现上下互动，形成共同推动的氛围；法律援助机构可建立值班律师和刑辩律师工作群，讲解试点政策和典型案例，以协调律师资源，激发工作活力，提高工作效率和质量。[①]

（七）加强生态环境司法保护

面对我国日益严峻的环境问题，2012年修订的《民事诉讼法》和2014年修订的《环境保护法》基本确立了环境民事公益诉讼制度。从其

---

① 《多措并举协调推进，保障刑事辩护全覆盖——四川达州中院关于刑事案件律师辩护全覆盖试点改革的调研报告》，《人民法院报》2018年9月6日第8版。

内容来看，环境民事公益诉讼在环境公益保护中扮演着十分重要的角色，但由于公共利益的保护向来属于行政权的职责范围，因而有司法权介入行政权的嫌疑。虽然2014年修订的《行政诉讼法》并未确立包括环境行政公益诉讼在内的行政公益诉讼制度，但考虑到行政权和司法权合理分工、相互制约的需要，应当尊重行政机关在环境公共事务中的作用，并发展环境行政公益诉讼制度。鉴于此，作为我国环境公益诉讼的发展方向，环境行政公益诉讼在人权的司法保障中具有不可替代的积极作用。因此，完善环境行政公益诉讼的具体制度设计就显得十分必要。作为行政诉讼的一种，环境行政公益诉讼应当遵循行政诉讼的一般原理，并对其部分内容进行完善和拓展。一是拓展原告资格。根据《行政诉讼法》及相关司法解释，有资格提起行政诉讼的主体限于与具体行政行为有法律上利害关系的公民、法人和其他组织。从理论上讲，法律上的利害关系有直接和间接之分。[①]一切对环境公益不利的行为都与公民或相应的环境公益组织有利害关系，应当允许符合特定条件的环境公益组织乃至公民或公民团体提起环境行政公益诉讼，而不限于检察机关的检查监督。这一理解符合现代行政法不断扩大原告资格的趋势，可为行政行为的司法审查扫除不必要的障碍。正如美国学者伯纳德·施瓦茨指出的："即使有关个人没有通常所要求的那种直接的个人利害关系，法律赋予他们的原告资格仍是有效的。"[②]也就是说，立法赋予某个公民或组织提起行政公益诉讼的原告资格，不是为了赋予私法上的权利，而是为了保护公共利益。基于此，应当承认公民、法人和其他环境公益组织的原告资格。二是设置前置程序虽然拓展原告资格并不必然导致滥诉的风险，但出于对行政机关专业性的认可，避免公民、法人或其他环境公益组织越过行政机关，直接寻求资源、技术上相对缺乏的司法机关的救济，可以要求公民、法人或其他环境公益组织必须用尽行政救济手段后方可提起环境行政公益诉讼。现代各国行政法通常都有充分听取各方利益表达的程序设

[①] 王太高：《论行政公益诉讼》，《法学研究》2002年第5期。
[②] [美]伯纳德·施瓦茨：《行政法》，徐炳译，群众出版社1986年版，第420页。

计，行政内部救济程序也比较完备，如信息公开、听证程序、行政复议程序等，可以最大程度地实现公共利益的维护。①

此外，针对当前破坏生态环境资源类犯罪中存在的问题，就加强环境刑事司法保护提出建议如下：

第一，建立健全生态恢复性司法机制。随着经济的快速发展和物质生活水平的日益提高，广大人民群众对于洁净的水源、清新的空气、安全的食品等的需求越来越迫切，这就要求人民法院要通过依法审理环境资源类案件，修复生态环境，切实维护公众环境资源权益。建立健全生态恢复性司法机制是必由之路。应通过对各地法院在审理环境资源刑事案件中创新恢复性司法的经验和做法进行调查研究，形成书面文字，尽快出台相关司法解释，建立健全生态恢复性司法机制。不仅有利于生态环境的改善，对于犯罪分子也能起到震慑作用。

第二，加大打击力度，提高犯罪成本。一是建议环保、国土、林业、水务、安监、公安等相关部门联合开展专项打击行动。加大对违规排污企业、非法木材加工点、地下木材交易市场的查处、取缔力度，并将其制度化、常态化、长期化，对相关企业进行不定期检查，发现违法、违规加工点及排污企业，加大处罚力度。二是要加重刑罚量刑力度，加大罚金数量，通过更多的法律手段加大对破坏环境的违法犯罪分子的震慑力度，加重破坏环境的成本付出，使成本大于收入，从根本上遏制犯罪。

第三，完善相关法律法规，提高适用能力。一是逐步清理相关法律、法规，对已不适应实践的相关法规进行修改，提高犯罪成本。二是对于刑法上的"情节严重"之类的表述，出台详细的司法解释，便于在实践中操作。三是加大罚金刑的处罚力度。根据实际情况，提高罚金刑的适用范围及数额，提高刑罚的威慑作用。

第四，全面构建生态环境司法保护的联动机制。一是建立联动机制，形成整体合力，协调发挥好相关部门的作用。二是建立责任追究制度，

---

① 陈广华、黄野：《论环境行政公益诉讼的人权保障功能及其实现》，《江苏警官学院学报》2018年第1期。

追究相关单位或是相关人员不作为、乱作为等不切实维护生态环境的责任。三是建立激励机制，充分调动各方面的积极性和主动性。四是建立监督机制，发挥社会力量，共同做好维护良好的生态环境工作。

第五，提高审判力量，配齐审判队伍。一是成立环境资源审判部门或是审判团队，专职负责环境资源类案件。整合现有的审判力量，将业务水平高、办案能力强、审判经验丰富的法官安排到环境资源审判部门或是组成审判团队，发挥人尽其用的作用，同时向社会招录相关专业人士，充实审判力量。二是提升法官专业知识。定期或者不定期举行相关知识的培训或是案例讨论会，逐步提升法官的专业知识和素养，努力培养一批精通生态环境案件审理的专家型、复合型法官。三是建立生态环境保护审判专家咨询委员会制度和人民陪审员参与诉讼规则。选任具有生态环境专业知识或业务背景的人民陪审员参与审判。

第六，加大环境资源保护宣传力度，加强法律法规的宣传教育作用。法院在依法审判的同时，要加大对农村基层的环保法律法规宣传，增强群众的法律意识和环保意识。一是利用报纸、电台、电视、微博、微信等宣传手段对接工作，同时利用"法律进社区"、"12·4"宪法日等专题活动发放宣传册、举行法律咨询等群众喜闻乐见的宣传方式，不断提高人民群众的环保意识。二是通过严厉打击环境违法犯罪，选取典型环保案件公开庭审、公开宣判、发布布告、制作和发放宣传资料等方式，以案释法，教育广大群众。三是加大环保裁判文书上网的力度，增强审判执行工作的透明度，保障公民对环保司法的知情权和监督权。四是畅通举报监督渠道，发挥人民群众的力量，同时增强人民群众的责任感。

（八）加强人身安全和财产权司法保障

1.加强人身安全保护。《中华人民共和国反家庭暴力法》中设立了人身安全保护令制度，对我国反家庭暴力具有里程碑式的意义。针对当前人身安全保护令案件的审执难点，提出以下相关建议：一是细化制度设计。应调查研究贯彻落实人身安全保护令制定过程中反映出亟待解决的难点问题，总结各地经验，尽快制定反家庭暴力法相关司法解释、实施细则，明确标准规程，更好指导实践。二是深化部门协作。加强公安、法院、妇联、民政、街道、社区、卫生、司法行政等部门反家庭暴力工作协作联动机制建设，明确各部门职能分工及考核问责办法，有效发挥工作整体合力。综合运用民事责任、行政责任和刑事责任，多层次预防和惩治家庭暴力。三是创新工作机制。坚持改革创新精神，鼓励各地先行先试，通过建立"反家庭暴力庇护所""家庭暴力心理咨询与社会工作介入""110家庭暴力举报中心"等多项创新举措，推进反家庭暴力工作取得新进展。四是加强宣传培训。对相关责任部门及其工作人员进行反家庭暴力法专题培训，提高对反家庭暴力工作的重视程度和执法水平。落实"谁执法谁普法"责任制，健全与新闻媒体的良性互动，通过司法建议、新闻发布会、微电影、卡通漫画等多种形式，及时发布家庭暴力典型案例，加强反家庭暴力司法宣传，提高全社会对家庭暴力危害性认识和法律意识。五是信息技术。积极适应"互联网+"和大数据时代，运用电子信息技术、云计算平台，探索使用社区"电子眼"监控、近距离警报器、重点人员追踪等技防手段，提高防范家庭暴力现代化水平。①

2. 规范生效赔偿决定的执行。对于上文提及的在具体的生效赔偿决定执行过程中存在的问题，要进一步完善国家赔偿支付制度。一是完善国家赔偿支付制度的立法。《国家赔偿法》和《国家赔偿费用管理条例》是我国国家赔偿款支付的法律依据。由于人财物省统管改革，管理国家赔偿款项的部门已发生实质性改变。现行法律法规与实践有所出入，不能适应现实需要。因此，建议收集各级法院国家赔偿款支付方面存在的问题，对支付国家赔偿款的部门、流程、方式等予以研究，可在某个或某些省内先行探索，逐步推进统一支付模式，待理顺流程、条件成熟后，适时向国家立法机关提出修法建议。二是完善国家赔偿款预算制度。按照人财物省统管改革有关文件的精神，综合各法院反映的意见，建议将国家赔偿款列入专门预算，每个法院每年上报省财政厅的预算金额可以上一年度该法院已支

---

① 《落实人身安全保护令，预防和制止家庭暴力——天津河西区法院关于人身安全保护令案件的调研报告》，《人民法院报》2017年11月2日第8版。

付的国家赔偿款总额为基数，凡当年用不完的额度自动滚到下一年度。三是探索建立国家赔偿款支付的主动告知制度。为打消当事人的顾虑，解决赔偿法院因不明确事项而层层请示的问题，建议由各省高院赔偿办牵头，制作适用于法院自赔案件的国家赔偿款支付告知书样本，下发给全省法院。该告知书样本应告知：①国家赔偿决定生效后，当事人有权持该生效决定书向赔偿法院申请支付（除非该决定书被中止执行或撤销）；②当事人应向赔偿法院哪个部门提出支付申请；③当事人应向赔偿法院提交的书面资料清单，包括支付申请书、生效的国家赔偿决定书、赔偿请求人的身份证明、赔偿请求人提交的银行账户以及财务部门要求补充的其他资料；④法院内部的部门审批流程（若涉及外单位，比如当地财政部门审批，亦明确告知）；⑤法院赔偿部门的联系人及联系电话；⑥应注意的相关事项，比如不支持现金支付要求，通常不允许划转到非当事人本人账号，不允许他人代领国家赔偿款。四是尽快确立省级法院系统的统一发放模式。建议收到赔偿请求人的支付申请后，专门负责审理国家赔偿案件的部门、理赔小组或专人，收齐资料再转送财务部门，财务部门审核资料无误后在"法院综合业务系统"按流程进行付款操作。至于市县两级法院申请追加经费时间过长导致支付拖延的问题，建议由赔偿法院的财务部门通过财政垫付、归垫方式及时支付国家赔偿款，不必等申请追加的经费到位后再支付。五是简化国家赔偿款内部支付流程。针对目前国家赔偿款内部审批程序过于繁琐的问题，可简化为：赔偿请求人可凭生效决定书向赔偿法院申请支付，主办法官应在两个工作日内将申请材料移送财务部门，财务部门应在3个工作日内按照财务管理制度办妥支付手续，并将赔偿款直接支付给赔偿请求人。六是加强相关人员的业务培训。建议各省高院统一组织全省法院财务人员深入学习相关文件，明确哪些费用属于省财政支出、哪些属于地方财政支出，指导财务人员正确操作相关系统，并制定相关文件引导市县两级法院快速支付。[①]

---

① 《努力完善支付制度，及时落实国家赔偿——广东高院关于建立完善广东法院国家赔偿款支付制度的调研报告》，《人民法院报》2018年6月21日第8版。

二 充分发挥司法机关在宪法实施中的作用

《中共中央关于全面深化改革若干重大问题的决定》中所列举的完善人权司法保障制度的具体方面,是中国近一时期人权司法保障的重点,并非人权司法保障的全部。"国家尊重和保障人权"的宪法原则作为完善人权司法保障的根本指导原则,是对人权的抽象、全面、概括性保障要求,贯穿于完善人权保障具体制度制定、修改、实施、救济的全过程,是中国各项改革事业是否以尊重和保障人权为宗旨的评判标准。"人权的司法保障"实际上是宪法实施的一个重要环节。对于法院和检察院来说,其履职的方式就是维护法制统一和尊严的最直接、最普遍的方式。同时要坚持司法机关的国家属性,尊重法官的独立审判权。要落实司法的人权保障,也需要完善党对政法工作的领导方式。

(一)法院宪法角色的定位

人权的司法保障得到加强是近年来世界各国人权保障的发展趋势之一,法院的审判活动关系到平等、公平、正义等基本价值的实现,也与公民权利的救济和人权保障密切相关。一方面,对公民权利的非法侵害需要通过司法机关的审判得到救济,另一方面,司法机关作为实现公民权利保障的最后一道防线,公民的具体权利通过司法过程实现了救济和保障,人权保障的基本目标也在此过程中最终得以落实。在此意义上,法院在人权的司法保障方面可谓是责任重大。另外,"人权入宪"使尊重和人权保障作为基本的宪法原则得以确立,这对于法院的司法过程无疑更是具有积极的指导意义,它对于司法过程中必须以人权价值作为其审判活动基本的考量提出了更高的要求,也为法院在社会主义法治国家建设进程中提供了更为广阔的空间。法院更需要实现从具体案件的审判,"定纷止争、案结事了"到保障人权的提升和转变,从这个意义上,"人权入宪"为我国法院宪法角色的转换和拓展提供了基本的宪法依据。[①] 前

---

① 李晓兵:《"人权入宪"之后我国人权保障的实践及其发展》,《中国矿业大学学报》(社会科学版)2016年第1期。

最高人民法院院长肖扬大法官曾指出,"人权入宪"对人民法院的审判工作提出了新的更高的要求:一是要求法院坚决贯彻"法律面前人人平等"的法治原则,努力实现"法庭面前人人平等";二是要求法院在刑事诉讼中更加严格贯彻"罪刑法定"原则和"罪刑相适应"原则,坚决反对"有罪推定";三是要求法院在民事诉讼中坚决贯彻当事人平等原则,防止司法领域的地方保护主义问题;四是要求法院把保护公民权利不受行政机关的违法侵害作为行政审判的根本宗旨,坚决反对"官官相护"。在第十届全国人民代表大会第三次会议上的最高人民法院工作报告中,肖扬提出,最高人民法院将不断增强"在司法活动中保障人权的能力以及正确适用法律的能力",维护司法公正,促进社会和谐。①

(二)构建信访司法终结制度

信访作为颇具中国特色的一项制度,一度成为权利主张的一种主要方式。但是,由此也引发了不少问题,其典型反映之一即是"信访不信法"。究其根源,虽然具有相当深厚的社会历史背景,但有必要回到规范分析的角度来审视制度不足及其完善的必要。国务院于2005年通过的《信访条例》第二条规定:"本条例所称信访,是指公民、法人或者其他组织采用书信、电子邮件、传真、电话、走访等形式,向各级人民政府、县级以上人民政府工作部门反映情况,提出建议、意见或者投诉请求,依法由有关行政机关处理的活动。"可见,信访的受理机关是行政机关,但是第十五条规定:"信访人对各级人民代表大会以及县级以上各级人民代表大会常务委员会、人民法院、人民检察院职权范围内的信访事项,应当分别向有关的人民代表大会及其常务委员会、人民法院、人民检察院提出,并遵守本条例第十六条、第十七条、第十八条、第十九条、第二十条的规定。"这样便产生了诸多问题。②《信访条例》规定了信访

---

① 参见《最高人民法院工作报告(2005年)》(第十届全国人民代表大会第四次会议,2006年3月11日),全国人大常委会公报,2006年第3期。

② 主要表现在:一是信访立法效力位阶低下与实际规范相当宽泛的矛盾。效力位阶明显低于人大制定的法律的国务院信访条例这一行政法规,规定了与人大、法院、检察(转下页)

受理与处理程序、对信访决定不服的复查程序和对复查不服的复核程序，试图建立处理、复查和复核的信访三级终结机制。应当承认，信访处理取得了一定的成绩。但是，信访量居高不下、由此引发的相关社会问题还较为突出，与《信访条例》设定的行为底线尚存在较大差距，在现实中，具体表现为利益诉求的表达出现了两种极端方式，[①]对此，《决定》强调，应当及时"把涉法涉诉信访纳入法治轨道解决，建立涉法涉诉信访依法终结制度"。反言之，"绝不能因维稳而突破法律的底线，绝不能因害怕上访而迁就个人的非法要求，绝不能因个别正义而牺牲规则之治的普遍正义"。

（三）完善民生公益司法机制

与基于自由主义的古典人权观不同，现代人权理论认为，人权是个体权利与集体权利的统一体。较之于单个人的权利，群体、集体的权利显得更为重要，但更加难以有效主张和实现。如土地、气候变化、环境资源，假冒伪劣商品、产品质量问题等，所侵犯的便不只是某一个人的利益，而是一群人或一类人的利益。而且，随着市场在配置资源中的基础性作用转为决定性作用的不断强化，个人利益的社会化、非国家化程度必然会与日俱增，各种民生纠纷、矛盾在这个转型的阵痛期可能会更为突出。特别是随着改革的纵深发展，有关征地、拆迁补偿、住房、医疗、社会保障、教育公平、食品药品安全、环境保护等方面的案件，与公民的基本权利息息相关，必须引起司法的高度重视。所以，应当建立一套保护集体人权的司法制度。必须以开放的胸怀、严谨的程序，将民

（接上页）院相关的信访事项，而后者显然应当以法律而非行政法规的形式予以规范，加之没有高位阶的法律对信访的合法性、程序与效力进行规定，导致信访终结机制在法律层面上发生短路。二是信访自身终结机制的应然效力与法律实效相去甚远。

[①] 一是暴力式维权。"当前，中国正处于急剧转型时期，各种冲突大量出现，矛盾错综复杂，协调利益、化解纠纷成为促进社会稳定的关键。但在底层社会，暴力维权已成为处理纠纷的一项重要特征"；"缺乏有效的纠纷解决机制是关键因素"。二是自虐式维权。所谓"跳楼秀""跳桥秀""跳塔吊秀"正是其中的典型形式之一。参见汪习根《论人权司法保障制度的完善》，《法制与社会发展》2014年第1期。

生方面的纠纷矛盾纳入司法解决的轨道,探索诸如环境公益诉讼、消费者权益公益诉讼、社会弱势群体权利保护等的组织形式与司法机制的完善之道。①

(四)统一司法职业准入标准

人权司法保障制度的运行效果在一定程度上取决于司法人员的素养与司法执行力。在与人权联系密切的司法环节,司法人员的素质、能力与同质化更显重要。目前,司法人员的职业化程度与水平不一,对不同程序链条中司法人员的要求参差不齐,严重制约司法公信力的整体提升。为此,一方面,有必要改革现有的司法考试与公务员考试双轨制。司法人员的职业化水平偏低是严重制约我国司法质量的主体因素。对法官、检察官和律师职业,通过设立全国统一司法考试制度,较好地提升了共同体的职业化水平。但是,由于在司法考试之外另行设置了国家公务员考试制度。这就使意欲从事法律职业的人员面临着司法考试和公务员考试的双重检验,这固然有其合理性,但也有值得改进之处。因为,更多侧重行政与政治思维的公务员考试,必然强化了考生的政治与行政思维,而以命令和服从为导向的行政权力运作模式,与以法律至上和独立思考为导向的司法权力运作模式具有相当的差异。以此种思维熏陶和遴选的司法人员,难以适应司法"去行政化"改革的需要。而且,由于公务员考试覆盖面过于广泛,致使不同领域对人才知识结构的要求难以满足。所以,选择只有两个:一是对公务员考试进行分类改革,实行司法官公务员考试和政务官公务员考试适度分离的制度,在考试内容、范围、评定标准上区别对待;同时,侧重于不同于司法考试的职业伦理与实践技能的考试。二是废除对司法官准入的公务员考试要求,同时单设一个职业门槛:在通过司法考试后,只有经过严格的司法职业专门训练,方可从事司法职业。与之配套的是改革现有法官、检察官培训制度,建立相对集中独立的司法官职业训练机构,对符合司法考试要求的人员,由

---

① 汪习根:《论人权司法保障制度的完善》,《法制与社会发展》2014年第1期。

该机构进行职业培训考核合格后准入司法体制之类。另一方面，为了切实维护刑事司法中的人权，有效遏制刑讯逼供、体罚虐待等侵犯人权的现象，除了继续完善制度构建与优化组织结构外，还应当依照职业共同体的普遍标准一视同仁地要求与约束所有司法人员，保证所有行使司法权力的人员均具有相当的最基本职业伦理、知识结构、法律素养、司法能力。现实中，对公安机关这一实际行使着刑事司法权的行政机关，由于其归口到政府部门却没有设置司法考试准入制度。在刑事诉讼中，警察权已然脱离了行政权的本性而归于司法权。所以，理所应当地将这部分权力主体纳入法律职业共同体之中，建立相同的职业标准与准入制度。当然，这并非意味着对公安人员的准入标准采取一刀切的方式，而应分门别类、因人制宜，例如，对凡是直接行使刑事司法权的侦查、询问、拘留和执行逮捕等实质性司法权的公安人员，应当要求通过国家司法考试；而对其他人员，鉴于行使的是一种典型的行政权，则不必一律强求。[①]

（五）改善人权司法组织制度

为了统筹、协调与组织、管理好司法改革与司法活动，特别是与标准统一、一体化、公正化的司法裁判相一致，有必要在现有的司法机关之上设立一个司法委员会，或者在现有的中央政法委内设一个全国司法管理职能机制，可称为全国司法管理委员会，行使政策制定与督促执行、人财物管理职权，在组织上切实维护法治的统一并进而通过指导、规范、监督的渠道确保司法对人权的有效保障。同时，不断优化现有的三大诉讼组织形式，强化人权的司法组织保障，实现程序性权利与组织性权利的统一。因为，司法保障人权与众不同的独特品性应当是通过程序性权利的强化来实现实体性权利，但学界往往只注意到实体与程序之间的关系，没有进一步考问程序性权利的实效性问题。所以，难以根治刑讯逼供、体罚虐待、重刑化、随意化的顽疾。应当承认，司法在人权上的重

---

① 汪习根：《论人权司法保障制度的完善》，《法制与社会发展》2014年第1期。

大成就主要体现在通过理顺司法权力的独立与制约之间的关系，明确了凡是涉及公民人身权利的限制与剥夺的司法行为，必须坚持权力法定、权利推定的原则，严禁刑讯逼供、体罚虐待，确保司法权力的克制与谨慎行使。当实体性权利被侵犯时，可以通过程序性权利得到保障；而当程序性权利防线难以守住时，究竟凭靠什么来最终救济权利，对这一问题的追问使我们发现，后续改革的关键不只是在于如何进一步规定程序上的权利内容与形式，而是为实现程序正义设防。① 其中，程序性人权的制度性与组织化改革是一个本源意义上的选择。总之，应当将人权实践纳入法治化轨道，倡导依法维权，建立一套权利表达、权利主张、权利实现、权利冲突解决的理性法律机制，厉行制度化维权，使司法成为实现人权的最可靠保障和最坚实后盾。②

三 提升人权意识和加强诉讼中的人权保障

（一）全面提升人权意识

人权司法保障程度是司法文明的核心标志。全面完善人权司法保障制度，需要我们进一步提高人权意识，把司法为民，加强人权司法保障精神真正落到实处。

1. 提高司法人员的人权意识。人权意识就是对人权问题的科学认识

---

① 有学者认为，人权保障具有时效性，而人权保障的时效价值恰恰内嵌于司法的程序性当中，无论是简易程序还是普通程序无不闪耀着人权保障的璀璨光芒。人权保障与社会公平正义存在着一组外在表征与内在涵摄的逻辑对应关系，无论是外在表征还是内在涵摄，都不可能离开司法程序而存在。程序当中关于时效、时限以及方式步骤的具体规定，无不最终指向及时地救济受损的社会权益，推进冲突的社会关系趋向平和。而其内在机理就在于借助司法的外在程序性，强化司法说理的过程性，进而实现社会的公平正义，这同时也是实现人权保障的过程。通过看得见的方式实现正义，也是推动人权保障时效性的内在要求。受损权益长久得不到救济，冲突的社会关系迟迟得不到修复，最终必将威胁到司法的程序性，毕竟"迟到的正义非正义"。正是就此意义而言，司法的程序性与人权保障的时效性二者存在着内在契合性，是两位一体的关系。参见韩玉亭《论人权司法保障的法理基础》，《太原理工大学学报》（社会科学版）2014年第5期。

② 汪习根：《论人权司法保障制度的完善》，《法制与社会发展》2014年第1期。

以及对履行尊重和保障人权责任的高度自觉。人权意识是法治意识的基础。不了解人权，就不能真正理解法治。在人权保障方面，我国现在面临的一个根本问题，不是没有法律，而是保护人权的法律在现实中得不到认真落实。缺乏基本的人权观念和职业素质，是导致执法犯法侵害人权的一个重要因素。对于司法人员来讲，提高人权意识，就是要按照党的十八届四中全会精神的要求，履行司法人员对人权承担的法律责任。司法机关是保障人权的责任主体，司法人员承担尊重和保障人权的法律责任。各级司法机关和司法人员要按照宪法法律的要求，将"国家尊重和保障人权"落实到具体侦查、审查起诉和审判的过程当中，把尊重和保障人权作为司法工作的最基本的着眼点、出发点和落脚点，作为检验司法各项工作的最高的标准，切实树立保障人权的理念。因此，司法机关在办案中要牢固树立人权意识，坚持保障人权与惩治犯罪并重。如果片面强调惩治犯罪，忽视保护公民合法权利，就会滥用司法权、扩大打击面，造成冤假错案。从某种意义上说，在诉讼过程中，滥用国家司法权，侵犯公民的合法权益，比犯罪行为侵犯人权的影响更坏。而如果片面强调对人权的保护，导致司法权力不能发挥应有的对犯罪的惩治作用，其结果是放纵了犯罪，助长了犯罪，从而人权也得不到保障。[①]诚然，人权司法保障必须有相应的程序法加以规范。程序法存在的重要意义在于确定实体法权利义务关系，或使实体法得以实现；同时这种确定的过程体现了对各方的公正。所以，当实体法所确立的社会法律关系遭到破坏或权利义务在具体的法律关系中产生争议或遭遇障碍而形成法律指控或纠纷，而这种纠纷又不能或未能通过当事人的自我救济或社会救济、行政救济的方法得到解决，需要司法机关予以裁决时，则必须根据程序法进行处理。但是，在具备了实体法和诉讼法之后，司法机关、司法人员在人权司法保障方面的作用就显得特别重要。

2. 树立无罪推定的人权观念。要使人权理念真正落到实处，就要树立无罪推定的人权观念。无罪推定是一项基本的人权原则。尽管它可能会放

[①] 胡锡庆：《实现惩治犯罪与保障人权的统一》，《华东政法大学学报》2000年第5期。

走实际的犯罪人，但是相比之下，有罪推定，不仅会冤枉好人，也会放走真正的犯罪人。惩罚犯罪，才能保护人权，但是，只注重惩罚犯罪，忽视人权保障，可能会导致行政权和司法权的专横滥用。因此，在两者之间发生矛盾时，应当把保障人权放在优先的位置考虑。要转变把犯罪嫌疑人当成"坏人"的认识。必须要坚持无罪推定、疑罪从无的原则。公安、检察机关一定要高度关注法院对证据采信日趋严格的倾向，高度重视法院提出的庭审中心主义、直接言词原则的动向，真正摒弃旧有的漠视人权保障的观念，对于证据存疑的案件坚决不能作出"疑罪从轻""疑罪从缓"的决定。保护无辜的人不受法律追究是司法公正的底线，司法人员要牢牢守住这一底线。在实践中，可以以科学的考评机制引导司法机关转变和更新执法理念。对于司法机关侵犯犯罪嫌疑人、被告人及其辩护人诉讼权利和实体权利等行为，司法机关的纪检监察部门应介入调查，审查是否存在执法过错。如果存在执法过错，应结合司法人员执法过错责任追究的相关规定，根据过错程度追究承办人责任，以强化司法机关执法办案人员践行人权保障理念、遵守程序规则的自觉性和主动性。①

3. 树立程序公正与实体公正并重的司法理念。加强人权司法保障，实现司法正义，必须始终坚持程序公正与实体公正并重、保障人权与惩罚犯罪并重的理念。如果只注重实体公正，不重视程序公正，就可能在办案过程中，无视程序规定而不择手段，甚至刑讯逼供，造成冤假错案。程序公正是"看得见的公正"，正像法律名言所说的那样，"正义不仅要实现，而且要以看得见的方式实现"。保障人权就是要对国家的司法权进行必要的限制，防止司法权的滥用而导致对犯罪嫌疑人、被告人的"司法迫害"，就是要求司法机关应当遵循正当刑事程序，因此培养人权观念就是要培养正当程序观念，二者是一致的。② 丹宁勋爵认为法律的正当程序就是"法律为了保持日常司法工作的纯洁性而认可的各种方法：促使

---

① 杨圣坤：《依法治国与人权保障》，《安徽大学法律评论》2016年第1辑。
② 黄一峰：《刑事司法人权保障理念之法理分析——以我国法制历史发展变化为视角》，《社会科学论坛》2014年第5期。

完善我国人权司法保障制度研究

审判和调查公正地进行，逮捕和搜查适当地采用，法律援助顺利地取得，以及消除不必要的延误等"。①正当程序可分为实体性正当程序与程序性正当程序。实体性正当程序是对立法权的一种限制，要求涉及公民生命、自由财产的权利的法律必须符合公平、正义等基本的法律价值理念；程序性正当程序要求用于解决纠纷的争端解决机制应当合理、公正。②因此在刑事司法领域中，树立正当程序的观念就是：司法工作人员应当遵守刑事诉讼程序，在侦查、审查起诉、审判、执行等过程中所采取的方法、手段应当正当、合理，正当、合理的标准就是以不侵犯人权为底线。正当程序的遵守一方面有赖于司法工作人员对正当程序的信仰，将正当程序内化为司法习惯，另一方面有赖于对违反程序的行为进行司法审查并追责。总之，人权意识的培养在于对正当程序的信仰。在当代，正当程序已经被确立为基本的人权，尊重程序就是尊重人权。因此，必须推进严格司法，坚持程序公正与实体公正并重的理念。"限制权力、保障权利"是法治的宗旨，在依法治国逐渐向中国社会各层面推进的当今时代，与权利相关的"人权"成为显词，备受人们的关注。法律上的人权与人的权利是密切相关、但内涵又不同的两个概念，法律上已经确定的人身权、财产权、劳动权、受教育权等人的权利项是对人权的具体展现，蕴含着人权的"魂"，而人权又不局限于这些具体的人之权利项。随着时代的进步和发展，人权作为判断应否作为法律上所保障人的具体权利项的标准，来衡量确定实践中出现的形形色色新型权利的司法保障问题，如"亲吻权""悼念权""采光权""受精卵继承权"等。因此，将抽象的人权观念和人的具体权利项彰显在立法文件中只是万里长征走的第一步，而落实在执法、司法实践中成为推行依法治国方略的重中之重，"需要从立法、执法、守法和司法等各方面建立立体的人权保障体系"③。

---

① ［英］丹宁勋爵：《法律的正当程序》，李克强等译，法律出版社1999年版，第1—2页。
② 张品泽：《人本精神与刑事程序——人权保障的一种探索》，中国人民公安大学出版社2006年版，第90页。
③ 韩大元：《完善人权司法保障制度》，《法商研究》2014年第3期。

(二)加强诉讼中的人权保障

在现实生活中,人们之间、个人和国家以及组织之间时常发生冲突。在这些冲突中,人的尊严、生命、自由以及财产可能受到非法的侵犯或合法的介入,国家为了防止和打击犯罪,防止对他人的权利和社会的非法侵犯,保障人们的合法权利,从而设置了刑事诉讼、民事诉讼和行政诉讼等形式,规范冲突的解决方式。同时,国家在诉讼过程中又有必要介入个人的权利,但这种介入必须是适度的、合理的和有法律根据的。因此国家自己也受诉讼法的限制,只能在诉讼法规定的权力范围内活动,以防止国家不合法地侵犯个人权利,从而产生一系列个人的诉讼权利的规定。[①] 司法和诉讼经常被混用,但二者是有区别的。司法侧重的是国家专门机关适用法律解决社会矛盾的行为;诉讼侧重的是社会矛盾的各方通过诉诸法律的方法解决矛盾的行为。人权司法保障主要通过国家设置诉讼方式实现。国家将个人纳入诉讼之中必须有一定的程序保障。参与诉讼的人应当有相应的机制保证其诉讼权利得以实现;不愿意参与到诉讼中的人,如果国家要强制其参与诉讼,通常是刑事案件中的被告人,必须有严格的法律根据,不能以不符合法律的诉讼行为打扰人们的正常生活。

人权司法保障在诉讼中体现为诉讼一方与其他方的关系。诉讼最重要的要求是有一套公正的诉讼程序。诉讼的各方应当在自己的权利或权力范围内活动,否则就侵犯了另一方的权利。诉讼双方的关系应当是平等的,这在刑事诉讼、民事诉讼和行政诉讼中都应当如此。司法人权保障主要是通过诉讼的方式实现的,国家通过设置各种诉讼制度对个人的权利提供保障。它可以分为三种方式:(1)国家制定诉讼制度的方式保障人权,而不是通过诉诸强力或其他方式保障人权。(2)国家设立法院等司法机构为当事人提起诉讼保障自身的权利提供平台。(3)国家在诉讼活动中保障当事人的合法权利。以上三种方式的司法人权保障在目前

---

① 杨宇冠:《论人权司法保障》,《法治研究》2016年第5期。

存在的三大诉讼，即刑事诉讼、民事诉讼和行政诉讼中均有体现。

就我国的司法实践过程来看，在民事诉讼、刑事诉讼和行政诉讼过程中都需要面对人权和公民权利的保障问题。三种诉讼形式在司法人权保障方面都发挥重要作用，其中民事诉讼保障的是平等主体之间的民事权利，行政诉讼是个人与政府间的诉讼，保障的是个人的合法权利，相比之下，刑事诉讼保障的权利更广泛、更重要，保障的不仅是被告人和被害人的合法权利，而且通过对被追诉人权利保障的形式间接保障了社会上每一个不特定人的合法权利。我国在改革开放初期就制定了《刑事诉讼法》(1979年)。随着我国法治状况和人权保障的发展，《刑事诉讼法》不仅起到了查明犯罪的作用，还越来越起到了保障人权的作用，因为刑事诉讼法规定了司法机关在何种情况下可以介入公民的人身、财产、隐私等权利，从而起到了限制国家机关的权力、保障公民权利的作用。1996年《刑事诉讼法》作了较大修改，吸收了无罪推定和对抗制的合理因素，使中国的《刑事诉讼法》能起到保障人权的作用，更基本符合国际社会的刑事司法准则。2012年和2018年《刑事诉讼法》的两次修改增加了许多保障人权的内容，包括不强迫自证其罪、非法证据排除等。在刑事诉讼领域，人民法院应该严格贯彻"罪刑法定""罪刑相适应""疑罪从无""无罪推定"等基本原则，在审判的各个环节，对于受到羁押的犯罪嫌疑人、刑事被告人、受到监禁的罪犯等这些人身自由被依法剥夺或者其他权利受到限制的人，应该依法保护他们未被依法剥夺的权利，避免对公民人身自由的任意侵犯，乃至造成错案冤案。要弱化口供的作用，强化对客观性证据的收集。对于曾经出现的"刑讯逼供"的司法难题进行坚决的改变，不让口供作为定案的惟一依据。[①] 我国冤假错案频发

---

① 2005年《最高人民法院工作报告》中指出，"坚持'严打'方针和宽严相济的刑事政策，严把案件事实关、证据关、程序关和适用法律关，加强司法领域的人权保障"。2006年《最高人民法院工作报告》中指出，2005年，各级人民法院切实加强刑事司法领域的人权保障，严把案件事实关、证据关、程序关和适用法律关，确保判决经得起历史的检验。2007年《最高人民法院工作报告》又指出，坚持惩罚犯罪与保障人权并重，确保刑事案件审判质量。……坚决贯彻尊重和保障人权的宪法原则，严格依法办案，保证无罪的人不受刑事追究。之后的最高人民法院工作报告也都将人权保障作为刑事审判的基本目标。

的一个重要原因就是刑讯逼供的屡禁不止，而刑讯逼供产生的重要诱因便是侦查人员对口供的过分依赖。为预防冤假错案的发生，侦查机关必须转变"重口供、轻证据"的思维定式，强化对客观性证据的收集，充分借助现代科技的帮助，努力提高自身收集证据的能力，既实现迅速破案、惩治犯罪的实体目标，又彰显程序正当、手续合法的公平正义，对我国人权司法保障状况的改善也将会起到重要作用。[①]

在民事诉讼方面，对人权的司法保障的基本要求之一就是要保护公民的诉权，1982年中国制定通过了《民事诉讼法（试行）》，并经修改补充，于1991年通过了《民事诉讼法》。2007年10月28日修改了《民事诉讼法》，2012年、2017年和2021年全国人民代表大会常务委员会对《民事诉讼法》进行了多次修改。这些修正表明了我国法治建设又有了重大进展，它不仅保障了民事、经济、海商等实体法的贯彻实施，保障公民、法人和其他组织的合法权益，而且在我国的民事人权司法保障方面起到了极为重要的作用。在民事人权司法保障中，特别是要重视保障各类弱势群体以及社会边缘群体能够通过司法诉讼获得权利救济，对于妇女、未成年人、老人、残疾人、农民和农民工等社会群体权益的保障要给予格外关注，必要时还应该提供符合标准的司法救助和基本的法律援助。2005年，最高人民法院及时修订了《关于对经济确有困难的当事人提供司法救助的规定》，为特困企业、破产企业和伤残、孤寡、低保人员提供司法救助，规定交通事故、工伤事故赔偿案件以及抚养、赡养等案件的当事人可以减交或免交诉讼费，进一步拓宽司法救助的范围。

在行政诉讼方面，行政诉讼是法院在各方当事人的参与下解决行政活动的法律制度，与刑事诉讼、民事诉讼同为国家的基本诉讼制度。我国的行政诉讼起步较晚，1989年4月制定了《行政诉讼法》，它是我国行政诉讼的基本法。1990年10月1日起施行。2014年和2017年两次进行了修正。行政诉讼与其他诉讼不同，设置《行政诉讼法》本身就是为了保障公民的

[①] 徐杰、张楚悦：《刑事审判中心主义的改革进路——基于人权保障的视角》，《领导之友》（理论版）2017年8月（上）。

合法权益，包括诉讼权利保障。这在《行政诉讼法》第二条中有明确规定："公民、法人或者其他组织认为行政机关和行政机关工作人员的行政行为侵犯其合法权益，有权依照本法向人民法院提起诉讼。"因此行政诉讼权利的保障不仅作用于行政诉讼本身，而且可能与其他诉讼权利的保障交织在一起，对促进其他诉讼类型的诉讼权利保障也能起到重要作用。[①]需要指出的是，我国有关诉讼及诉讼权利的规定不仅体现在这些诉讼法律之中，而且包含在其他法律，特别是宪法之中。因此，研究人权司法保障，不仅要研究各种诉讼法，还必须研究宪法和其他有关法律。在行政诉讼中，司法机关通过对具体行政行为的司法审查为公民在遭受行政机关非法侵害后提供司法救济，这一领域的司法活动特别能反映我国人权保障实践的发展。"人权入宪"使得人们的人权意识得以提高，行政诉讼案件数量的增加是自然而然的事，各级人民法院着力解决立案难、审理难和执行难问题，让公民与政府之间的矛盾通过司法审判加以解决，这不但是建设和谐社会的要求，也是人权保障的有效方式。行政诉讼的顺利进行符合我国社会转型的基本要求，是我国社会文明程度的基本标尺之一，也反映了中国社会人权保障进入了规范化、法治化的轨道。

由于刑事诉讼直接体现为国家对个人各种权利的介入，而且诉讼程序本身就有可能牵涉到剥夺人的自由和其他隐私权利或牵涉到扣押人的财产，因此，刑事诉讼中的人权保障尤其应当受到重视。[②]司法人权保障在刑事诉讼、民事诉讼和行政诉讼中有不同的内容，司法人权保障在

---

① 例如，通过行政诉讼所实现的《国家赔偿法》的赔偿内容就包含了对在刑事诉讼中侵犯当事人权利的补救。

② 有不少地方已经通过积极的探索实践，取得了较好的法律效果和社会效果。例如，山东省东营市河口区人民检察院探索建立的"黄河驿站"工作模式，符合积极履行法律监督职责的定位，符合刑事执行检察发展方向，符合十八届四中全会精神要求，符合刑事执行发展趋势。该模式通过科学建立规章制度，确保驿站工作规范化；通过统筹设置功能布局，确保驿站工作系统化；通过细化工作流程，确保驿站工作程序化。实践表明，"黄河驿站"工作模式，有利于推动非羁押性刑事执行措施的落实，提高执法公信力；有利于推动尊重和保障人权要求的落实，促进法治文明；有利于推动社会管理综合治理措施的落实，促进社会和谐。参见袁其国《人权司法保障的新探索——以山东省东营市河口区人民检察院"黄河驿站"为范本》，《人民检察》2015年第8期。

同一诉讼的不同阶段又有不同的侧重点，例如，在刑事诉讼中可以根据时间顺序分为侦查阶段、起诉阶段和审判阶段，每个阶段的人权司法保障有所侧重。司法人权保障还可以按照其保障对象的不同分为对普通人，即所谓"人人或每个人或任何人"进行的保障和对特殊人群进行的保障，如对青少年、妇女、残疾人和少数民族进行的保障。需要强调的是，要重视和加强弱势群体的人权司法保障制度，这是促进社会和谐、维护社会公平正义、促进全社会健康有序协调发展、增进全民整体认同感、提高人们幸福感指数的有效途径。[①] 人权司法保障根据不同的权利主体可以分为起诉人、被告人、被害人和诉讼参与人的人权司法保障。有些司法人权保障的原则既包含了实体权利的保障也包含了程序性权利保障的性质，例如，法律面前人人平等的原则既可以从实体的角度理解，也可以从程序的角度进行解释，因其本身也是诉讼程序保障的重要方面。这两种权利也是互相依存的，实体权利是诉讼权利的基础，诉讼权利是实体权利的保障。

此外，最高人民法院在实践中还陆续通过了一些司法解释，其中一些对于人权保障具有重要意义。比如《关于人民法院民事调解工作若干问题的规定》（最高人民法院审判委员会2004年8月18日通过），前文所提及的《关于对经济确有困难的当事人提供司法救助的规定》（2005年修订），以及《关于统一行使死刑案件核准权有关问题的决定》（最高人民法院审判委员会2006年12月13日通过）。根据我国司法审判过程中存在的问题，2009年12月8日，最高人民法院又制定发布了《关于司法公开的六项规定》，这对于保障公民司法救济权利的实现，特别是实现公平公正的审判具有重要意义。[②] 同时发布的还有《关于人民法院接受新

---

① 刘文化：《人权司法保障制度：哲理与法理的分析》，《衡阳师范学院学报》2017年第4期。

② 最高人民法院《关于司法公开的六项规定》中指出，为进一步落实公开审判的宪法原则，扩大司法公开范围，拓宽司法公开渠道，保障人民群众对人民法院工作的知情权、参与权、表达权和监督权，维护当事人的合法权益，提高司法民主水平，规范司法行为，促进司法公正，根据有关诉讼法的规定和人民法院的工作实际，按照依法公开、及时公开、全面公开的原则，制定本规定。

闻媒体舆论监督的若干规定》，这些文件的出台都旨在以司法公开来促进公民获得审判信息权利的实现。2010年，最高人民法院发布了《关于进一步加强拖欠农民工工资纠纷案件审判工作的紧急通知》《关于积极配合全国人大常委会〈中华人民共和国妇女权益保障法〉执法检查工作的通知》，这是为了更好地维护进城务工农民、妇女等特殊群体的合法权益，指导各地法院依法妥善维护农民工和妇女的合法权益。

人权司法保障既是依法治国的重要组成部分，也应是解决人权问题的最后屏障。我国各级人民法院在司法审判过程中以及具体的司法行政管理活动中，也不断强化司法公正、公开的基本理念，通过出台各种司法改革的制度和措施，推动公民司法公正审判权的实现。为了推动司法透明化进一步提升，2013年11月28日，最高人民法院发布《关于推进司法公开三大平台建设的若干意见》，①建立审判流程信息平台，方便当事人查询案件进展情况，建设裁判文书公开平台。2014年1月1日，《关于人民法院在互联网公布裁判文书的规定》正式实施，这是在互联网时代审判工作的一项重大改革举措，此举是为了促进审判公开原则的落实，对于促进司法公正、提升人民法院审判的公信力具有重要意义。②2015年1月29日，最高人民法院印发《关于办理死刑复核案件听取辩护律师意见的办法》，③该办法旨在保障律师查询立案信息、查阅案卷材料等权利，律师根据该办法的规定可以直接向最高人民法院法官当面陈述辩护意见。这些事件让我国司法领域人权保障的水平不断得到提升，也让国家"尊重和保障人权"的基本目标在司法过程中不断得到落实。

---

① 最高人民法院提出司法公开三大平台是指建立完善审判流程公开、裁判文书公开、执行信息公开三大平台，以推进审判流程信息全面公开，推进裁判文书信息全面公开，推进执行信息全面公开。

② 《关于人民法院在互联网公布裁判文书的规定》在2014年1月1日正式实施之后，一个上午就上网公布裁判文书629.4万份，其中最高人民法院公布7993份。参见国务院新闻办《2014年中国人权事业的进展》。

③ 2010年，最高人民法院就对办理死刑复核案件听取辩护律师意见等事项的内部操作流程作了规范，之后，最高人民法院在充分考虑律师界意见的基础上，对相关问题进行研究并制定《关于办理死刑复核案件听取辩护律师意见的办法》。

第四章 当代中国人权司法保障制度的完善

四 深化国际人权对话交流和积极构建人权司法保障话语体系

（一）深化国际人权对话

一个国家的人权保障状况在今天已经不再是单纯的国内事务，在一定程度上，一个国家的人权问题可能会成为国际社会共同关注的话题，但是，对于一个国家国内人权保障的实践水平和人权状况实质意义的改善具有直接影响力的，还是其本国的人权保障制度和实践模式，一个国家人权保障水平的提升归根到底还是要靠本国政府和人民的共同努力。在这个问题上，国际社会和其他国家无法通过越俎代庖或简单的干预来实现一个国家人权保障状况整体改善的目标。从目前的实践来看，国际社会对于各个国家人权保障水平的提升主要靠道义力量，靠鼓励、规劝、监督、批评等方式，各个国家在和国际社会的互动过程中获得完善人权保障制度的动力，进而实现各主权国家走上依据本国法律改善国内人权状况的良性发展之路。在这个过程中，各国之间以及国际社会的人权对话日益发挥着积极而特殊的作用。从实践效果来看，这种人权对话已经成为国际人权合作的重要途径和形式，也是解决国家之间在人权问题上认识分歧的重要途径。通过各国之间和国际社会的人权对话一方面可以推动国际人权规范的不断发展和充实，另一方面也可以向各有关国家表达国际社会的人权立场和其他国家不同的判断和认识，在对话过程中促进参与对话的各国人权保障水准的不断提升，特别是可以针对各国的特殊问题和特殊情况寻找到有针对性的解决办法和方式，最终实现人权保障与社会发展的协调和良性发展。

随着中国融入世界进程的快速发展，中国同世界各国的人权合作与交流也在不断加强。从20世纪末开始，中国同许多国家开展了政府层面的人权对话，主要为中欧、中德、中澳、中加、中美人权对话。透过中国和各国政府层面的人权对话，化解了彼此之间在人权观念和认识上的根本分歧，求同存异，让人权领域以对抗性为主调的交流模式转化为沟通互动式的交流模式。"人权入宪"之后,中国和这些国家继续展开更为深入的人权对话。这些对话对增进中国和其他国家的相互了解,促进双方的人权合作与交流起到了重要作用。

(二)举办国际人权研讨

在"人权入宪"之后,我国积极与世界各国开展有关人权的交流和研讨,其中的主要活动包括:北京人权论坛、亚太人权研讨会、国际人权研讨会、中美法治与人权研讨会等,我国在这些活动中都发挥了积极的主导作用。

1. 北京人权论坛。2008年4月21日至22日,中国人权研究会在北京主办了首届"北京人权论坛",论坛确定的主题是"发展、安全与人权",32个国家和国际组织的110余名代表参加了这次论坛,并就各项议题展开了广泛的交流与讨论。这次"北京人权论坛"是在《世界人权宣言》[①]发表六十周年之际重要的人权纪念活动,显示了中国政府对于人权保障的高度重视,也体现了中国在人权问题上的包容与多元立场,这是中国与世界各国官方以及非政府组织、有关国际组织在人权问题上展开积极交流与沟通的一个重要起点。

其后,第二届"北京人权论坛"(2009年11月2日至3日)以"和谐发展与人权"为主题,这次论坛主要围绕"国际金融危机背景下的人权保障""以人为本的发展与人权保障""消除贫困和人权保障"这三个分议题展开研讨。第三届"北京人权论坛"(2010年10月19日至21日)以"人权与发展:概念、模式、途径再思考"为主题,这次论坛设置了"科学发展与人权""文化多样性与人权"以及"全球治理与人权"三个分议题。第四届"北京人权论坛"(2011年9月21日至23日)以"文化传统、价值观与人权"为主题,此次论坛围绕"价值观与人权""文化传统与人

[①] 诸如《世界人权宣言》这些软法文件是对现代文明社会中人权保障的重要规范,并在很大程度上可以被视为对国际社会的一些基本共识的反映。参见王瑞雪《人权保障与软法关系探究》,《人权研究》2016年第19卷。

权""人类尊严与人权"这三个分议题展开讨论和交流。第五届"北京人权论坛"（2012年12月12日至13日）以"科技、环境与人权"为主题，论坛设置的三个分议题为"科技发展与人权""信息时代与人权""环境与人权"。第六届"北京人权论坛"（2013年9月12日至13日）论坛的主题为"建设可持续的人权发展环境"，此次论坛下设"法治与人权""社会建设与人权""区域安全与人权"三个分议题。第七届"北京人权论坛"（2014年9月17日至18日）的主题为"中国梦：中国人权事业的新进展"，本届论坛根据当下中国和世界热点问题设置了"中国梦的人权意义""人权的跨文化交流""国家治理创新与人权保障/反恐怖与人权保障"三个分议题。2015年9月16日至17日，由中国人权研究会和中国人权发展基金会共同主办的"2015·北京人权论坛"延续前面七届的传统，并选择了富有时代内涵的主题"和平与发展：世界反法西斯战争的胜利与人权进步"，①设置了四个分议题："世界反法西斯战争：人权和反人权的博弈和教训""维护人权和维护世界和平：中国的卓越贡献""和平权：人权的重要内涵"以及"二战胜利后发展权的实现与保障"。

现在，由中国人权研究会和中国人权发展基金会共同主办"北京人权论坛"已经成为世界了解中国人权保障事业发展状况的重要窗口，同时也成为一个在人权领域进行国际交流和对话的高端学术平台。在各参与国、非政府组织和相关部门以及有关国际组织的积极参与下，论坛的辐射力和影响力也越来越大，讨论的话题不断拓展并越来越深入，北京人权论坛已经成为国际社会、各国政府官方和民间人士坦诚交流和深入探讨人权保障与社会发展问题的重要舞台，为世界人权的发展和进步做出了积极贡献并提供了良好的契机，通过论坛的交流和传播，人权观念在中国和国际社会得到深化，为人们在新的历史条件下提升人权的认识水平创造了条件，同时也为各国人权事业的发展开辟了新的道路并注入

---

① 国家主席习近平对于中国人权保障的发展给予了高度关注，他还专门致信"2015·北京人权论坛"。在贺信中，他特别指出，中国主张加强不同文明交流互鉴、促进各国人权交流合作，推动各国人权事业更好发展。希望各方嘉宾积极探讨、集思广益，为促进世界人权事业健康发展作出贡献。

了新的活力,在推动世界各国和国际组织在人权问题上凝聚共识、加强交流、推动合作方面发挥着了富有建设意义的创造性作用。

2. 亚太人权研讨会。在联合国的支持下,亚太人权研讨会于20世纪90年代正式启动。继成功举办2000年第8届亚太人权研讨会之后,我国又于2005年8月30日在北京举办了第13届亚太人权研讨会。来自亚太地区37个国家、国际和地区组织的代表与会,就推动本地区和国际人权事业发展问题进行交流与探讨。

3. 国际人权研讨会。2006年11月22日至24日,中国人权研究会在北京举办"尊重和促进人权与建设和谐世界"国际人权研讨会,来自美国、日本、白俄罗斯、乌克兰、乌兹别克斯坦、瑞士、瑞典、希腊、古巴、巴西、阿根廷、韩国、越南、印度尼西亚、伊朗、沙特阿拉伯、赞比亚、南非和中国19个国家的70多位人权专家、学者和官员就人权与建设和谐世界问题进行了广泛交流,与会各国专家和学者结合人权主题在和平、安全、国际人权机制、行政审判、妇女人权保护、社会发展、国家人权机构、人权对话与交流、软实力、企业的社会责任等方面达成了诸多共识。

4. 中美法治与人权研讨会。2009年12月12日至13日,由中国人权发展基金会和美中关系全国委员会在南通主办首届"中美法治与人权研讨会",主题为"加强法治、维护人权",具体议题包括政务公开、审前羁押、行政处罚和律师的作用等。

其后,第二届中美法治与人权研讨会于2010年12月7日至8日在厦门召开,与会的中美两国人权、司法领域的专家学者及政府官员、法官、检察官、律师等代表,主要围绕"加强法治、维护人权"这一主题展开讨论,并就政务公开、开放社会、规范司法、律师作用四个方面的内容重点进行了交流。第三届中美司法与人权研讨会于2011年9月15日至16日在美国纽约召开,中美两国的专家学者主要就政务公开、法律执行程序及过程中的信息披露、律师作用及法官职责等主题展开对话,同时也探讨了中美双方在司法与人权领域的基本问题和立场。第四届中美司法与人权研讨会于2012年12月3日至4日在海南海口市举行,这次论坛主要围绕"加强法治、维护人权"这一主题进行深入研讨,中美双方的专家学者和政府官员就政务公开、律师和法官的职责、执法机构的权限等问题进行了研讨。第五届中美司法与人权研讨会(2013年9月11日至12日)在美国纽约举行,双方的专家学者主要就政府信息公开、案例指导制度、刑事诉讼法、律师作用等与人权密切相关的议题进行了深入研讨。第六届中美司法与人权研讨会(2015年12月7日至8日)在北京举行,研讨会以"法治国家建设与加强人权保障"为主题,与会中美专家学者就两国执法机关保障涉案人员权利的新进展、司法体制改革中的人权保障理念、引导律师在司法建设中发挥积极作用等议题展开探讨。现在,"中美司法与人权研讨会"已经成为中美两国非政府组织间人权交流对话的重要机制,对促进两国在人权司法领域沟通交流,求同存异,增进共识,发挥了积极作用。

(三)构建中国特色的人权司法保障话语体系

人权司法保障是人权法治保障的重要组成部分,而着力构建中国特色的人权司法保障话语体系既是实现人权法治保障的关键措施,也是人权司法保障的基本内容。当前对人权司法保障话语体系的构建重视不够,严重影响和制约了我国人权司法保障事业的发展。构建中国特色人权司法保障话语体系具有重大的理论价值和实践意义。[①]因此人权司法保障话语体系的构建也应当纳入人权司法保障制度完善的视域当中去。

构建人权司法保障话语体系本身就是尊重和保障人权的一种重要形式。构建中国特色人权司法保障话语体系的具体措施为:一是要坚持实践马克思主义的哲学观和话语立场,以当代中国社会为背景,以中国特色社会主义法治建设为使命,突出中国特色人权司法保障话语体系的实

---

① 在理论上,一是能够在国际人权司法保障话语权的纷争中,为我国独立行使话语权提供理论支持。同时,也能够为其他发展中国家维护本国人权话语权提供一定的理论借鉴和体系参考;二是能够丰富和完善我国人权保障理论体系,促进法治国家建设理论的发展与进步;三是能够为我国人权司法保障制度完善和深化司法改革提供理论指导;四是能够为我国人权司法保障现状作出中国式的表述和评判提供价值引导及具体模式。参见韩德强《构建人权司法保障话语体系是实现人权法治保障的关键》,《人民法治》2016年第1期。

用性和针对性，将人权话语体系与人权司法保障有机结合在一起。二是要针对互联网时代的特征和要求，吸收借鉴现代法治文明，对中国传统法律文化的优劣予以辨证的扬弃，强调中国特色人权司法保障话语体系所同时具有的开放性和封闭性。三是进行构建中国特色人权司法保障话语体系的现实考证。以刑事司法保障功能为视角，以防范冤假错案为具体研究对象，以司法的功能定位为着力点，进行实证分析和考察。四是要理论联系实际，突出中国特色。根植于中国特色社会主义理论体系和基本国情，强调构建人权司法保障话语体系的现实性和科学性。[①] 以我国存在多种道德文化资源为基础，着眼于社会现实生活和传统法律文化，针对人权的具体内容并考虑到人的思想与文化的多元与多样性，突出中国人权司法保障话语体系的中国特色。

当前，完善人权司法保障制度必须立足于现有的中国法治国情。人权司法保障的现状也是现有法治国情的组成部分，人权司法保障制度的完善和落实推动着法治国情的发展，同时法治国情的发展也促动着人权司法保障制度的进一步完善和实现。当然，这不是一蹴而就的事情，要充分认识到人权发展的坎坷性以及人权内涵的深刻性，在此基础上，要坚定以保障人权为目的的改革之路，即以人的尊严、自由和平等为理念，以保障人的各项基本权利为目标，[②] 这需要中国社会各方面的共同努力。十八届四中全会已经确立了建设法治国家的总目标，确立了"依法治国"的总方略，中国的法治建设迎来了春天。我们坚信，在人权司法保障得到制度性保障的时代，必将是一个个人自由与发展最为凸显的时代，必将是一个自由与繁荣的国度不断彰显的伟大时代。[③] 通过法律体系的不断完善，司法制度的不断健全和具体实施，中国的人权司法保障事业必将步入一个全新的历史发展阶段。

---

① 韩德强：《构建人权司法保障话语体系是实现人权法治保障的关键》，《人民法治》2016年第1期。

② 汤葆青：《论德国的人权司法保障——基于向联邦宪法法院提起的宪法诉愿》，《学术交流》2015年第2期。

③ 胡杰：《人权司法保障制度的法理解读》，《学术交流》2015年第2期。

参考文献

一 英文文献

(一)著作类

Ingrid Nifosi-Sutton, *The Protection of Vulnerable Groups under International Human Rights Law*, Routledge, 2017.

Karen Bennett, *Critical Perspectives on the Security and Protection of Human Rights Defenders*, Routledge, 2016.

Azeez H. Abdul, *Protection of Human Rights and the Police: the Legal Imperatives*, Regal Publications, 2015.

Katja S. Ziegler, *Current Problems in the Protection of Human Rights: Perspectives from Germany and the UK*, Hart Publishing, 2013.

Philip Alston & Ryan Goodman, *International Human Rights*, Oxford: Oxford University Press, 2013.

Tom Campbell, *The Legal Protection of Human Rights: Skeptical Essays*, Oxford University Press, 2011.

Laurence Burgorgue-Larsen & Amaya Ubeda de Torres, *The Inter-American Court of Human Rights: Case Law and Commentary*, Oxford: Oxford University Press, 2011.

Andreas Dimopoulos, *Issues in Human Rights Protection of Intellectually Disabled Persons*, Ashgate, 2010.

Jan Knippers Black, *The Politics of Human Rights Protection: Moving Intervention Upstream with Impact Assessment*, Rowman & Littlefield,

2009.

Brewer Carias and Allan-Randolph, *Constitutional Protection of Human Rights in Latin America*, Cambridge University Press, 2009.

Walter Kalin, *The Law of International Human Rights Protection*, Oxford University Press, 2009.

Dinah Shelton, *Regional Protection of Human Rights*, Oxford University Press, 2008.

R. Miller and M. Bratspies, *Progress in International Law*, Martinus Nijhoff, 2008.

Padhi N. K., *Protection of Human Rights and National Human Rights Commission Reflection*, Gyan Publishing House, 2007.

Masterman, R., *Aspiration or Foundation? The Status of the Strasbourg Jurisprudence and the Convention Rights*, Cambridge: Cambridge University Press, 2007.

D. Brand and C. Heyns, *Socio-economic Rights in South Africa*, Pretoria University Law Press, 2005.

Michael Ignatieff, *American Exceptionalism and Human Rights*, Princeton: Princeton University Press, 2005.

Ali Riza Coban, *Protection of Property Rights within the European Convention on Human Rights*, Ashgate, 2004.

Bertrand G. Ramcharan, *The Security Council and the Protection of Human Rights*, Martinus Nijhoff Publishers, 2002.

Eugene Cotran, *The Role of Judiciary in the Protection of Human Rights*, Kluwer Law International, 1997.

Brendalyn P. Ambrose, *Democratization and the Protection of Human Rights in Africa: Problems and Prospects*, Praeger, 1995.

（二）论文类

Emilie M. Hafner-Burton, *International regimes for human rights*, Annual

Review of Political Science, 2012.

J. C. Mubangizi, *Building a Human Rights Culture in the Face of Cultural Diversity: Context and Conflict*, 5 African Journal of Legal Studies, 2012.

O'Boyle, M., *The Future of the European Court of Human Rights*, German Law Journal, 2011.

Ludovic Hennebel, *The Inter-American Court of Human Rights: The Ambassador of Universalism*, Quebec J. Int'l L 57, 2011.

Bratza, N., *The Relationship between the UK Courts and Strasbourg*, European Human Rights Law Review, 2011.

Diego García-Sayán, *The Inter-American Court and Constitutionalism in Latin America*, 89 TEX. L. REV., 2011.

Leach, P., et al., *Responding to Systemic Human Rights Violations: An Analysis of Pilot Judgments of the European Court of Human Rights and their Impact at National Level*, Antwerp: Intersentia, 2010.

Lea Shaver, *The Inter-American Human Rights System: An Effective Institution for Regional Rights Protection*, 9 WASH. U. GLOB. STUD. L. REV. , 2010.

Gordon, J., *A Developing Human Rights Culture in the UK? Case Studies of Policing*, European Human Rights Law Review, 2010.

Bingham of Cornhill, Lord., *The Human Rights Act: View from the Bench*, European Human Rights Law Review, 2010.

Klug, F. and Wildbore, H., *Follow or Lead? The Human Rights Act and the European Court of Human Rights*, European Human Rights Law Review, 2010.

Donald, A., et al., *Human Rights in Britain since the Human Rights Act 1998: A Critical Review*, Research Report No. 28. Manchester: Equality and Human Rights Commission, 2009.

Emilia Justyna Powell & Jeffrey K. Staton, *Domestic judicial institutions and human rights treaty violation*, International Studies Quarterly, 2009.

Jo-Marie Burt, *Guilty as Charged: The Trial of Former Peruvian President Alberto Fujimori for Human Rights Violations*, 3 INT'L J. OF TRANSITIONAL JUST., 2009.

Eduardo Andrés-Bertoni, *The Inter-American Court of Human Rights and the European Court of Human Rights: A Dialogue on Freedom of Expression Standards*, 2009 EUR. HUM. RTS. L. REV., 2009.

Travis Thompson, *Getting Over the Hump: Establishing a Right to Environmental Protection for Indigenous Peoples in the Inter-American Human Rights System*, 19 FLA. ST. J. TRANSNAT'L L. & POL'Y., 2009.

Alejandro Anaya Muñoz, *Transnational and domestic processes in the definition of human rights policies in México*, Human Rights Quarterly, 2009.

J. T. Gathii, *Defining the Relationship between Corruption and Human Rights*, University of Pennsylvania Journal of International Law, 2009.

John Hagan & Ron Levi, *Justiciability as field effect: When sociology meets human rights*, Sociological Forum, 2007.

Fernando Felipe Basch, *The Doctrine of Human Rights Regarding States' Duty to Punish Human Rights Violations and its Dangers*, 23 AM. U. INT'L L. REV., 2007.

Lewis, J., *The European Ceiling on Rights*, Public Law, 2007.

Janet L. Hiebert, *Parliament and the Human Rights Act: Can the JCHR Help Facilitate a Culture of Rights?*, INT'L J. CONST. L. 1, 2006.

Kent Roach, *Dialogue or Defiance: Legislative Reversals of Supreme Court Decisions in Canada and the United States*, 4 INT'L J. CONST. L., 2006.

Hickman, T., *Constitutional Dialogue, Constitutional Theories and the Human Rights Act 1998*, Public Law, 2005.

Wicks, E., *Taking Account of Strasbourg? The British Judiciary's Approach to Interpreting Convention Rights*, European Public Law, 2005.

Thomas Buergenthal, *Remembering the Early Years of the Inter-American*

Court of Human Rights, 37 N.Y.U. J. INT'L L. & POL., 2005.

Kenneth I. Kersch, *The New Legal Transnationalism, the Globalized Judiciary, and the Rule of Law*, Wash U Glob Stud L Rev., 2005.

David Pion-Berlin, *The Pinochet case and human rights progress in Chile: Was Europe a catalyst, cause or inconsequential?* Journal of Latin American Studies, 2004.

Erwin Chemerinsky, *In Defense of Judicial Review: A Reply to Professor Kramer*, 92 CAL. L. REV., 2004.

Danny Nicol, *Statutory Interpretation and Human Rights after Anderson*, PUB. L., Summer, 2004.

Joanna Harrington, *The British Approach to Interpretation and Deference in Rights Adjudication*, 23 SUP. CT. L. REV., 2004.

Jeffrey Goldsworthy, *Judicial Review, Legislative Override, and Democracy*, 38 WAKE FOREST L. REV., 2003.

Nsongurua J. Udombana, *An African Human Rights Court and an African Union Court: A Needful Duality or a Needless Duplication?* Brook J Int'l L 811, 2003.

Clifford Wallace, *Globalization of Judicial Education*, 28 Yale J Int'l L 355, 2003.

Richard Price, *Transnational Civil Society and Advocacy in World Politics*, 55 World Politics, 2003.

Tamir Moustafa, *Law Versus the State: The Judicialization of Politics in Egypt*, 28 Law & Soc Inquiry 883, 2003.

Conor A. Gearty, *Reconciling Parliamentary Democracy and Human Rights*, 118 L. Q. REV., 2002.

Stephen Gardbaum, *The New Commonwealth Model of Constitutionalism*, 49 AM. J. COMP. L., 2001.

Gideon Sjoberg, et al., *A sociology of human rights*. Social Problems, 2001.

Kent Roach, *The Supreme Court on Trial: Judicial Activism or Democratic*

Dialogue, Toronto: Irwin Law, 2001.

Shotaro Yachi, *Implementation of International Agreements in Japan*, The Journal of International Law and Diplomacy, 2001.

Masayuki Uchino, *A Memorandum on the Relation between International Law and Domestic Law*, Human Rights Journal, 2000.

Itsuo Sonobe, *The recent situation with respect to the application of international human rights in the Supreme Court*, Human Rights International, 2000.

Andrew S. Butler, *Judicial Indications of Inconsistency: A New Weapon in the Bill of Rights Armoury?*, N.Z. L. REV., 2000.

I. Friedman, *Poverty, Human Rights and Health*, South African Health Review, 1999.

Anne-Marie Slaughter, *Judicial Globalization*, 40 Va J Int'l L 1103, 1999.

Roger Cotterrell, *Why must legal ideas be interpreted sociologically?* Journal of Law and Society, 1998.

Peter W. Hogg & Allison A. Bushell, *The Charter Dialogue Between Courts and Legislatures*, 35 OSGOODE HALL L. J., 1997.

Andrew S. Butler, *The Bill of Rights Debate: Why the New Zealand Bill of Rights Act 1990 is a Bad Model for Britain*, 17 OXFORD J. LEGAL STUD., 1997.

Neil J. Kritz, *Coming to terms with atrocities: A review of accountability mechanisms for mass violations of human rights*, Law and Contemporary Problems, 1996.

Mark Tushnet, *Policy Distortion and Democratic Debilitation: Comparative Illumination of the Counter-majoritarian Difficulty*, MICH. L. REV., 1995.

Hisashi Owada, *International Organization and National Law*, Proc. Am. Soc'y Int'l L., Vol. 89, 1995.

Mutua Makau, *The Banjul Charter and the African Cultural Fingerprint: An*

Evaluation of the Language of Duties, 35 Va J Int'l L., 1995.

Jeremy Waldron, *A Right-Based Critique of Constitutional Rights*, 13 OXFORD J. LEGAL STUD., 1993.

Koichi Yokota, *International Protection of Human Rights and Internal Protection of International Human Rights*, Jurist, 1993.

Masami Ito, *International Human Rights Law and the Court*, Human Rights International, 1990.

（三）案例

Marbury v. Madison, 5 U.S. (1 Cranch) 137 (1803).

Chisholm v. Georgia, 2 U.S. (1 Dall.) 419 (1793).

Dred Scott v. Sandford, 60 U.S. 393 (1857).

Pollock v. Farmers' Loan & Trust Co., 157 U.S. 429 (1895).

Oregon v. Mitchell, 400 U.S. 112 (1970).

Sch. Dist. of Abington Twp., Pa. v. Schempp, 374 U.S. 203 (1963).

Engel v. Vitale, 370 U.S. 421 (1962).

Roe v. Wade, 410 U.S. 113 (1973).

United States v. Eichman, 496 U.S. 310 (1990).

Hammer v. Dagenhar, 247 U.S. 251 (1918).

United States v. Darby, 312 U.S. 100 (1941).

R. v. A (No. 2), [2002] 1 A.C. 45.

R. (Anderson) v. Sec'y of State [2002] UKHL 46, [2003] 1 A.C. 837.

Bellinger v. Bellinger [2003] UKHL 21, [2003] 2 A.C. 467, 480.

R. v. Oakes, [1986] S.C.R. 103.

Ford v. Quebec, [1988] 2 S.C.R. 712.

Moonen v. Film and Literature Bd. of Review, [2000] 2 N.Z.L.R. (C.A.).

Simpson v. Attorney-General, [1994] 3 N.Z.L.R. 667, (C.A.).

R. v. Phillips, [1991] 3 N.Z.L.R. 175, (C.A.).

Kesavananda Bharati v. Kerala, Supp. S.C.R., 1973.

Indira Nehru Gandhi v. Raj Narain, A.I.R. 1975 S.C. 2299.

Minerva Mills Ltd. v. India, A.I.R. 1980 S.C. 1789.

Sambamurthy v. Andhra Pradesh, A.I.R. 1987 S.C. 663.

Chandra Kumar v. India, A.I.R. 1997 S.C. 1125.

ECtHR, Loizidou v. Turkey, 1995.

Bosphorus Hava Yollar Turizm ve Ticaret Anonim Şirketi v. Ireland, 2005.

Malone v. UK, No. 8691/79, 26.4.1985.

CR v. UK, No. 20190/92, 22.11.1995.

Saunders v. UK, No. 19187/91 [GC], 17.12.1996.

Wingrove v. UK, No. 17419/90, 25.11.1996.

R (Ullah) v. Secretary of State for the Home Department [2004] UKHL 26.

Pinnock v. Manchester City Council [2010] 3 WLR 1441.

R v. Horncastle and others (Appellants) [2009] UKSC 14.

Mustafa (Abu Hamza) v. UK (No.1), No. 31411/07, 18.1.2011.

Donaldson v. UK, No.56975/09, 25.1.2011.

Friend and others v. UK, Nos. 16072/06 and 27809/08, 24.11.2009.

MGN Limited v. UK, No. 39401/04, 18.1.2011.

Evans v. UK, No. 6339/05, 10.4.2007.

Hirst v. UK (No.2), No. 74025/01 [GC], 6.10.2005.

Greens and MT v. UK, Nos. 60041/08 and 60054/08, 23.11.2010.

Scoppola v. Italy, No. 126/05, 18.1.2011.

S and Marper v. UK, No. 30562/04 [GC], 4.12.2008.

R (S and Marper) v. Chief Constable of South Yorkshire Police [2004] 1 WLR 2196.

Othman (Abu Qatada) v. UK, No. 8139/09, 17.1.2012.

Othman (Jordan) v. Secretary of State for the Home Department [2008] EWCA Civ 290.

A and others v. Secretary of State for the Home Department (No. 2), [2005] UKHL 71.

Soering v. UK, No. 14038/88, 7.7.1989.

Mamatkulov and Askarov v. Turkey, Nos. 46827/99 and 46951/99 [GC], 4.2.2005.

Al-Saadoon & Mufdhi v. UK, No. 61498/08, 2.3.2010.

Al-Khawaja and Tahery v. UK, Nos. 26766/05 and 22228/06, 20.1.2009.

R v. Horncastle and others (Appellants) [2009] UKSC 14.

R (Animal Defenders) v. Secretary of State for Culture, Media and Sport, [2008] 1 AC 1312.

R (Limbuela and others) v. Secretary of State for the Home Department, [2006] 1 AC 396.

Rabone and another v. Pennine Care NHS Foundation Trust, 2012, UKSC 2.

Ghaidan v. Godin-Mendoza [2004] UKHL 30.

Mendoza v. Ghaidan [2002] EWCA Civ 1533.

Karner v. Austria, No. 40016/98, 24.7.2003.

Ambrose v. Harris (Procurator Fiscal, Oban) (Scotland).

Her Majesty's Advocate v. M (Scotland) [2011] UKSC 43.

Salduz v. Turkey, No. 36391/02 [GC], 27.11.2008.

Velasquez-Rodriguez v. Honduras, Inter-Am. Ct. H.R. (ser. C) No. 4, 1988.

Barrios Altos v. Peru, Inter-Am. Ct. H.R. (ser. C) No. 87, 2001.

Marcel Claude Reyes et al. v. Chile, Inter-Am. Ct. H.R. (ser. C) No. 151, 2006.

Rosendo Radilla Pacheco et al v. México, Case 2009 Inter-Am. Ct. H.R., 2009.

Rosendo Cantú et al v. México, Case 2010 Inter-Am. Ct. H.R., 2010.

Fernández Ortega et al. v. México, Case, 2010 Inter-Am. Ct. H.R., 2010.

Cabrera García & Montiel Flores v. México Case, Inter-Am. Ct. H.R., 2010.

Roper v. Simmons, 112 S.W 3.d 397, affirmed, 2005.

Filartiga v. Peña Irala, 630 F.2d 876 2d. Cir., 1980.

Kiobel v. Royal Dutch Petroleum Co., 133 S.Ct. 1659, 2013.

Rasul v. Bush, 542 U.S. 466., 2004.

Doe v. Unocal, 395 F.3d 932 (9th Cir. 2002).

Sosa v. Alvarez-Machain, 542 U.S. 692 (2004).

Government of South Africa and Others v. Grootboom and Others 2000 (11) BCLR 1169 (CC).

S v. Makwanyane, 1995 (3) SA 391 (CC).

Mohamed v. President of the Republic of South Africa, 2001 (3) SA 893 (CC).

President of the Republic of South Africa v. Hugo, 1997 (4) SA 1 (CC).

Government of the Republic of South Africa v. Grootboom and Others, 2001 (1) SA 46 (CC).

Minister of Health and Others v. Treatment Action Campaign and Others, 2002 (2) SA 721 (CC).

Carmichele v. Minister of Safety and Security, 2001 (4) SA 938 (CC).

S v. Makwanyane & Another 1995 (3) SA 391 (CC); 1995 (2) SACRI.

Fuorman v. Georgia 408 U.S. 238 (1972).

Bhe and Others v. Magistrate, Khayelitsha and Others, 2005 (1) SA 580 (CC).

S v. M, 2008 (3) SA 232 (CC).

Hoffmann v. South African Airways, 2001 (1) SA 1; 2000 (11) BCLR 1235.

Mthembu v. The State, 2012 (1) SACR 517 (SCA).

Kan Bu Jung v. the State and the Minister of Health and Welfare, 1999.

Song Qing hua v. the Head of the Nakano Ward Welfare Office, 1996.

X v. the Mayor of the Toyohashi City, 2001.

Morikawa-Catherine v. the Minister of Justice, 1992.

Choi Seon Ae v. the Minister of Justice (reparation), 1988.

X v. the Governor of Nara Prefecture, 2002.

M v. the Governor of Kyoto Prefecture, 2002.

Kanai et al. v. the State, 1999.

Knight v. Florida, 528 US 990 (1990).

Atkins v. Virginia, 536 US 304 (2002).

Foster v. Florida, 537 US 990 (2002).

Ropper v. Simmons, 543 US 551 (2005).

State v. Makwanyane, CCT 3/94 (South African Constitutional Court).

ECtHR, Kokkinakis v. Greece (14307/88), 1993.

ECtHR, Dahlab v. Switzerland (42393/98), 2001.

ECtHR, Leyla Sahin v. Turkey (44774/98), 2004.

ECtHR, Alexandridis v. Greece (19516/06), 2008.

Lawrence v. Texas, 539 US 558 (2003).

Halpern v. Canada (2002) 28 RFL (5th) 41.

EGALE Canada Inc. v. Canada (2003) 225 DLR (4th) 472.

Goodbridge v. Department of Public Health, 798 NE 2d 941 (2004).

R (Seymour-Smith) v. Secretary of State for Employment 2000, UKHL 12.

Hamdi v. Rumsfeld, 542 US 466 (2004).

Rasul v. Bush, 542 US 466 (2004).

Abbasi v. Secretary of State for Foreign and Commonwealth Affairs, (2002) EWCA Civ 1589.

Kaunda v. President of South Africa, CCT 23/04.

Hicks v. Ruddock, (2007) FCA 299.

Khadr v. Canada (Prime Minister), 2009 FCA 246, (2009) FCJ No 462.

二 中文文献

（一）著作类

杨松才：《国际法视野下的反腐败与人权保障》，社会科学文献出版社2018年版。

孙祥生：《程序性基本权利法律保障研究》，法律出版社2018年版。

谢立斌：《权利救济与人格权的宪法保障——中德比较》，中国政法大学出版社2018年版。

金玉：《权利保障与权力规制》，安徽人民出版社2018年版。

周紫阳：《刑事被告人权利宪法保障比较研究》，武汉大学出版社2017年版。

李龙：《国家治理与人权保障》，武汉大学出版社2017年版。

胡卫列：《检察官与人权保障案例评析》，中国检察出版社2017年版。

袁楚风：《人权保障与经济发展：规范性与功利性的双重视角》，中国社会科学出版社2017年版。

王夏昊：《司法公正的技术标准及方法保障》，中国政法大学出版社2017年版。

岳礼玲：《中国刑事司法与人权》，法律出版社2017年版。

黄永维：《司法前沿问题十二讲》，人民法院出版社2017年版。

李复甸：《人权护卫与司法改革》，财团法人华冈法学基金会2017年版。

李静：《人权司法保障的理论与实践》，湖北人民出版社2016年版。

杨宇冠：《完善人权司法保障制度研究》，中国人民公安大学出版社2016年版。

常健：《中国人权保障政策研究》，中国社会科学出版社2016年版。

张俊涛：《检察权与人权保障研究》，河南人民出版社2016年版。

徐爽：《公民基本权利的宪法和法律保障》，社会科学文献出版社2016年版。

莫于川：《审判独立与权利保障》，法律出版社2016年版。

朱应平：《宪法人权条款的司法适用技术规范研究》，中国民主法制出版社2016年版。

何艳芳：《刑事被害人权利的程序保障研究》，人民法院出版社2015年版。

刘志刚：《人权的立法保障》，复旦大学出版社2015年版。

吴鹏飞：《中国儿童人权法治保障探究》，中国民主法制出版社2015年版。

常健：《当代中国人权保障》，中国人民大学出版社2015年版。

李林：《人权保障与法治建设：中国与芬兰的比较》，社会科学文献出版社2014年版。

汪进元：《〈国家人权行动计划〉的实施保障》，中国政法大学出版社2014年版。

郭春宁：《人权视角下的中国残疾人社会保障》，中国劳动社会保障出版社2014年版。

陆德生：《人权意识与人权保障》，中国长安出版社2014年版。

刘科：《从权利观念到公民德性》，上海大学出版社2014年版。

刘恒志：《司法人权论》，河北大学出版社2013年版。

兰跃军：《刑事被害人人权保障机制研究》，法律出版社2013年版。

李忠诚：《新刑事诉讼法实施中的人权保障机制建设》，中国检察出版社2013年版。

湛中乐：《生育自由与人权保障》，中国法制出版社2013年版。

祝捷：《台湾地区权利保障司法案例选编》，九州出版社2013年版。

胡铭：《错案是如何发生的——转型期中国式错案的程序逻辑》，浙江大学出版社2013年版。

胡适：《人权论集》，中国长安出版社2013年版。

公丕祥：《当代中国的司法改革》，法律出版社2012年版。

［美］布莱恩拉姆：《谁来守护公正——美国最高法院大法官访谈录》，何帆译，北京大学出版社2012年版。

［美］狄百瑞：《亚洲价值与人权——儒家社群主义的视角》，尹钛译，社会科学文献出版社2012年版。

蒋银华：《国家义务论——以人权保障为视角》，中国政法大学出版社2012年版。

李海星：《人权哲学导论》，社会科学文献出版社2012年版。

刘海年：《新中国人权保障发展六十年》，中国社会科学出版社2012年版。

张震：《1982年宪法与人权保障》，法律出版社2012年版。

张炎宪：《司法正义与人权》，台湾教授协会2012年版。

姚小林：《人权保护中的司法功能：基于最高法院的比较研究》，知识产权出版社2012年版。

孙平华：《中国人权保障制度研究》，中国对外翻译出版有限公司2011年版。

蔡世葵：《检察执法与人权保障》，法律出版社2011年版。

陈龙腾：《人权保障与实用法律》，高雄复文图书出版社2011年版。

马登科：《民事强制执行中的人权保障》，中国检察出版社2011年版。

张文显：《张文显法学文选》（全十卷），法律出版社2011年版。

陈光中：《中国司法制度的基础理论研究》，经济科学出版社2011年版。

陈卫东：《诉讼制度与司法改革论丛》，中国法制出版社2011年版。

苏力：《送法下乡——中国基层司法制度研究》，北京大学出版社2011年版。

［美］布雷耶：《积极自由——美国宪法的民主解释论》，田雷译，中国政法大学出版社2011年版。

李步云：《论人权》，社会科学文献出版社2010年版。

黄金鸿：《英国人权60案》，中国政法大学出版社2010年版。

吴志光：《人权保障机制的跨国性研究》，新学林出版股份有限公司2010年版。

岳悍惟：《刑事程序人权的宪法保障》，法律出版社2010年版。

岳礼玲：《刑事审判与人权保障》，法律出版社2010年版。

陈佑武：《法治文明视野下的人权保障：中国受刑人人权保障研究》，中国检察出版社2010年版。

柳建华：《权利视野下的基层司法实践：刑事被害人救助制度研究》，江苏大学出版社2010年版。

林裕顺：《基本人权与司法改革》，新学林出版股份有限公司2010年版。

王锴：《财产权保障与司法审查》，新华出版社2009年版。

甘绍平：《人权伦理学》，中国发展出版社2009年版。

孙长永：《侦查程序与人权保障：中国侦查程序的改革与完善》，中国法制出版社2009年版。

朱应平：《宪法中非权利条款人权保障功能研究》，法律出版社2009年版。

白冬：《刑事诉讼人权保障论稿》，中国财政经济出版社2009年版。

邓剑光：《法治、宪政与人权保障》，知识产权出版社2009年版。

韩克芳：《中国罪犯人权保障研究》，博扬文化事业有限公司2009年版。

黄金荣：《司法保障人权的限度：经济和社会权利可诉性问题研究》，社会科学文献出版社2009年版。

高其才：《基层司法》，法律出版社2009年版。

唐应茂：《法院执行为什么难——转型国家中的政府、市场和法院》，北京大学出版社2009年版。

徐显明：《人权法原理》，中国政法大学出版社2008年版。

柳华文：《经济、社会和文化权利可诉性研究》，中国社会科学出版社2008年版。

陆平辉：《宪法权利诉讼研究》，知识产权出版社2008年版。

屈新：《被追诉人的人权保障研究》，中国政法大学出版社2008年版。

常军：《和谐社会与人权保障》，东北大学出版社2008年版。

李念祖：《人权保障的程序》，三民书局股份有限公司2008年版。

田圣斌：《刑事诉讼人权保障制度研究》，法律出版社2008年版。

莫纪宏：《人权保障法与中国》，法律出版社2008年版。

陈卫东：《刑事审前程序与人权保障》，中国法制出版社2008年版。

杨宇冠：《国际人权法对我国刑事司法改革的影响》，中国法制出版社2008年版。

岳礼玲：《〈公民权利和政治权利国际公约〉与中国刑事司法》，法律出版社2007年版。

林喆：《当代中国人权保障法律制度研究》，山东人民出版社2007年版。

肖金明：《人权保障与权力制约》，山东大学出版社2007年版。

陈妮：《刑事诉讼中的人权保障制度研究》，中国工人出版社2007年版。

杨春福：《自由、权利与法治》，法律出版社2007年版。

黎晓武：《司法救济权保障研究》，群众出版社2006年版。

张品泽：《人本精神与刑事程序——人权保障的一种探索》，中国人民公安大学出版社2006年版。

张爱宁：《国际人权法专论》，法律出版社2006年版。

关今华：《人权保障法学研究》，人民法院出版社2006年版。

冯建仓：《国际人权公约与中国监狱罪犯人权保障》，中国检察出版社2006年版。

曲伶俐：《刑事法治与人权保障》，中国法制出版社2006年版。

柯葛壮：《刑事诉讼中的人权保障制度》，上海交通大学出版社2006年版。

肖伯符：《公安执法与人权保障》，中国人民公安大学出版社2006年版。

董云虎：《"人权入宪"与人权法制保障》，团结出版社2006年版。

陈光中：《刑事一审程序与人权保障》，中国政法大学出版社2006年版。

黄立：《刑事司法公正与人权保障》，湖南人民出版社2006年版。

孙万怀：《检察权的规范运作与人权保障》，法律出版社2005年版。

陈光中：《刑事再审程序与人权保障》，北京大学出版社2005年版。

陈卫东：《羁押制度与人权保障》，中国检察出版社2005年版。

魏悦容：《中国人权的法律保障》，辽宁大学出版社2005年版。

［美］麦克洛斯基：《美国最高法院》，任东来等译，中国政法大学出版社2005年版。

毕惜茜：《侦查讯问与人权保障研究》，中国人民公安大学出版社2004年版。

王启富：《中国人权的司法保障》，厦门大学出版社2003年版。

周伟：《宪法基本权利司法救济研究》，中国人民公安大学出版社2003年版。

张文显：《法理学》，高等教育出版社、北京大学出版社2003年版。

范愉：《司法制度概论》，中国人民大学出版社2003年版。

范进学：《权利政治论——一种宪政民主理论的阐述》，山东人民出版社2003年版。

齐延平：《人权与法治》，山东人民出版社2003年版。

何勤华：《20世纪外国司法制度的变革》，法律出版社2003年版。

［日］大沼保昭：《人权、国家与文明——从普遍人权观到文明相容的人权观》，王志安译，（生活、读书、新知）三联书店2003年版。

［美］小卢卡斯·A. 鲍威尔：《沃伦法院与美国政治》，欧树军译，中国政法大学出版社2003年版。

王利明：《司法改革研究》，法律出版社2002年版。

葛洪义：《法与实践理性》，中国政法大学出版社2002年版。

王运祥：《联合国与人权保障国际化》，中山大学出版社2002年版。

孙孝福：《刑事诉讼人权保障的运行机制研究》，法律出版社2001年版。

卓泽渊：《法治国家论》，中国方正出版社2001年版。

夏勇：《人权概念起源》，中国政法大学出版社2001年版。

［美］杰克·唐纳利：《普遍人权的理论和实践》，王浦劬等译，中国社会科学出版社2001年版。

［瑞士］托巴斯·弗莱纳：《人权是什么》，谢鹏程译，中国社会科学出版社2000年版。

程味秋：《联合国人权公约和刑事司法文献汇编》，中国法制出版社2000年版。

王家福：《人权与21世纪》，中国法制出版社2000年版。

李震山：《人性尊严与人权保障》，元照出版公司2000年版。

蔡震荣：《行政法理论与基本人权之保障》，五南图书出版公司1999年版。

［英］丹宁勋爵：《法律的正当程序》，李克强等译，法律出版社1999年版。

刘海年：《人权与司法》，中国法制出版社1999年版。

［美］乔尔·范伯格：《自由、权利和社会正义——现代社会哲学》，

王守昌等译,贵州人民出版社1998年版。

[美]亨金:《权利的时代》,信春鹰等译,知识出版社1997年版。

[英]米尔恩:《人的权利与人的多样性——人权哲学》,夏勇、张志铭译,中国大百科全书出版社1995年版。

法治斌:《人权保障与司法审查》,月旦出版社1994年版。

胡锦光:《当代人权保障制度》,中国政法大学出版社1993年版。

张乃维:《国际法上人权与其保障问题》,台湾商务印书馆1979年版。

[美]伯纳德·施瓦茨:《行政法》,徐炳译,群众出版社1986年版。

(二)论文类

徐亚文、闫立东:《改革开放四十年中国人权保障事业的成就与发展方向》,《西北大学学报》(哲学社会科学版)2019年第1期。

杨学科:《中西人权司法保障演变之比较》,《广州大学学报》(社会科学版)2018年第11期。

蒋银华:《人权行政诉讼保障的路径选择及其优化》,《政法论坛》2018年第5期。

常洁琨:《人权保障视域下刑事诉讼人身检查制度研究》,《兰州大学学报》(社会科学版)2018年第3期。

张妍妍:《人权保障观的分立:反思、关联与建构》,《烟台大学学报》(哲学社会科学版)2018年第1期。

江国华:《逻辑与方法:司法人权何以证成》,《学术论坛》2018年第1期。

刘晓:《欧洲人权保护机制下的环境权保护问题探究——以〈欧洲人权公约〉第8条相关判例为视角》,《甘肃政法学院学报》2018年第2期。

牛志霞:《领导干部运用法治思维能力提升的研究》,《改革与开放》2018年第11期。

吴晓明、罗曼:《浅析国际人权公约在中国的适用问题》,《中国市场》2018年第1期。

陈广华、黄野：《论环境行政公益诉讼的人权保障功能及其实现》，《江苏警官学院学报》2018年第1期。

汪习根、郭敏：《论中国特色人权司法话语体系》，《湖湘论坛》2017年第6期。

温小洁：《我国刑事涉案财物处理之完善——以公民财产权保障为视角》，《法律适用》2017年第13期。

张晗：《人权保障的宪刑联动约制》，《云南师范大学学报》（哲学社会科学版）2017年第5期。

曾新：《论我国人权刑事司法保障制度的不足与完善》，《哈尔滨学院学报》2017年第10期。

李文发、李松伟：《人权司法保障视角下我国刑事冤假错案件防范探析》，《信阳师范学院学报》（哲学社会科学版）2017年第4期。

王镭：《论人权司法保障视界下的律师执业能力完善》，《安徽科技学院学报》2017年第3期。

刘志强：《人权司法保障对新行政诉讼法完善的规制》，《学术月刊》2016年第12期。

王沛：《以规范口供为视角论刑事被追诉人人权司法保障的完善》，《河北法学》2016年第9期。

杨迎泽：《加强人权的司法保障》，《中国检察官》2016第23期。

杨宇冠：《论人权司法保障》，《法治研究》2016年第5期。

张瑞杰：《人权司法保障下的行政公益诉讼探究》，《中共太原市委党校学报》2016年第3期。

徐登峰：《被执行人惩戒的人权冲突与建议——以人权的司法保障为视角》，《河南科技大学学报》（社会科学版）2016年第3期。

刘旺洪、陆海波：《西方宪政与人权保障：本质与启示》，《世界经济与政治论坛》2016年第6期。

王昌奎：《论刑事司法中的人权保护》，《现代法学》2016年第4期。

孙安洛：《诉权的人权化与人权的司法保护》，《人民论坛》2016年第25期。

朱林方：《人权司法救济：重要性位阶、公正性评价及其结构性成因》，《南京社会科学》2016年第3期。

李晓兵：《"人权入宪"之后我国人权保障的实践及其发展》，《中国矿业大学学报》（社会科学版）2016年第1期。

樊崇义：《人权司法保障春天的来临》，《人民法治》2016年第3期。

潘庆云：《发挥协商民主制度优势，完善人权司法保障机制》，《民主经纬》2016年第6期。

杨圣坤：《依法治国与人权保障》，《安徽大学法律评论》2016年第1辑。

王瑞雪：《人权保障与软法关系探究》，《人权研究》2016年第19卷。

江国华、周海源：《司法民主与人权保障：司法改革中人民司法的双重价值意涵》，《法律适用》2015年第6期。

张永敏：《人权司法保障的创新亮点》，《经济研究导刊》2015年第15期。

蒋银华：《司法改革的人权之维——以"诉讼爆炸"为视角的分析》，《法学评论》2015年第6期。

陈光中：《在司法过程中保障人权的五大举措》，《中国党政干部论坛》2015年第4期。

易延友：《刑事诉讼人权保障的基本立场》，《政法论坛》2015年第4期。

郑远民、李小弟：《论国际刑事法院与人权保障——以防止及惩治灭绝种族罪公约适用案为视角》，《深圳大学学报》（人文社会科学版）2015年第4期。

刘仁山：《人权保护对国际民商事判决承认与执行的影响——以〈欧洲人权公约〉之适用为中心》，《法学评论》2015年第3期。

常健：《论中国人权保障的四类规范及其相互关系》，《现代法学》2015年第2期。

李龙、余渊：《全面推进依法治国视域下的人权保障》，《现代法学》2015年第2期。

张晓玲：《加强人权司法保障》，《理论视野》2015年第5期。

黄晓云：《国家赔偿法实施二十年：把人权司法保障落到实处》，《中国审判》2015年第2期。

韩德强：《构建人权司法保障话语体系是实现人权法治保障的关键》，《人民法治》2015年第1期。

袁其国：《人权司法保障的新探索——以山东省东营市河口区人民检察院"黄河驿站"为范本》，《人民检察》2015年第8期。

蒋海松：《人权变革：从立法宣示到司法保障》，《学术交流》2015年第3期。

胡杰：《人权司法保障制度的法理解读》，《学术交流》2015年第2期。

汤葆青：《论德国的人权司法保障——基于向联邦宪法法院提起的宪法诉愿》，《学术交流》2015年第2期。

姜明安：《改革和完善行政诉讼体制机制加强人权司法保障》，《国家行政学院学报》2015年第1期。

李建明：《检察机关须加强人权司法保障职责》，《人民检察》2015年第2期。

汪习根：《论加强人权司法保障——党的十八届四中全会精神的人权解读》，《法学杂志》2015年第1期。

江国华：《司法民主与人权保障：司法改革中人民司法的双重价值意涵》，《法律适用》2015年第6期。

罗艳华：《联合国对国际人权保护机制的构建及中国的参与》，《国际政治研究》2015年第6期。

刘小妹：《中国人权司法保障制度的特点与举措》，《法律适用》2014年第12期。

屠振宇：《人权司法保障：美国新司法联邦主义的演进与启示》，《比较法研究》2014年第5期。

樊崇义：《从"人权保障"到"人权司法保障制度"》，《中国党政干部论坛》2014年第8期。

穆远征：《死刑复核程序中律师辩护的困境与改革》，《法学论坛》

2014年第4期。

韩大元：《完善人权司法保障制度》，《法商研究》2014年第3期。

陈光中：《应当如何完善人权刑事司法保障》，《法制与社会发展》2014年第1期。

汪习根：《论人权司法保障制度的完善》，《法制与社会发展》2014年第1期。

袁其国：《全面推进刑事执行检察，不断强化人权司法保障》，《人民检察》2014年第1期。

韩玉亭：《论人权司法保障的法理基础》，《太原理工大学学报》（社会科学版）2014年第5期。

邵颖：《人权司法保障制度的完善》，《山西省政法管理干部学院学报》2014年第3期。

赵春光：《从看守所管理看中国人权司法保障》，《人权》2014年第4期。

韩大元：《完善人权司法保障制度》，《中国检察官》2014年第13期。

江必新：《关于完善人权司法保障的若干思考》，《中国法律评论》2014年第2期。

罗豪才：《推进法治中国建设，完善人权司法保障制度》，《理论参考》2014年第5期。

姜伟：《全面贯彻完善人权司法保障制度的改革部署》，《理论参考》2014年第5期。

陈光中：《应当如何完善人权刑事司法保障》，《法制与社会发展》2014年第1期。

毛俊响、党庶枫：《亚洲区域人权保障宜采内生与外合之路》，《法学》2014年第11期。

余军：《正当程序：作为概括性人权保障条款——基于美国联邦最高法院司法史的考察》，《浙江学刊》2014年第6期。

刘红臻：《司法如何堪当人权保障的重任》，《法制与社会发展》2014年第6期。

林贤佐：《羁押必要性审查与人权保障——以刑事诉讼法的修改为视角》，《河北法学》2014年第12期。

唐颖侠、史虹生：《从赫斯特案看英国人权保障机制的演进》，《南开学报》（哲学社会科学版）2014年第5期。

李龙、任颖：《论国家治理与人权保障》，《武汉大学学报》（哲学社会科学版）2014年第5期。

钟会兵：《法治中国建设中人权保障的重心与路径》，《江西社会科学》2014年第8期。

侯瑞雪：《新刑诉法人权保障存在的问题及出路》，《理论月刊》2014年第5期。

张文显：《人权保障与司法文明》，《中国法律评论》2014年第2期。

戴长林：《依法规范刑事案件涉案财物处理程序》，《中国法律评论》2014年第2期。

陈福胜：《论中国法治国情对人权司法保障制度完善的促动》，《学术交流》2014年第11期。

胡云腾：《错案防范与司法问责刍议》，《中国法律评论》2014年第2期。

杨临萍：《新形势下刑事冤错案件赔偿的法治化进程》，《中国法律评论》2014年第2期。

黄一峰：《刑事司法人权保障理念之法理分析——以我国法制历史发展变化为视角》，《社会科学论坛》2014年第5期。

秋天：《聚焦：完善人权司法保障制度——查封、扣押、冻结、处理涉案财物司法程序中的问题及完善》，《中国律师》2014年第10期。

江国华：《实质合宪论：中国宪法三十年演化路径的检视》，《中国法学》2013年第4期。

姜伟：《完善人权司法保障制度》，《法制资讯》2013年第11期。

戴瑞君：《联合国人权条约机制体系的加强进程——联合国人权保护机制的最新发展》，《环球法律评论》2013年第6期。

胡玉鸿：《和谐社会视域下的弱者人权保护》，《现代法学》2013年第

2期。

李炳烁：《论侦查阶段刑事法律援助介入的理论价值与权利构造——以司法公正与人权保障为核心》，《法学杂志》2013年第8期。

李步云：《保障人权的重大意义》，《法学杂志》2013年第3期。

滕宏庆、段颖：《我国人权司法保障制度的法理与实践》，《人权》2013年第6期。

朱立恒：《人权保障与社会主义司法文明》，《科学社会主义》2012年第5期。

骆志鹏：《法学方法论视野中的法官说理》，《河北法学》2012年第4期。

江必新、程琥：《司法程序的基本范畴研究》，《法律适用》2012年第5期。

王利明：《中国为什么要建设法治国家》，《中国人民大学学报》2011年第6期。

张德瑞：《违宪审查制度与人权的司法保障》，《理论学刊》2011年第12期。

任瑞兴：《环境人权的司法保障之反思：从环境人权到环境诉权》，《公民与法》（法学版）2011年第6期。

何志鹏：《世界正义的发展与主权利益的选择——国际人权司法化与中国立场》，《当代法学》2011年第3期。

杨成铭：《国家人权机构对国家司法机关的关系研究》，《政法论坛》2010年第5期。

曹建明：《依法履行法律监督职责，加强对人权的司法保障》，《人权》2010年第1期。

张爱宁：《国际人权保护实施监督机制的新动向》，《法学》2010年第1期。

郭道辉：《人权的国家保障义务》，《河北法学》2009年第8期。

熊秋红：《依法治国方略与中国人权司法保障的发展》，《人权》2009年第6期。

陈果：《国际刑事司法准则之于刑事人权保障》，《学术界》2008年第1期。

袁曙光：《权力制约与权利保障——关于刑事诉讼中的人权保护》，《山东社会科学》2008年第12期。

刘仁山：《法律选择中的人权保障问题——基于两大法系司法实践的比较研究》，《法商研究》2007年第2期。

刘旭：《司法保障人权机制推进路径探析》，《重庆交通大学学报》（社会科学版）2007年第2期。

任志中、汪敏：《构建严格的死刑案件证明标准：基于人权的司法保障之实现》，《法律适用》2007年第5期。

张德瑞：《违宪审查制度与人权的司法保障——以我国司法实践中的涉宪事件为中心》，《理论学刊》2006年第12期。

赵秉志：《论中国刑事司法中的人权保障》，《北京师范大学学报》（社会科学版）2006年第3期。

杨宇冠：《关于完善我国刑事司法人权保障机制的思考》，《人权》2006年第1期。

刘殷：《司法与人权保障》，《法学论坛》2006年第11期。

班文战：《国际人权法在中国人权法制建设中的地位和作用》，《政法论坛》2005年第3期。

赵海峰：《美洲人权法院——在困难中前进的区域人权保护司法机构》，《人民司法》2005年第12期。

周伟：《司法审查：尊重和保障人权的基准程序》，《政治与法律》2005年第1期。

黄伟明：《论刑事司法中的人权保障》，《法学论坛》2005年第6期。

林来梵：《人权保障：作为原则的意义》，《法商研究》2005年第4期。

齐延平：《国家的人权保障责任与国家人权机构的建立》，《法制与社会发展》2005年第3期。

邓智慧：《人身保护令与人权保障——以刑事诉讼为主视角》，《中国法学》2004年第4期。

朱陆民：《区域性人权保护对国际人权保护的贡献》，《湘潭大学学报》（哲学社会科学版）2004年第4期。

邹平学：《基于人权视角的政治文明解读》，《江西社会科学》2004年第6期。

苗连营：《公民司法救济权的入宪问题之研究》，《中国法学》2004年第5期。

王夏昊：《司法是人权保障的最佳方式》，《现代法学》2003年第2期。

李建明：《论立案审查程序中的人权保障》，《南京师大学报》（社会科学版）2003年第1期。

李步云：《论宪法的人权保障功能》，《中国法学》2002年第3期。

王太高：《论行政公益诉讼》，《法学研究》2002年第5期。

莫纪宏：《两个国际人权公约下缔约国的义务与中国》，《世界经济与政治》2002年第8期。

朱广东：《论我国的人权司法保障》，《盐城师范学院学报》（人文社会科学版）2001年第4期。

莫纪宏：《论人权的司法最终救济性》，《法学家》2001年第3期。

莫纪宏：《论人权的司法救济》，《法商研究》2000年第5期。

胡锡庆：《实现惩治犯罪与保障人权的统一》，《华东政法大学学报》2000年第5期。

石小娟：《从国际人权公约看人权的司法保障》，《天津市政法管理干部学院学报》2000年第2期。

锁正杰：《刑事程序价值论：程序正义与人权保障》，《中国法学》2000年第5期。

李忠信：《浅议公安机关与人权司法保障》，《公安研究》1999年第3期。

王作富：《罪刑法定原则与人权保障》，《中国人民大学学报》1998年第1期。

郭道辉：《法治文明与人权保障的新进步》，《法学家》1997年第3期。

徐益初：《刑事诉讼与人权保障》，《法学研究》1996年第2期。

陈光中：《加强司法人权保障的新篇章》，《政法论坛》1996年第4期。

范进学：《论权利的制度保障》，《法学杂志》1996年第6期。

谷春德：《当代中国人权的司法保障不容歪曲和否定》，《高校理论战线》1995年第4期。

吴锦斌：《试论人民检察院在刑事诉讼活动中的人权司法保障职能》，《检察理论研究》1992年第4期。

李步云：《论人权的三种存在形态》，《法学研究》1991年第4期。

（三）其他

国务院新闻办公室：《中国人权法治化保障的新进展》，人民出版社2017年版。

国务院新闻办公室：《中国司法领域人权保障的新进展》，人民出版社2016年版。

最高人民法院司法改革领导小组办公室：《〈最高人民法院关于全面深化人民法院改革的意见〉读本》，人民法院出版社2015年版。

最高人民法院编写组：《公正司法的理论与实践探索》，人民法院出版社2015年版。

最高人民法院课题组：《司法改革方法论的理论与实践》，法律出版社2011年版。

中国人权发展基金会：《人权保障的理论与实践：第七届中德人权对话》，外文出版社2007年版。

北京大学法学院人权研究中心：《司法公正与权利保障》，中国法制出版社2001年版。

天津市河北区人民检察院课题组：《对搜查、扣押、冻结等强制性侦查措施检察监督有关问题研究》，《法学杂志》2011年第2期。

李玉华：《刑事审判人权保障40年：理念、制度与细节》，《人民法院报》2018年9月12日第5版。

王明强、邓玉洁：《未成年人犯罪记录封存制度的反思与完善》，《人民法院报》2018年9月26日第6版。

骆惠华：《社会保护与人权保障：刑法机能的调适和平衡》，《人民法院报》2018年9月26日第5版。

罗婷玉：《排除非法证据规定，夯实人权保障》，《人民之友》2017年第8期。

樊崇义、李思远：《人权司法保障制度的新举措》，《人民法院报》2017年6月5日第2版。

刘冠华：《死缓限制减刑：能否承受减少死刑适用之重》，《人民法院报》2015年1月14日第5版。

汪霞、樊明忠：《新刑诉法对刑事法律援助制度的完善与挑战》，《人民法院报》2013年12月11日第6版。

姜伟：《完善人权司法保障制度》，《光明日报》2013年11月19日第2版。

俞可平：《民主法治：国家治理的现代化之路》，《民主与法制时报》2013年12月23日第14版。

谢文英：《完善人权司法保障，彰显法治精神》，《检察日报》2013年12月4日第7版。

《努力完善支付制度，及时落实国家赔偿——广东高院关于建立完善广东法院国家赔偿款支付制度的调研报告》，《人民法院报》2018年6月21日第8版。

《多措并举协调推进，保障刑事辩护全覆盖——四川达州中院关于刑事案件律师辩护全覆盖试点改革的调研报告》，《人民法院报》2018年9月6日第8版。

《排除非法证据，守护公平正义——内蒙古高院关于非法证据排除规则的调研报告》，《人民法院报》2018年1月11日第8版。

《完善非法证据排除规则，积极推进诉讼制度改革——上海高院关于非法证据排除规则适用的调研报告》，《人民法院报》2018年1月4日第8版。

《严格落实立案登记制，切实加强行政诉权保障——天津二中院关于行政诉讼案件立案登记制实施情况的调研报告》，《人民法院报》

2017年12月14日第8版。

《践行执裁分离改革，规范导正执行行为——四川成都中院关于执行复议案件的调研报告》，《人民法院报》2017年8月17日第8版。

《落实人身安全保护令，预防和制止家庭暴力——天津河西区法院关于人身安全保护令案件的调研报告》，《人民法院报》2017年11月2日第8版。

《加强惩治与宣传，切实保护青山绿水——浙江丽水中院关于破坏生态环境资源类犯罪案件情况的调研报告》，《人民法院报》2017年11月2日第8版。

《规范社区矫正，保障少年权益——江西于都县法院关于未成年人刑事案件社区矫正情况的调研报告》，《人民法院报》2016年10月27日第8版。

《中央政法委首次通报五起干预司法典型案例》，《人民日报》2015年11月7日第5版。